高等职业教育新形态一体化教材·物流管理类

物流管理基础

主　编　李海民　王　珊　陈明佳
副主编　史青涛　姜艳霞　唐付丽
参　编　张向春　田美丽　陶　欣

北京理工大学出版社
BEIJING INSTITUTE OF TECHNOLOGY PRESS

版权专有 侵权必究

图书在版编目（CIP）数据

物流管理基础/李海民，王珊，陈明佳主编. —北京：北京理工大学出版社，2020.2（2021.8重印）

ISBN 978-7-5682-7692-4

Ⅰ. ①物… Ⅱ. ①李… ②王… ③陈… Ⅲ. ①物流管理-高等学校-教材 Ⅳ. ①F252.1

中国版本图书馆 CIP 数据核字（2019）第227173号

出版发行 / 北京理工大学出版社有限责任公司
社　　址 / 北京市海淀区中关村南大街5号
邮　　编 / 100081
电　　话 /（010）68914775（总编室）
　　　　　（010）82562903（教材售后服务热线）
　　　　　（010）68944723（其他图书服务热线）
网　　址 / http://www.bitpress.com.cn
经　　销 / 全国各地新华书店
印　　刷 / 涿州市新华印刷有限公司
开　　本 / 787毫米×1092毫米　1/16
印　　张 / 13.25　　　　　　　　　　　　　　　　责任编辑 / 施胜娟
字　　数 / 315千字　　　　　　　　　　　　　　　文案编辑 / 施胜娟
版　　次 / 2020年2月第1版　2021年8月第3次印刷　　责任校对 / 周瑞红
定　　价 / 38.00元　　　　　　　　　　　　　　　责任印制 / 李志强

图书出现印装质量问题，请拨打售后服务热线，本社负责调换

前 言

物流管理是一门现代经济研究和实践的交叉型的前沿学科，汇集了多学科理论与方法的精华，是社会经济运行的强力保障。物流是一项庞大而复杂的系统工程，不仅涉及运输、储存、配送、包装、装卸搬运、流通加工、信息处理等具体的物流环节，还需要成本管理、供应链管理、库存控制等先进的管理理论与方法系统。其建设和发展涉及城市规划、资源利用、环境保护、经济运行等各个方面。我国物流业发展迅速，从而需要大量掌握物流管理理论和技术方法的高素质技术技能型人才。要掌握物流的基本理论和技术方法，必须经过一段时间专门的专业教育和实践锻炼，因此就需要实用性、指导性较强的物流专业教材，本书正是基于此目的编写而成的。

本书共分为四个情境，分别是物流管理概述、物流的基本功能、物流的管理系统、物流的业务形式，每个情境下又包含若干个子情境，子情境总数达 13 个。其中，物流管理概述分为 2 个子情境，分别介绍了物流的基本知识和物流职业规划；物流的基本功能分为 6 个子情境，分别介绍了除装卸搬运外物流的六大功能；物流的管理系统分为 2 个子情境，分别介绍了物流成本管理和供应链管理的基本知识；物流的业务形式分为 3 个子情境，分别介绍了企业物流、国际物流、电子商务物流等当今比较常见和重要的物流业务形式。

本书在编写架构上，具有以下特点：

1. "篇首语"介绍该情境主要涉及的内容、该部分知识的作用；结束部分对该情境进行总结，以组织结构图的形式总结该情境的知识体系，列出重点和难点知识；各情境都设置了情境实训和综合训练作为补充，用以巩固该情境知识。

2. "情境引例"通过相关案例，针对需要掌握的关键知识，提出问题；开头部分还列明了该子情境的知识和能力要求，方便学生明确目标学习。

本书由山东交通职业学院李海民、王珊，山东工程职业技术大学陈明佳担任主编。威海海洋职业学院史青涛、山东商务职业学院姜艳霞、青岛工学院唐付丽担任副主编。山东交通职业学院张向春、田美丽、陶欣参编。具体编写分工如下：李海民编写情境一和情境四；陈明佳编写情境二中的子情境五；姜艳霞编写情境二中的子情境六；王珊编写情境二中的子情境一、二；史青涛、唐付丽编写情境二中的子情境四；张向春编写情境二中的子情境三；田美丽编写情境三中的子情境一；陶欣编写情境三中的子情境二。

本书可以作为物流管理、电子商务、市场营销等管理类专业的教材用书，也可以作为物流工作者的自学用书及物流企业和培训机构的学员培训教材。

本书在编写过程中浏览和引用了百度文库、百度百科、中国知网等网络上的相关内容资料，还参考了大量有关书籍和文献著作，引用了很多专家学者的资料，在此对他们表示衷心感谢。由于编者水平有限，书中难免存在不妥之处，恳请各位专家和读者批评指正。

编 者

目　录

情境一　物流管理概述 ……………………………………………………（001）
　子情境一　认识物流 ………………………………………………………（001）
　　一、物流的发展历程 ………………………………………………………（003）
　　二、物流的性质和作用 ……………………………………………………（004）
　　三、物流的特点 ……………………………………………………………（006）
　　四、物流的分类 ……………………………………………………………（007）
　　五、互联网时代物流的发展趋势 …………………………………………（015）
　　六、现代物流管理 …………………………………………………………（017）
　子情境二　物流人职场规划 ………………………………………………（022）
　　一、现代物流业的职业构成 ………………………………………………（023）
　　二、物流职业生涯规划 ……………………………………………………（025）
　　三、物流管理人才所具备的能力和要求 …………………………………（027）
　　四、物流管理高级人才应具备的知识和技能 ……………………………（029）

情境二　物流的基本功能 ……………………………………………………（035）
　子情境一　包装 ……………………………………………………………（035）
　　一、包装的概念 ……………………………………………………………（036）
　　二、包装的功能 ……………………………………………………………（037）
　　三、包装的分类 ……………………………………………………………（038）
　　四、包装作业 ………………………………………………………………（040）
　　五、包装合理化 ……………………………………………………………（041）
　子情境二　运输 ……………………………………………………………（043）
　　一、运输的概念 ……………………………………………………………（044）
　　二、运输的作用 ……………………………………………………………（045）
　　三、运输的基本方式及特点 ………………………………………………（045）
　　四、运输合理化 ……………………………………………………………（050）
　子情境三　仓储管理 ………………………………………………………（055）
　　一、仓储管理概述 …………………………………………………………（057）
　　二、仓储设备 ………………………………………………………………（061）

三、仓储作业管理 …………………………………………………………… (067)
　　四、库存控制 ………………………………………………………………… (068)
　　五、仓储合理化 ……………………………………………………………… (072)
子情境四　流通加工 ……………………………………………………………… (074)
　　一、流通加工的概念 ………………………………………………………… (075)
　　二、流通加工的作用 ………………………………………………………… (075)
　　三、流通加工的类型 ………………………………………………………… (076)
　　四、流通加工作业 …………………………………………………………… (078)
　　五、流通加工合理化 ………………………………………………………… (079)
子情境五　配送 …………………………………………………………………… (081)
　　一、配送的含义与作用 ……………………………………………………… (082)
　　二、配送的分类 ……………………………………………………………… (084)
　　三、配送的环节与流程 ……………………………………………………… (087)
　　四、配送合理化 ……………………………………………………………… (089)
　　五、配送中心 ………………………………………………………………… (092)
子情境六　信息处理 ……………………………………………………………… (099)
　　一、信息及其特性 …………………………………………………………… (100)
　　二、物流信息 ………………………………………………………………… (101)
　　三、物流信息技术 …………………………………………………………… (102)
　　四、物流管理信息系统 ……………………………………………………… (106)

情境三　物流的管理系统 …………………………………………………………… (117)
子情境一　成本管理 ……………………………………………………………… (117)
　　一、物流成本概述 …………………………………………………………… (118)
　　二、物流成本管理概述 ……………………………………………………… (124)
　　三、物流成本管理的基本理论 ……………………………………………… (127)
子情境二　供应链管理 …………………………………………………………… (130)
　　一、供应链管理的产生和发展 ……………………………………………… (133)
　　二、供应链 …………………………………………………………………… (135)
　　三、供应链管理 ……………………………………………………………… (137)
　　四、集成供应链的结构分析及实施流程 …………………………………… (139)
　　五、供应链管理中需要规划的9个问题 …………………………………… (141)

情境四　物流的业务形式 …………………………………………………………… (148)
子情境一　企业物流 ……………………………………………………………… (148)
　　一、企业物流的概念 ………………………………………………………… (150)
　　二、采购物流 ………………………………………………………………… (151)
　　三、生产物流 ………………………………………………………………… (155)

  四、销售物流 ……………………………………………………………（159）
  五、逆向物流与废弃物物流 ……………………………………………（162）
 子情境二 国际物流 ……………………………………………………（165）
  一、国际物流概述 ………………………………………………………（166）
  二、国际物流业务 ………………………………………………………（170）
  三、国际货运代理 ………………………………………………………（176）
 子情境三 电子商务物流 ………………………………………………（182）
  一、电子商务概述 ………………………………………………………（183）
  二、电子商务与物流的关系 ……………………………………………（187）

综合训练答案 ………………………………………………………………（198）

情境一
物流管理概述

篇首语

无论是人们的日常生活,还是一个国家或地区的经济运行,都离不开物流。物流具有其自身的特点和类型,在国民经济中有着非常重要的地位和作用。现代物流管理更表现出了新的发展趋势,为适应物流发展对人才的需求,作为物流人需要提前做好职业规划。通过本情境的学习,掌握物流的作用及其发展趋势,熟悉物流从业人员的构成和物流发展对从业人员知识能力的要求,提前进行物流人职业规划,为以后的专业学习找准方向。

本情境重点介绍物流管理的含义、特点及作用,物流管理的分类,现代物流管理的含义,现代物流的发展趋势等物流基本知识。介绍物流业务所涉及的功能模块、物流专业能力构成和物流人才应具备的基本技能、物流职业成长路径等物流人职业规划知识。

子情境一 认识物流

情境引例

中国物流发展报告(2016—2017)

由中国物流与采购联合会、中国物流学会编辑出版的《中国物流发展报告(2016—2017)》(如图1-1-1所示),分析了2016—2017年中国物流的发展状况。

该报告中的数据显示,2016年,全国物流总额为229.7万亿元,比上年增长6.1%,增速比上年提高0.3个百分点;物流总费用与GDP的比率为14.9%,比2010年的17.8%有较大幅度下降。这其中有公路货运量、货物周转量、GDP数据调整的因素,也有产业结构调整、物流服务价格下降的因素,同时也显示出物流运行效率有所提升。物流业作为国民经济的基础性、战略性产业,为"稳增长""调结构""惠民生"较好地发挥了产业支撑和物流保障作用。

2016年,物流业总收入达7.9万亿元,比上年增长4.6%。全国货运量431亿吨,其中公路货运量、铁轮货运量、港口货物吞吐量多年来都居世界第一位。快递业务量突破310亿件,冷链物流市场规模超过1 700亿元,各类细分市场规模不断扩大。

在2016年6月召开的"中国物流发展与形势分析会"上,中国物流与采购联合会会长何黎明表示,"十三五"时期,物流业发展主要体现在物流运行平稳增长与结构调整优化并存;物流与相关行业由单一服务向深入融合转变;物流由区域性向区域、国内、国际物流协调发展转变；物流业追求自身发展与促进工商企业协同发展并重。

图1-1-1 中国物流发展报告（2016—2017）

分析以上案例，回答下列问题：
1. 什么是物流，有何特点？它对社会经济有什么作用？
2. 现代物流管理有何发展趋势？

案例思考

物流存在于我们日常生活的方方面面，是一个国家或地区国民经济运行的重要保障。物流发展历史悠久，从人类社会开始有产品交换行为就存在物流活动。它具有市场化、集约化、系统性等特点。根据物流的用途、物流在社会再生产过程中的地位与作用等，可以将物流划分为不同类型。随着互联网技术的发展，物流也呈现出了经营全球化、系统网络化等特点，推动了现代物流管理出现了新的发展趋势。

知识目标

1. 掌握物流管理的含义、特点及作用。
2. 了解物流管理的分类。
3. 掌握现代物流管理的含义。
4. 了解现代物流的发展趋势。

能力目标

1. 通过分析情境引例，培养分析问题的能力。
2. 通过小组学习和讨论，培养团队协作精神。

知识阐述

一、物流的发展历程

"物流"这个概念虽然只有几十年的历史,但物流活动却是历史悠久,从人类社会开始有产品交换行为就存在物流活动。人类对物流的认识是社会生产力发展状况在人们头脑中的必然反映。因此,物流也是一个不断演进的概念,它经历了从传统意义上的实物配送 PD(Physical Distribution)到今天的现代物流(Logistics)的转变过程。

物流的发展过程

物流的概念

(一)物流概念的演变

1. "Distribution"的出现及其含义

"Distribution"一词最早出现在美国。1945 年,阿奇·萧在《市场流通中的若干问题》一书中提道:"物资经过时间或空间的转移,会产生附加价值。"20 世纪 30 年代初,在一部关于市场营销的基础教科书中,开始涉及物流运输、物资储存等业务的实物供应这一名词,该书将市场营销定义为"影响产品所有权转移和产品的实物流通活动"。1935 年,美国销售协会最早对物流进行了定义:"物流(Physical Distribution)是包含于销售之中的物质资料和服务,以及从生产地点到消费地点流动过程中伴随的种种活动。"上述历史被人们普遍地认为是物流的早期阶段。

2. "Logistics"的出现及其含义

1986 年,美国物流管理协会(National Council of Physical Distribution Management,NCPDM)改名为 CLM,即 The Council of Logistics Management。改名后的美国物流协会(CLM)对 Logistics 所做的定义是:"以适合于顾客的要求为目的,对原材料、在制品、制成品及与其关联的信息,从产业地点到消费地点之间的流通与保管,为求成本收益率最高而进行计划、执行和控制。"Logistics 与 Physical Distribution 的不同在于 Logistics 已突破了商品流通的范围,把物流活动扩大到生产领域。

(二)现代物流的含义

简单地说,现代物流指的是将信息、运输、仓储、库存、装卸搬运以及包装等物流活动综合起来的一种新型的集成式管理,其任务是尽可能降低物流的总成本,为顾客提供最好的服务。对于现代物流的定义还有多种不同的阐述:

物流管理的发展历程

(1)美国后勤管理协会认为现代物流是:"有计划地将原材料、半成品及产成品由产地送至消费地的所有流通活动。"

(2)日本通产省的研究所认为:"现代物流是商品从卖方到买方的全部转移过程。"

(3)美国物流协会的 7R(Right)定义认为:"现代物流是在合适的时间、地点和合适的条件下，将合适的产品以合适的方式和合适的成本提供给合适的消费者。"

（4）我国国家标准《物流术语》中的定义：物流是"物品从供应地到接收地的实体流动过程，根据实际需要，将运输、储存、装卸、搬运、包装、流通加工、配送、信息处理等基本功能实施有机结合。"

二、物流的性质和作用

物流自始至终构成流通的物质内容，没有物流，也就不存在实际的物资流通过程，物资的价值和使用价值就不能实现，社会再生产就无法进行。

（一）物流的性质

1. 物流的生产性质

从事物资的包装、装卸、运输、储存、加工等物流工作与从事物质资料生产的工业企业虽然在生产内容和形式上有所不同，但都具有生产性质。无论是生产企业的物流，还是流通领域的物流都是一样。这是因为：

（1）物流是社会再生产中的必要环节。物流虽然不能使物资的使用价值增加，但是能够保持已创造的使用价值不受损失，解决产品的生产和消费在时间上和空间上的矛盾，从而为物资的使用价值的最后实现创造条件。从这个意义上说，这种从事物流的一系列工作同样像物资的生产一样能够创造价值。正因为物流所付出的劳动与实现物资的使用价值直接联系，所以它是社会必要劳动。

（2）物流同样具备生产力三要素，即劳动力、劳动资料和劳动对象。为了保证物流活动的正常进行，就必须具备各种机械设备和工具等，这是劳动资料要素；物流的劳动对象是流动着的各种实物；从事物流工作的人是物流生产的劳动者。从这种意义上说，物流活动是具有一定物流工作技能的劳动者通过各种物流设施、物流机械、劳动工具对物质资料进行时间和空间的转移而进行的社会经济活动。

物流的生产性质是由物资供求的时空矛盾以及物资自身的物理、化学性能即自然属性所决定的。因此，它与生产力发展有着直接联系，故我们可称之为物流的自然性质。

2. 物流的社会性质

物流的社会性质是由一定的社会生产关系决定的。在不同的社会经济形态中，物流除受到其自身运动规律的影响之外，亦常常受到物资所有者和物流组织者个人意志的影响。这种由社会形式和一定生产关系所决定的物流的社会属性，提醒人们在研究物流时应注重社会形式的研究，使物流能满足我国社会主义市场经济建设的需要，能反映出我国社会主义市场经济的交换关系，并为运行物流的主体提供经济效益。

3. 物流的服务性质

军事物流为部队和战争服务，工业物流为制造业的生产和经营服务，商业物流为商业运行和顾客服务。企业物流是企业生产和经营的基础；国民经济物流是国民经济的命脉；国际物流是国际贸易最终的实现手段，也是经济全球化的基石。总之，物流的核心是服务。

（二）物流的作用

1. 物流是实现商品价值和使用价值的条件

无论是生产资料商品还是生活资料商品，在其进入生产消费和生活消费之前，其价值和使用价值始终是潜在的。为了能把这种潜在变为现实，物资必须借助其实物运动即物流来得以实现。物流是实现商品价值和使用价值的条件。

从生产资料的物流上看，物流具有将生产资料按质、按量、及时、齐备、均衡地供应给生产单位以各种物资的功能。生产资料物流的畅通与否将直接影响生产能否顺利进行。物流的合理组织能按照生产的需要及时为生产提供劳动资料和劳动对象，从而促进生产的迅速发展。

从生活资料的物流上看，国民收入中的消费资金能否实现最终取决于物流的畅通。消费资金最终都要转化为实物。物流一方面能有效地促进资金的周转、货币的回笼；另一方面又不断地满足消费者对生活资料的需求。

2. 合理的物流对提高全社会的经济效益起着十分重要的作用

所谓经济效益一般是指各种社会实践活动中劳动占用和物质消耗有效性的评价。合理的物流不仅能够节约大量的物质资料，对于消除迂回、相向、过远等不合理运输，节约运力也具有重要作用。合理的物流，还可以减少库存，加速周转，更充分地发挥现有物资的效用。物资的储存应在满足期望的服务水平的前提下，储量越少越好。

（三）物流在国民经济中的地位

1. 物流是国民经济的动脉，是连接国民经济各个部分的纽带

任何一个国家的经济，都是由众多的产业、部门和企业组成的整体。企业间相互依赖而又相互竞争，形成了极其复杂的关系。物流是维系这种复杂关系的纽带。随着科学技术的发展和新技术革命的兴起，由此带来的巨大变化在我国国民经济发展中出现了经济结构、产业结构、消费结构的一系列变化。把国民经济中众多的企业、复杂多变的产业结构以及成千上万种产品连接起来形成一个整体，物流起到的作用如同人体中的动脉系统。

2. 物流技术的进步与发展是决定国民经济生产规模和产业结构变化的重要因素

我国社会主义市场经济和商品生产的发展要求生产社会化、专业化、规范化。但是，如果没有物流技术的进步和发展，这些要求是很难实现的。例如，煤炭、石油、钢铁、水泥的大量生产和大量消费要求运输事业以高速发展相适应。物流技术的发展，从根本上改变了产品的生产和消费条件，为经济的发展创造了重要前提。而且，随着现代科学技术的发展，物流对生产发展的这种制约作用也就越为明显。

3. 物流是生产过程不断进行的前提，又是实现商品流通的物质基础

国民经济是一个不断生产、不断消费、连续不断的循环过程。一个企业的生产要不间断地进行，一方面必须按照生产所需要的数量、质量、品种、规格和时间不间断地供给原材料、燃料、工具和设备等生产资料。另一方面，它又必须把自己生产的产品供应给其他企业。这就是说，物流是保证物质资料不间断地流入生产企业，又是生产企业生产的产品不间断地流向国民经济各部门的保证。当然，在生产企业内部，各种物质资料在各个生产场所和工序间的相继传送，是保证生产顺利进行的前提条件。

商品流通是商流与物流的有机结合，没有物流就无法完成商品的流通过程。物流能力的大小，包括运输、装卸、包装、储存等能力的大小强弱，都直接决定着商品流通的规模和速度，也影响着流通的深度和广度。要达到"货畅其流"，物流是其坚实的基础。

三、物流的特点

随着市场经济的发展和科学技术的不断进步，加之世界经济一体化的逐步形成，生产社会化的范围已经越出一个国家的界限。而现代物流也是现代经济发展的一个环节，同时也是现代社会生活对物流发展提出的新要求。因此，现代物流具有如下特征（如图1-1-2所示）。

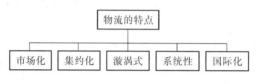

图1-1-2 物流的特点

1. 市场化

市场化也称社会化。现代物流是市场化的产物，也是市场化高度发达的标志。也许有人认为市场化不能作为现代物流的基本特征。实际上，现代物流作业的各个方面都是在市场化的前提下实现的，没有市场化就更不会有完善的现代化的大物流。在市场不发达的简单商品生产条件下，所有应由现代物流完成的工作全部由企业自己承担。将我国物流发展现状和国际上发达国家做一比较，更可以清楚地看出现代物流的市场化基本特征。在发达国家，几乎所有企业都实现了采购配送物流和产品销售物流的第三方服务，相比之下我国则少得可怜。这是为什么？答案就是市场化程度的差距。也许有人认为，以国家宏观计划调拨的方式不是也可以解决吗？殊不知现代物流是十分复杂的体系，各方面的配合十分严密，只有以市场竞争的方式调动各种因素，才能发展起来，任何超越市场机制的人工方式都是难以实现的。

2. 集约化

目前，人们对集约化经营虽然有不同的理解，但是高效率则是其中应有之意。集约化经营之所以效率高，有两方面的主要原因：一是实现了社会化服务的大物流；二是物流技术水平高。在社会化服务的条件下，商业、仓储、港口、码头（包括公路、铁路、航空等）、会展等基础设施建设比较发达，委托代理机构健全，大部分企业都实现了物资采购的配送，第三方物流服务也较为普遍。同时，现代物流的技术高度发达，上述各方面的基础设施基本上都实现了机械化、自动化和信息化。所以，生产效率很高，每个物流行业职工所完成的以市场价值表示的工作量大大高出社会平均数，而且作为第三产业的物流产业，在国民经济中占据重要位置。

3. 漩涡式

和上一个问题相联系的是，在集约化经营的条件下，就必然会形成现代化所特有的漩涡式物流。所谓漩涡式物流就是众多的企业生产所需要的原材料物资和生产出来的产品，由少数物流企业供给或销售，也就是说，一个物流企业承担多个生产企业所需要的生产资料的供给，或一个物流企业推销多个生产企业生产出来的产品。这样，如同广阔的水面，从不多的几个水口下泄，从而形成漩涡式水流。这样就克服了在小生产的条件下每个企业都有自己的物资采购员和产品推销员，在实现物流社会化服务的同时，实现了集约化经营的高效率。运输也是如此。不论是哪种企业，其运输都不应当自我服务，都应当实现服务的社会化。毕竟一个企业的运输量太小了，那种小生产式的自我服务，投资大、效率低、成本高、管理难度大。漩涡式的物流是物流企业大型化、规模化在物流形态上的表现形式。

4. 系统性

由于物流社会化服务本身就是社会化大生产的产物，其生产过程涉及很多部门、很多环节，所以现代物流的生产过程体现了十分明显的系统性特征。而且物流涉及的每一方面都是不可或缺的，它们起着各自的作用，共同构成了一个物流产业。例如商业，有人认为物流不包括商业，其实不然，商业在物流中起着掘渠的作用。假定简单地说物流就是商品的位移是正确的，那么顺着什么方向位移呢？这里就离不开商业的先导位置。一个商人将北京的产品贩卖到广州，另一个商人将中国的产品贩卖到欧洲，这就决定了商品的流向，所以商业是物流中的重要环节。再如运输，有人认为物流就是运输，这也不全面。运输可以说是物流的动力，是机械性的载体，它以各种方式将商品由一个地方运送到另一个地方，使商品的位移得以实现。再如仓储，犹如物流系统中的水库，仓储在物流中起着蓄水池的作用，没有仓储就没有社会化的大物流。还有车站、码头、港口、机场、商检等，就是物流的闸门，开启闸门，商品就顺着事先开掘好的渠道，在运输工具的承载下流向目的地。以上各个方面（其实还有其他一些方面）都有各自的工作内容和程序，而且环环紧扣、相互连接，形成一个完整的社会化物流体系。

5. 国际化

国际化是现代物流的发展趋势，它是物流国际市场不断开拓的结果，也是国际贸易发展的需求。由于物质资料的生产和贸易发展已经越出一国的界限，为其服务的物流也必然在世界范围展开。因而使得物流作为一个产业在外延上更加庞大，在内涵上更加丰富，在组织上更加复杂，在技术上水平更高。和其他方面一样，物流在国际上的发展，使国际经济的联系也更加密切了。同时在组织管理方面，涉及外贸的法律、政策以及与其配套的口岸、商检等成为国家政权不可或缺的重要组成部分。为了使物流能够在国际实现，以大型远洋运输船队、航空货运等运输手段快速发展起来以及与此相配套的港口、机场、大型仓储等也得到相应发展。实现物流生产的货代等组织，更是成为典型的国际化企业。

四、物流的分类

根据物流的需求、物流在社会再生产过程中的地位与作用等不同角度，可以将物流划分为不同类型。在物流研究与实践过程中，针对不同类型的物流，需要采取不同的运作方式、管理方法等；针对相同类型的物流活动，可以进行类比分析、规模整合等。

物流的分类

（一）物流按其研究范围的大小可分为微观物流和宏观物流

1. 微观物流

消费者、生产者企业所从事的实际、具体的物流活动；在整个物流活动中，其中的一个局部、一个环节的具体物流活动；在一个小地域空间范围发生的具体物流活动都属于微观物流。

针对某一种具体产品所进行的物流活动也是微观物流。实际中经常涉及的下述物流活动皆属于微观物流：供应物流、生产物流、销售物流、回收物流、废弃物物流、生活物流等。微观物流的特点是具体性、实务性、局部性和可操作性。

由此可见，微观物流是更贴近具体企业的物流，其研究领域十分广阔。

微观物流流程如图1-1-3所示。

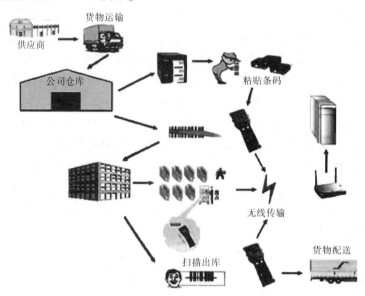

图1-1-3　微观物流流程

2. 宏观物流

宏观物流是指社会生产总体的物流活动，从社会再生产总体角度认识和研究物流活动。这种物流活动的参与者是构成社会总体的大产业、大集团。宏观物流也就是研究社会再生产的总体物流，研究产业集团的物流活动和物流行为。

宏观物流还可以从空间范畴来理解，在很大空间范畴的物流活动，往往带有宏观性；在很小范围的物流活动，很多往往带有微观性。

宏观物流也指物流全体，是从总体来看物流，而不是从物流的某一个构成环节即个体来看物流。

（二）物流按其活动的空间范围的不同，可分为城市物流、区域物流和国际物流

1. 城市物流

城市物流是众多企业的微观物流向城市之间的宏观物流的一种过渡，即输入城市的宏观物流通过城市物流将其分散成成千上万的微观物流；而成千上万企业输出的微观物流又必须

通过城市物流汇集成输出城市的宏观物流。

城市物流要研究的问题很多。例如：城市的发展规划问题，不但要直接规划物流设施及物流项目，如建公路、修桥梁、建物流园地、建仓库等；而且，需要以物流为约束条件，来规划整个市区，如工厂、住宅、车站、机场等。物流已成为世界各大城市规划和城市建设研究的一个重点。

在城市形成之后，整个城市的经济、政治、文化及民众活动也是以物流为依托的，所以城市物流还要研究城市生产、生活所需商品如何流入，又如何以更有效的形式供应给每个工厂、每个机关、每个学校和每个家庭，城市巨大的耗费所形成的废物又如何组织回收物流，等等。可以说城市物流的内涵十分丰富，很有研究价值。如图1-1-4所示为某一城市物流配送中心。

图1-1-4 城市物流配送中心

2. 区域物流

在一个国家范围内的一个经济区域的物流都处于同一法律、规章、制度之下，都受相同文化及社会因素的影响，都处于基本相同的科学技术水平和装备水平之中，因而，都有其相同的特点，即区域性。研究各个国家的物流，找出其区别及差异所在，找出其连接点和共同因素，这是研究区域物流的重要基础。物流有共性，但不同国家有其特性，例如日本的物流，海运是其非常突出的特点，日本国土狭小，覆盖全国的配送系统也很有特点；美国的物流中，大型汽车的作用非常突出；欧洲各国由于一体化进程，各国分工的特点也很突出，等等。这种研究不但对认识各国的物流特点会有所帮助，而且对促进互相学习、促进发展方面作用巨大。日本就是在研究了美国物流的基础上，吸收、消化、发展起独具特色的现代日本物流。

区域物流研究的侧重点是城乡之间、城市之间的物流。鉴于区域物流涉及领域较多，既要有利于促进物流合理化，也要有利于从社会经济可持续发展的角度考虑缓解诸多社会问题，所以可以把区域物流表述为"在某些区域规划和建立促进社会经济最佳战略实现的物流系统及其运营与管理的有关活动"。世界各国经济的发展，一个非常重要的共同点就是社会分工的细化和国际合作的加强，以致使一个城市及周边地区，都逐渐形成小的经济区域，这成了社会分工、国际合作的重要微观基础。城市经济区域的发展有赖于物流系统的建立和运行。

3. 国际物流

国际物流是相对于国内物流而言的，是不同国家之间的物流。当前世界经济发展的主流是一体化，国家与国家之间的经济交往越来越频繁，如果一个国家不投身于国际经济大环境中，那么本国的经济技术也得不到良好的发展。目前各国的工业生产、商业贸易和服务业已走向了社会化和国际化,出现了许多跨国公司,一个企业的经济活动范围可以遍及世界各大洲。国家之间、洲与洲之间的原材料与产品的流通越来越畅通(如图1-1-5所示)。因此,国际物流的研究已成为现代物流研究的一个重要课题。

图1-1-5 国际物流

(三) 按物流的范畴可分为企业物流和社会物流

1. 企业物流

企业物流即微观物流。企业是一种从事商务活动的经济实体,即为满足顾客需要而提供产品或服务、以营利为目的的组织。一个生产企业,首先要购进原材料,然后经过若干道生产工序的加工,最后形成产品销售出去。一个运输企业要按照客户的要求将货物运送到指定的地点。这样在经营范围内由生产或服务活动所形成的物流系统就称为企业物流。

依据物流活动发生的先后顺序,可将企业物流细分为供应物流、生产物流、销售物流、回收和废弃物物流。

(1) 供应物流。包括原材料等一切生产资料的采购、进货、存储、运输、仓库管理和用料管理。为生产企业提供原材料、零部件或其他物品时,物品在提供者与需求者之间的实体流动,称之为供应物流。也就是物品生产者、持有者到使用者之间的物流。对于工厂而言,是指生产活动所需要的原材料、燃料、半成品等的采购、供应活动所产生的物流;对于流通企业而言,是指交易活动中,从买方角度出发的交易行为中所发生的物流。

(2) 生产物流。包括生产计划与控制、厂内运输(搬运)、在制品仓储与管理等活动。在生产过程中,从原材料、燃料购进入库起,直到工厂的在制品、半成品、产成品发送为止这一全过程的物流活动称为生产物流。生产物流是制造产品的工厂企业所特有的,它和生产流程同步。生产物流可分为:原材料、零部件、燃料等辅助材料从企业仓库或企业入口开始,进入生产线的开始端,原材料本身被加工,同时产生一些余料、废料,直到生产加工终结。如果生产物流中断,生产过程也将随之停顿。

(3) 销售物流。包括产成品的库存管理、仓储发货运输、订货处理与客户服务等活动。生产企业、流通企业售出产品或商品时,物品在供应方与需求方之间的实体流动过程称为销售物流。对生产企业,是指售出产品;对流通企业是交易活动中,从卖方角度出发的交易行为中所发生的物流。在现代经济活动中,市场主要为买方市场,销售往往以配送到用户并经过售后客户服务才结束。

销售物流的特点是通过包装、送货、配送等一系列的物流活动实现的,这就需要我们研究送货方式、包装水平和运输路线等。

(4) 回收和废弃物物流。包括废旧物资、边角余料等的回收利用;各种废弃物的处理(废料、废气、废水等)。在社会生产和商品流通中有一些是要回收并加以再利用的材料。例如作为包装容器的纸箱、塑料框、酒瓶,建筑行业的脚手架、钢模板等就属于这一类物品。还有因时间、质量等原因形成的不合格品。例如旧报纸、书籍可以通过回收、分类,再造成纸浆加以利用;废旧金属物,由于金属具有良好的再生性,可以回收并重新熔炼成为有用的原材料。因此,回收物流种类繁多,流通渠道复杂,且时常发生变化。

社会生产、人民生活和商品流通活动中所产生的失去原有使用价值的物品即废弃物,可根据物品自身的物理和化学性质进行收集、分类、包装、搬运和储存,并分送到专门的处理场所时所形成的物品实体流动为废弃物物流。例如开采矿山时产生的土石、炼钢生产中的钢渣、工业废水以及其他一些无机物生活垃圾等,已没有再利用的价值。但是如果不妥善处理,会造成严重的环境污染。

塑料瓶回收物流

2. 社会物流

社会物流是指在流通领域里发生的物流,是全社会物流的整体,所以有人也称之为大物流或宏观物流。社会物流的一个重要标志是:它是伴随商业活动(贸易)发生的,也就是说物流过程和所有权的更迭相关。

社会物流属于宏观范畴,包括设备制造、运输、仓储、装饰包装、配送、信息服务等,公共物流和第三方物流贯穿其中。就物流学的整体而言,可以认为其研究对象主要是社会物流。社会物流的流通网络是国民经济的命脉,流通网络分布是否合理,渠道是否畅通都是至关重要的问题。必须对其进行科学管理和有效控制,采用先进的技术手段,保证高效能、低成本运行,这样做可以带来巨大的经济效益和社会效益。

(四) 物流按其属性的不同,可分为一般物流和特殊物流

1. 一般物流

一般物流是指物流活动的共同点和一般性,物流活动的一个重要特点是涉及全社会、各企业,因此,物流系统的建立,物流活动的开展必须有普遍的适用性。物流系统的基础也在于此,否则,物流活动便有很大的局限性和很小的适用性,物流活动对国民经济和社会发展的作用便大大受限了。

一般物流研究的着眼点在于物流的一般规律,建立普遍适用的物流标准化系统,研究物流的共同功能要素,研究物流与其他系统的结合、衔接,研究物流信息系统及管理体制,等等。

2. 特殊物流

在专门范围、专门领域、特殊行业,遵循一般物流规律的基础上,带有特殊制约因素、特殊应用领域、特殊管理方式、特殊劳动对象、特殊机械装备特点的物流,皆属于特殊物流的范围。特殊物流活动的产生是社会分工的深化、物流活动合理化和精细化的产物,在保持

通用的、一般的物流活动前提下，能够有特点并能形成规模，能产生规模经济效益的物流便会形成本身独特的物流活动和物流方式。特殊物流的研究对推动现代物流的发展，其作用是巨大的。特殊物流可进一步划分如下：

（1）按劳动对象的特殊性，有水泥物流、石油及油品物流、煤炭物流、腐蚀化学物品物流、危险品物流等（如图1-1-6~图1-1-10所示）。

图1-1-6　水泥物流过程

图1-1-7　油品物流　　　　　　　　　图1-1-8　煤炭物流

图1-1-9　腐蚀化学品物流　　　　　　图1-1-10　危险品物流

(2) 按数量及形态不同，有多品种、少数量、多批次产品物流，有超大、超长型物品物流等。

(3) 按服务方式及服务水平，有"门到门"的一体物流、配送等。

(4) 按装备及技术不同，有集装箱物流、托盘物流（如图 1-1-11 所示）。

（a） （b）

图 1-1-11　集装箱物流、托盘物流

(a) 集装箱物流；(b) 托盘物流

(5) 在特殊领域里有军事物流、废弃物物流（如图 1-1-12～图 1-1-13 所示）。

图 1-1-12　军事物流　　　　　　图 1-1-13　废弃物物流

(6) 按组织方式有加工物流等（如图 1-1-14 所示）。

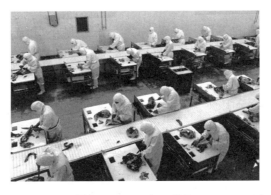

图 1-1-14　加工物流

（五）物流按其运作方式和程度的不同，可分为第三方物流和第四方物流

1. 第三方物流

第三方物流是指由物流劳务的供方和需方之外的第三方去完成物流服务的物流运作方式。第三方是指提供物流交易双方的部分或全部物流功能的外部服务提供者。第三方物流服务的提供者可分两种：一种是物流代理，自身没有多少固定资产，靠合同或联盟形式调度大批运输或仓储企业，这是典型意义的第三方物流企业，所以有时第三方物流也称合同制物流；另一种是综合型物流企业。国外能够提供第三方物流服务者非常多，典型的综合型物流企业，如联邦快递（FedEx）、联合包裹（UPS）、敦豪（DHL）等。在某种意义上可以说，它是物流专业化发展的一种重要形式。第三方物流的发展程度反映和体现着一个国家物流产业发展的整体水平。

2. 第四方物流

第四方物流是指一个供应链集成商，它调集和管理组织自己的且具有互补性的服务提供商的资源、能力和技术，以提供一个综合的物流解决方案。第四方物流是在解决企业物流的基础上，整合社会资源，解决物流信息充分共享、社会物流资源充分利用的问题，同时也是发挥政府职能，在推进中国现代物流产业发展所能做的唯一切入点。而且，中国在加入WTO后，为了提高中国物流企业的国际竞争力，应对跨国物流公司的竞争，短期内不可能通过改造落后的物流企业来实现，只有通过第四方物流才可能实现，这也是中国政府在如何发展现代物流方面所要考虑的一个重点。

四方物流的关系如图1-1-15所示。

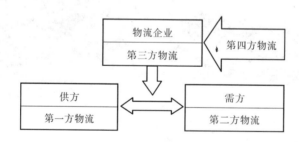

图1-1-15 四方物流的关系

（六）根据作用领域的不同，物流分为生产领域的物流和流通领域的物流

生产领域的物流贯穿生产的整个过程。生产的全过程从原材料的采购开始，便要求有相应的供应物流活动，即采购生产所需的材料；在生产的各工艺流程之间，需要原材料、半成品的物流过程，即所谓的生产物流；部分余料、可重复利用的物资的回收，就是所谓的回收物流；废弃物的处理则需要废弃物物流。

流通领域的物流主要是指销售物流。在当今买方市场条件下，销售物流活动带有极强的服务性，以满足买方的需求，最终实现销售。在这种市场前提下，销售往往以送达用户并经过售后服务才算终止，因此企业销售物流的特点便是通过包装、送货、配送等一系列物流实现销售。

（七）根据发展的历史进程，将物流分为传统物流、综合物流和现代物流

传统物流的主要精力集中在仓储和库存的管理及派送上，有时还要把主要精力放在仓储和运输方面，以弥补在时间和空间上的差异。综合物流不仅提供运输服务，还包括许多协调工作，是对整个供应链的管理，如对陆运、仓储部门等一些分销商的管理，还包括订单处理、采购等内容。由于将很多精力放在供应链管理上，责任更大，管理也更复杂，这是与传统物流的区别。

现代物流是为了满足消费者需要而进行的从起点到终点的原材料、中间过程库存、最终产品和相关信息有效流动及储存计划、实现和控制管理的过程。它强调了从起点到终点的过程，提高了物流的标准和要求，是各国物流的发展方向。国际上大型物流公司认为现代物流有两个重要功能：能够管理不同货物的流通质量；开发信息和通信系统，通过网络建立商务联系，直接从客户处获得订单。

五、互联网时代物流的发展趋势

1. 经营全球化趋势

由于电子商务的出现，加速了全球经济的一体化，致使企业的发展趋向多国化、全球化的模式。

物流的发展趋势

面对全球化激烈竞争的趋势，企业的战略对策之一是专注于自己所擅长的经营领域，力争在核心技术方面领先；而本企业不擅长的业务则分离出去，委托给在该领域有特长的、可信赖的合作伙伴。这种趋势为现在所谓的第三方物流、第四方物流的发展创造了条件。这一方面最著名的例子是 DELL 计算机公司的经营模式，它们只做订货与最终组装，而将零部件的制造和物流系统运作委托给合作伙伴，通过供应链的管理与重组，有效地减低了库存、缩短了生产周期，大大地提高了竞争力。耐克公司也有类似的方法，没有制鞋厂，只做经营与产品设计；又如运输公司把烦琐的收费业务委托给卡片公司去管理等。

企业注重核心技术的趋势使物流业务从生产企业中分离出去，为物流企业带来良好机遇；物流企业也必须按照同一原则精心发展自己的业务、提高服务水平，确实保证委托方的利益并建立本企业的信誉。

2. 系统网络化

物流的网络化是电子商务时代物流活动的主要特征之一。当今世界全球信息资源的可用性及网络技术的普及为物流的网络化提供了良好的技术支持，物流网络化必将迅速发展。

完善的物流网络是现代高效物流系统的基础条件。今后数年，全国性物流系统的基础建设如大型物流中心的建设将会有较快发展，现代化的物流配送系统亦将逐步成熟。

物流管理信息系统如图 1-1-16 所示。

3. 供应链的简约化

供应链是指涉及将产品或服务提供给消费者活动全过程的上、下游企业所构成的网络。无数供应链构成了极为复杂的社会经济网络体系。在同一供应链中的所有企业都需要上游企

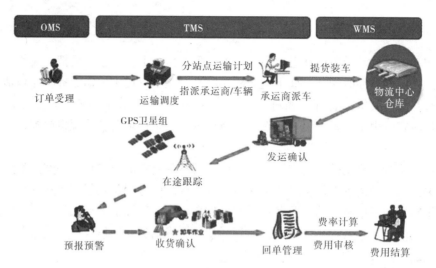

图 1-1-16 物流管理信息系统

业供应原材料或货品,同时也不断地向下游企业供应自己的产品,形成了递阶式的体系,因此这些企业之间具有相互依存的关系。所谓市场竞争实际上不是供应链内部上、下游企业之间的竞争,而是一个供应链与另一个供应链之间的竞争。

互联网技术为供应链所有环节提供了强大的信息支持,生产者、最终消费者和中间经营者都能够及时地了解供应链的全部动态。也就是说,供应链具有了更好的透明度。在供应链中,任何多余的环节、任何不合理的流程与作业都能被及时发现。特别是由于互联网提供的信息支持,供应链中原有的多余环节将被消除。因此,供应链将变得更为紧凑,供应链的这种变化将直接影响到企业的经营与发展战略。典型供应链如图1-1-17所示。

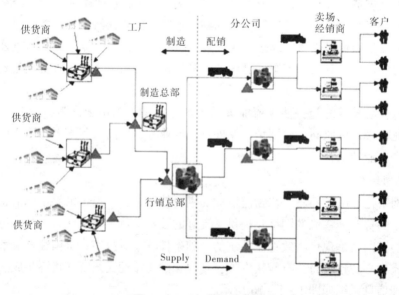

图 1-1-17 典型供应链

4. 企业规模化

由于在电子商务时代,物流的小批量、多品种以及快速性的特征更为显著,配送的难度更大，必须达到一定规模才能产生相应的经济效益。为了更快地在规模效益方面领先，企业的兼并、联合趋势加强。当然，在选择合伙人时，弱者将被淘汰出局，形成强强联合。企业必须依靠自己先进的经营模式、高质量的服务和强大的实施能力为依托，寻求合适的合作伙伴；与此同时，也可能有条件被其他优秀的企业选为合作伙伴，在联合中不断得到发展。

我国企业面临的竞争是国内外两方面的，物流企业也是如此。一些国有储运公司，规模虽大但存在体制不灵活的问题；一些新型物流公司大多规模偏小。它们需要在竞争中求联合，依据双赢战略选择战略伙伴，以图结成实业联盟创造规模效益。可以预见，物流企业的强强联合趋势将加强，我国现代化超大型物流企业将出现在社会经济舞台上。

5. 服务一体化

由于物流系统的复杂化和对物流服务水平的要求越来越高，为第三方物流的发展提供了广大的市场。物流是服务行业，服务水平是竞争因素的最重要部分。第三方物流业者最时髦的口号是"提供一体式物流服务"，把用户的物流业务从规划设计到运行管理全部承担下来。在保证成本的条件下，使用户拥有一个高效、通畅的物流体系。

在供应链急剧变化的时代，第三方物流业通过增值服务增加营业额也是重要的手段。加强增值服务是今后物流业发展的一个重要方向。其目的不仅是降低成本，更重要的是提供用户期望以外的增值服务，如配货、配送和各种提高附加值的流通加工服务项目，以及其他按客户的需要提供的服务。

增值服务的内容除一般的装配、改包装之外，还在于不断扩大范围，发展有特色的增值服务。如德国FIEGE公司对服装进行配送，在送达最终用户之前把衣服熨好、进行商业包装或悬挂在衣架上送达商店；又如生产吉他的FENDER国际公司委托UPS公司对其配送系统进行集约化和系统化整合，UPS的增值服务包括为吉他调好音。

扩大的增值服务不仅仅是增加了物流企业的收入，更重要的是由于承担了上游企业和下游企业所分离出来的业务，使自己成为供应链中不可缺少的组成部分，从而稳定了客户群。

在引进国外信息技术和管理模式的基础上，我国的第三方物流服务产业也将有较大幅度的增长，各种增值服务也将成为第三方物流服务的重要内容。

六、现代物流管理

（一）现代物流管理的含义

物流管理是指在社会生产过程中，根据物质资料实体流动的规律，应用管理的基本原理和科学方法，对物流活动进行计划、组织、指挥、协调、控制和监督，使各项物流活动实现最佳的协调与配合，以降低物流成本，提高物流效率和经济效益的活动。

（二）现代物流管理的发展经历

现代意义上的物流管理出现在20世纪80年代。人们发现利用跨职能的流程管理的方式去观察、分析和解决企业经营中的问题非常有效。通过分析物料从原材料运到工厂，流经生产线上每个工作站，产出成品，再运送到配送中心，最后交付给客户的整个流通过程，企业可以消除很多看似高效率而实际上降低了整体效率的局部优化行为。因为每个职能部门都想尽可能地利用其产能，没有留下任何富余，一旦需求增加，则处处成为瓶颈，导致整个流程的中断。又比如运输部作为一个独立的职能部门，总是想方设法降低其运输成本，但若其因此而将一笔必须加快的订单交付海运而不是空运，这虽然省下了运费，却失去了客户，导致整体的失利。所以传统的垂直职能管理已不适应现代大规模工业化生产，而横向的物流管理却可以综合管理每一个流程上的不同职能，以取得整体最优化的协同作用。

在这个阶段，物流管理的范围扩展到除运输外的需求预测、采购、生产计划、存货管理、配送与客户服务等，以系统化管理企业的运作，达到整体效益的最大化。高德拉特所著的《目标》一书风靡全球制造业界，其精髓就是从生产流程的角度来管理生产。相应地，美国实物配送管理协会在20世纪80年代中期改名为美国物流管理协会，在2005年更名为美国供应链管理协会（如图1-1-18所示），而加拿大实物配送管理协会则在1992年改名为加拿大物流管理协会。

图1-1-18　美国物流管理协会2005年更名为美国供应链管理协会

一个典型的制造企业，其需求预测、原材料采购和运输环节通常叫作进向物流，原材料在工厂内部工序间的流通环节叫作生产物流，而配送与客户服务环节叫作出向物流。物流管理的关键则是系统管理从原材料、在制品到成品的整个流程，以保证在最低的存货条件下，物料畅通地买进、运入、加工、运出并交付到客户手中。对于有着高效物流管理的企业的股东而言，这意味着以最少的资本做出最大的生意，产生最大的投资回报。

（三）现代物流管理的内容及其三个阶段

1. 现代物流管理的内容

物流管理的内容包括三个方面的内容：对物流活动诸要素的管理，包括运输、储存等环节的管理；对物流系统诸要素的管理，即对其中人、财、物、设备、方法和信息等六大要素的管理；对物流活动中具体职能的管理，主要包括物流计划、质量、技术、经济等职能的管理等。

物流管理科学是近一二十年以来在国外兴起的一门新学科，它是管理科学的新的重要分支。随着生产技术和管理技术的提高，企业之间的竞争日趋激烈，人们逐渐发现，企业在降低生产成本方面的竞争似乎已经走到了尽头，产品质量的好坏也仅仅是一个企业能否进入市场参加竞争的敲门砖。这时，竞争的焦点开始从生产领域转向非生产领域，转向过去那些分散、孤立的，被视为辅助环节而不被重视的，诸如运输、存储、包装、装卸、流通加工等物流活动领域。人们开始研究如何在这些领域里降低物流成本，提高服务质量，创造"第三个利润源泉"。物流管理从此从企业传统的生产和销售活动中分离出来，成为独立的研究领域和学科范围。物流管理科学的诞生使得原来在经济活动中处于潜隐状态的物流系统显现出来，它揭示了物流活动的各个环节的内在联系，它的发展和日臻完善，是现代企业在市场竞争中制胜的法宝。

2. 现代物流管理的三个阶段

现代物流管理按管理进行的顺序可以划分为三个阶段，即计划阶段、实施阶段和评价阶段（如图1-1-19所示）。

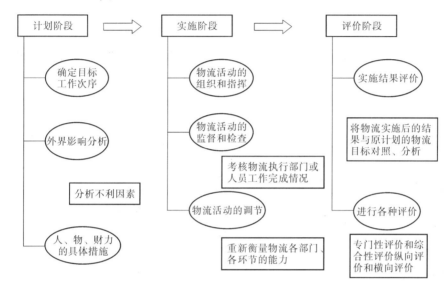

图1-1-19 现代物流管理的三个阶段

（1）物流计划阶段的管理。

计划是作为行动基础的某些事先的考虑。物流计划是为了实现物流预想达到的目标所做的准备性工作。

物流计划首先要确定物流所要达到的目标以及为实现这个目标所进行的各项工作的先后次序。

其次，要分析研究在物流目标实现的过程中可能发生的任何外界影响，尤其是不利因素，并确定应对这些不利因素的策略。

现代物流管理的三个阶段

最后，制定出贯彻和指导实现物流目标的人力、物力、财力的具体措施。

（2）物流实施阶段的管理。

物流实施阶段管理就是对正在进行的各项物流活动进行管理。它在物流各阶段的管理中具有突出的地位。这是因为在这个阶段中各项计划将通过具体的执行而受到检验。同时，它也把物流管理与物流各项具体活动进行紧密的结合。

①对物流活动的组织和指挥。物流的组织是指在物流活动中把各个相互关联的环节合理地结合起来，而形成一个有机的整体，以便充分发挥物流中的每个部门、每个物流工作者的作用。物流的指挥是指在物流过程中对各个物流环节、部门、机构进行的统一调度。

②对物流活动的监督和检查。通过监督和检查可以了解物流的实施情况，揭露物流活动

中的矛盾，找出存在的问题，分析问题发生的原因，提出解决的方法。

③对物流活动的调节。在执行物流计划的过程中，物流的各部门、各环节总会出现不平衡的情况。遇到上述问题，就需要根据物流的影响因素，对物流各部门、各个环节的能力做出新的综合平衡，重新布置实现物流目标的力量，这就是对物流活动的调节。

（3）物流评价阶段的管理。

在一定时期内，人们对物流实施后的结果与原计划的物流目标进行对照、分析，这便是物流的评价。通过对物流活动的全面剖析，人们可以判断物流计划的科学性、合理性如何，确认物流实施阶段的成果与不足，从而为今后制订新的计划、组织新的物流提供宝贵的经验和资料。

按照对物流评价的范围不同，物流评价可分为专门性评价和综合性评价。按照物流各部门之间的关系，物流评价又可分为物流纵向评价和横向评价。应当指出，无论采用什么样的评价方法，其评价手段都要借助具体的评价指标。这种指标通常表示为实物指标和综合指标。

（四）现代物流管理的发展趋势

随着物流业的发展，在供应链管理模式上增添了新的内容，物流业出现了新的十大趋势。

1. 物流管理从物的处理，提升到物的价值方案设计、解决和管理上

可以为客户提供度身订造式的个性化服务，企业逐渐转向强调跨企业界限的整合，使得顾客关系的维护与管理变得越来越重要。

2. 由对立转向联合

传统商业通道中，企业间多半以自我为中心，追求自我利益，因此往往造成企业间对立的局面。然而在追求更大竞争力的驱动下，许多企业开始在各个商业流通机能上整合，通过联合规划与作业，形成高度整合的供应链通道关系，使通道整体成绩和效果大幅提升。

3. 由预测转向终测

传统的流通模式通过预测下游通道的资源来进行各项物流作业活动，不足的是预测很少会准确，因而浪费了许多自然及商业资源。新兴的物流管理趋势是强调通道成员的联合机制，成员间愿意互换营运及策略的信息，尤其是内部需求及生产的资料，使得上游的企业无须去预测，流通模式逐渐由预测基础转向终测基础发展。

4. 由经验积累转向变迁策略

一直以来，经验曲线是企业用来分析市场竞争趋势及应对策略的方法，并以企业长年积累的经验作为主要竞争武器，然而在科技突飞进步的情况下，企业固守既有经验反而成为其发展的障碍，经验及现存通道基础结构变为最难克服的障碍，企业要建立持续变迁的管理体系才能生存下去。

5. 由绝对价值转向相对价值

传统财务评价只注重一些绝对数值，新的评价方法注重相对价值的创造，亦即在通道中提供增值服务。

6. 由功能整合转向程序整合

在竞争日趋激烈的环境中，企业必须更快响应上、下游顾客的需要，因而必须有效整合各部门的营运，并以程序式的操作系统来运作，物流作业与活动多半具有跨功能、跨企业的特性，故程序式整合是物流管理成功的重点。

7. 由垂直整合转向虚拟整合

在传统渠道中，一些大企业进行通道的垂直整合，以期对通道掌握更大的主动权，事实证明这并不成功，反而分散了企业的资源。现在企业经营的趋势是专注于核心业务，将非核心业务委托给专业管理公司去做，形成虚拟企业整合体系，使主体企业提供更好的产品及服务。

8. 由信息保留转向信息分享

在供应链管理结构下，供应链内相关企业必须将供应链整合所需的信息与其他企业分享，否则无法形成有效的供应链体系。

9. 由训练转向知识学习

在可预见的未来，任何物流程序均以人力来完成。然而，物流作业多半需要在各个物流据点和运输网络中进行，大约有90%的时间，物流主管无法亲自加以监控。全球化的发展趋势也增加了物流人力资源管理的复杂度。因此，物流人员需要由技能训练转向知识学习，以提高自身的工作能力。

10. 由管理会计转向价值管理

未来，许多企业愿意投入更多资源建立基本会计系统，注重增值创造，以期能确认可创造价值的作业，而非仅关注收益增减、成本升降等问题。

问题解决

我们已经学习了物流的基本知识，下面我们就用这些知识来解决前面"情境引例"中出现的问题。

1. 什么是物流，其有何特点？它对社会经济有什么样的作用？

根据我国国家标准《物流术语》的定义，物流是"物品从供应地到接收地的实体流动过程，根据实际需要，将运输、储存、装卸、搬运、包装、流通加工、配送、信息处理等基本功能实施有机结合"。它在国民经济中的作用包括：①物流是国民经济的"动脉"，是连接国民经济各个部分的纽带；②物流技术的进步与发展是决定国民经济生产规模和产业结构变化的重要因素；③物流是生产过程进行的前提，又是实现商品流通的物质基础。

2. 现代物流管理有何发展趋势？

随着物流业的发展，在供应链管理模式上增添了新的内容，物流业出现了新的十大趋势。

①物流管理从物的处理，提升到物的增值方案设计、解决和管理上；②由对立转向联合；③由预测转向终测；④由经验积累转向变迁策略；⑤由绝对价值转向相对价值；⑥由功能整合转向程序整合；⑦由垂直整合转向虚拟整合；⑧由信息保留转向信息分享；⑨由训练转向知识学习；⑩由管理会计转向价值管理。

子情境二　物流人职场规划

情境引例

2008年他大专毕业，学的是物流管理专业。当时很迷茫，因为很多人告诉他物流行业很苦、很累，也挣不到什么钱。不过当时他觉得，"路是自己选的，容不得抱怨"，于是背起行囊开启了他的职业生涯：库管，月薪1 500元。

刚进入公司的第一个月，他得出了一个结论：书本上都是骗人的！学习到的知识根本就没有用得到的地方。当时负责的是一家汽车厂的配送与仓储工作，学习到了一些现场管理员职责和物流工具的使用方法。

在浑浑噩噩地度过了3个月后，他基本掌握了仓库现场管理的一些流程与知识，但也意识到了所在岗位的局限性，由于公司规模的原因，很难将之前所学到的知识运用到实际的工作当中，当时他很快地做出了决定——去北京寻找更好的平台。

在北京，他经历了人生最重要的一个阶段，在这期间，他完全地融入工作中，在经历了很多个黑白颠倒的日子，以及很多不敢想象的事情后快速地成长起来。其间，他接触到了仓库信息化管理系统，并更多地思考仓库业务流程和可优化的地方，提出了很多合理化的建议。公司注意到了他的努力与成绩，提拔他做分库的主管，月薪5 000元。

从其中一些细节可以看出他当时工作有多拼：3年没有回家、连续36小时没睡觉坚持完成任务诸如此类的还有很多。

后来，随着业务量的增加，公司的信息化系统需要升级，由于他精通业务也参与到了新系统的设计当中，在共同探讨中他学到了很多新的知识，同时也加深了对物流整体运营的理解，开阔了思路。其间，公司老板觉得他的沟通交流能力比较强，同时刚好空出一个项目经理的位置，希望未来他能够胜任此职。

这个项目经理的岗位，需要追踪KPI，协调日常运作和内部资源为客户更好地服务，协助客户进行内部审计，管理账务，与全球销售以及客户维护团队协调沟通，类似于客户管理。

在此之后，他开始恶补专业知识（主要是关于内部管理与账务工作方面的），同时也积极地向公司相关业务人员进行请教，他深知自己的优势在于沟通与协调能力，而对于上述两方面缺乏经验，不过勤奋的他很快就胜任了该职务。再后来，他不断地努力提升自己，并最终成长为业内的一位"大牛"。

最后我问了他一个问题：究竟是什么支撑他走到了今天？

他简单地思考了一下，给了我一个答案：

"路是自己选的，我要把它走好！"

分析以上物流人职业成长案例，回答下列问题：

1. 物流业的人才需求主要有哪些？
2. 物流管理人才必须具备哪些能力？

案例思考

现代物流业的人才需求大体可以分为两大类:一是通用型物流人才;二是专业型物流人才。通用型物流人才与行业无关,而专业的物流人才则与行业紧密相关,这类人才需对所服务的行业有非常深刻的了解。现代物流管理人才必须具有良好的道德品质修养,善于运用现代信息手段,精通物流业务,懂得物流运作规律。

知识目标

1. 了解物流业务所涉及的功能模块。
2. 了解物流专业能力构成和物流人才应具备的基本技能。
3. 掌握物流职业成长路径。

能力目标

1. 通过案例分析和小组讨论,对物流专业有更深刻的认识,找到适合自己的成长路径。
2. 能够设计自己的物流职业生涯规划。

 知识阐述

一、现代物流业的职业构成

(一) 从物流业务所涉及的环节来看

现代物流业的人才需求大体可以分为两大类:一是通用型物流人才;二是专业型物流人才。通用型物流人才与行业无关,而专业型物流人才则与行业紧密相关,这类人才需对所处的行业有非常深刻的了解,如汽车物流人才必须对汽车行业有全面的了解。

1. 通用型物流人才(如图 1-2-1 所示)

(1) 高级物流管理人员。高级物流管理人员要求从业人员知识面广,有较强的战略判断和把握能力,能敏锐地发现市场的变化,对物流的各个环节进行宏观调控。在此层面上的人才,对于物流企业的管理有着深刻的认识和理解,能有效管理和运作提供完整服务的物流企业,应该能够适应各种类型的物流企业,同时,他们在物流业务的市场开发过程中,往往也是高级的销售人员。

通用型和专业型
物流人才

(2) 物流服务营销人员。物流服务营销人员要求对物流企业内部的业务比较熟悉,对客户所在的行业也有很好的了解,同时了解专业的物流知识,具备销售方面的技能和技巧,通过建立正确的心态和信心,以适合面对客户的心态及态度为企业争取更多的客户。

(3) 物流方案设计人员。物流方案设计人员要求对客户所在行业具备深层次的了解,如行业的供应链状况、生产周期、生产特点等,能根据客户的需求进行方案的整体设计,为客户量身定制适合的解决方案。物流方案设计人员更需要具备较强的组织管理能力，在整合客户资源的前提下有效地贯彻企业的经营理念，充分利用设备、技术和人力等企业内部资源来满足外部客户的需求。

（4）供应链管理人员。供应链管理人员要求具备对物流项目进行管理的能力，了解客户所在行业的特点和需求，有丰富的项目管理知识、经验和技能，有整个物流大系统的理念，并协调配合相关部门，使整个物流供应链合理化、科学化。

（5）物流信息技术人员。物流信息技术人员要求了解物流业务的信息化需求，具备一定的销售和展示技巧（参与销售），具备将客户的服务需求转换为系统功能的技术能力，能解决供应链管理中各种信息系统方面的突发性问题。

（6）物流操作管理人员。物流操作管理人员要求对物流知识有一定了解，必须熟悉自身从事的物流环节的运营，使本环节的物流工作进行得更有效、更合理，主要对具体的物流作业（如货物的上架、分拣、堆垛、包装、配送等）进行管理。

（7）物流操作工人。物流操作工人要求具备标准化流程下的操作能力、吃苦耐劳精神和企业文化意识。按照标准流程完成每个操作过程，关键是要具备一定的操作经验和技能。

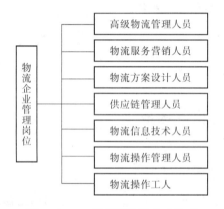

图 1-2-1　通用型物流人才构成

2. 专业型物流人才

专业的物流人才则与行业紧密相关，这类人才需对所处的行业有非常深刻的了解，下面通过对 IT 业、家电业、石化业和零售业几个方面进行分析（如图 1-2-2、图 1-2-3 所示）。

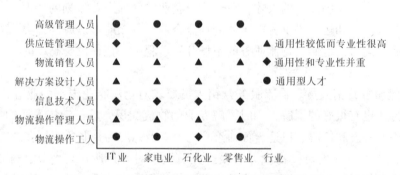

图 1-2-2　不同行业物流人才通用性和专用性比对

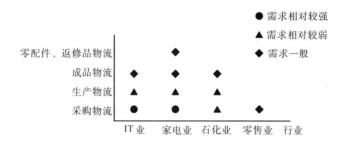

图 1-2-3　不同行业的物流管理需求

(二) 从物流业务所涉及的功能模块看

现代物流业的人才需求主要分为三大模块：仓储管理、运输管理和配送管理，每个管理模块又包含了一系列的基础管理岗位，如图 1-2-4 所示。

保税物流方兴未艾
人才需求仍有缺口

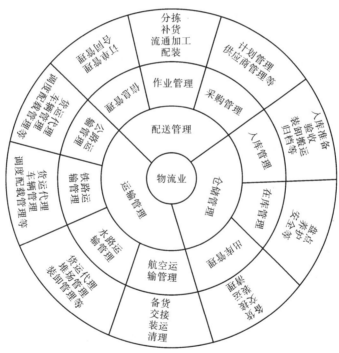

图 1-2-4　从物流模块划分的基础管理岗位

二、物流职业生涯规划

职业生涯规划就是根据自身情况、现有的条件和制约因素，为自己确立长远的或整个职业生涯过程的目标，并为实现目标而确定行动方向、行动时间和行动方案的过程。

物流职业生涯规划

(一) 物流职业生涯规划的依据

1. 考虑两个问题

两个问题是：想往物流哪方面发展；可以往物流哪方面发展。也就是在规划自己的物流职业生涯之前先对自己进行分析，清楚自己属于什么性格，具备什么特长和能力，喜欢做什么，适合做什么，希望自己成为什么样的人，等等。

2. 把握四个准则

在进行具体的职业规划之前，要把握四个方面的原则，即：择己所爱、择己所长、择世所需和择己所利。

择己所爱而不望名生义。确定自己想要做什么是职业规划的第一步，调查显示，兴趣与成功概率有着明显的正相关性。知道自己爱好什么，选择自己心里所期盼的，自己才是生活的主导者，一定要做到知己知彼，合理认真地对待自己的选择。

择己所长而不盲目从众。自己一定要有主见，不能盲目听信他人意见和经验，知道自己的优势和长处在哪些方面，在职业规划中规避自己的劣势，发挥自己的特长。人们常说，在自己擅长的领域里很容易能达到一流水平，而在自己不擅长的领域里想达到一流水平可能要付出百倍千倍的努力，有时还不一定能达到。

择世所需而不眼高手低。了解企业最需要什么样的人才，这些人才要求具备怎样的能力，而分析自己很重要的一点是了解自己拥有什么。一些大学生在求职中往往对薪水、岗位要求很高，一味追求管理类、行政类等中高层岗位，而普通岗位如技工类、灰领岗位出现大量空岗现象。这些求职者对职位要求很高，但自己又缺乏相关的技能，审视自己拥有什么可以在求职中避免眼高手低的现象。

择己所利而不乱挤热门。要充分考虑自己未来更长远的发展，找寻更适合自己的、对自己最有利的职业道路，循序渐进地达成目标，而不是盲目跟风，当前最热门的不一定是最好的。

3. 走好四步路

(1) 审视自我，评估环境。

(2) 确立目标。

(3) 制定策略。

(4) 调整和修正目标。

(二) 物流专业学习途径的探索

高等职业教育是针对职业岗位的实际需要设置的定向的高等教育，高职物流管理专业学生在校期间一般需要接受五个阶段的学习和培训，即课程学习、仿真实训、社会实践、顶岗实习、毕业实习。

(三) 现代物流业职业阶梯的设计

物流企业中的职务晋升通道依次为见习员工、正式员工、物流主管、物流经理、物流总监。

（四）求职技巧的应用

在求职中需要遵循以下步骤：收集招聘信息、准备个人材料、实施求职计划、备战面试、面试结束之后的跟进工作、做好再冲刺准备。

三、物流管理人才所具备的能力和要求

现代物流是利用现代化技术，在现代化管理指导下的物流行为，是原材料、产成品从起点到终点及相关信息有效流动的全过程，将运输、仓储、装卸、搬运、包装、流通加工、配送、信息处理等功能有机结合起来，形成完整的供应链，为客户提供多功能、一体化的综合性服务。现代物流建设是现代流通的重要支撑，是实现传统商业向现代流通转变的关键。实行现代物流是行业进一步加快自身发展，提升企业核心竞争力，从容应对国际挑战的必然选择，而实行现代物流的一个重要条件就是必须拥有一大批具有良好道德品质修养，善于运用现代信息手段，精通物流业务，懂得物流运作规律的现代物流管理人才。

（一）具有良好的思想政治素质和职业道德

人员思想政治素质的高低决定事业的发展和进步，对企业的物流管理人员来说，思想政治素质更具有十分重要的意义，其关乎稳定队伍，凝聚人心，步调统一。企业的物流管理人员，必须牢固树立"国家利益至上、消费者利益至上"的行业共同价值观，要把"讲责任、讲诚信、讲效率、讲奉献"，潜心做事、低调做人，宽容开放、勇于创新，甘于奉献、自强

物流管理人才所需具备的能力和素质

不息，报效国家、回报社会等作为自己的行为规范。在日益复杂的工作中提高是非辨别能力，摆脱低俗趣味的东西，抵制各种诱惑和私心杂念，把高度的事业心和责任感、顽强的工作作风、严格的组织纪律性和集体主义观念融入日常工作中，从思想上、政治上跟党和国家的政策方针保持一致，适应新形势的要求，沿着正确的指导方向来完成好本职工作。

（二）扎实的物流专业素质

现代物流是一门非常专业的学科，现代物流行业，并不仅仅是配送、仓储那么简单。过硬的业务能力是物流管理人员必备的素质。物流管理人员应掌握以下知识。

1. 行业知识

物流管理人员应该熟悉行业动态，了解行业信息，掌握行业物流发展的方向，熟悉行业品牌以及常识等。

2. 仓储运输知识

仓库、物流中心或配送中心，不仅仅是负责保管存放、进出库、堆码摆放等简单活动，

还涉及库存管理、信息化控制、打码、包装、维修等一系列环节，承担起进一步优化配送流程，有效利用配送仓储设施，合理控制库存以及其他增值服务等职能。

3. 财务成本管理知识

物流管理人员不仅要了解配送、库存管理以及后勤保障等各环节，还需进一步对现代物流各环节进行成本核算分析。通过细致的成本核算分析，进一步降低损耗和配送成本，提高经济效益，增强行业核心竞争力，建设节约型企业。

4. 安全管理知识

从物流中心配送到每一个零售户，物流具有路线长、范围广、高度集中等特点，因此安全风险也成倍增加。一旦发生安全事故，会影响到企业的各个方面，造成一系列问题，给企业带来不可估量的损失。因此，物流管理人员必须掌握一定的车辆管理、火灾防范、安全保卫等方面的知识。

5. 法律知识及其他

现代物流已不单单是企业内部的行为，而是涉及多个企业（如与邮政合作）之间的经济行为，物流管理人员必须具备一定的法律知识，了解国家有关物流行业的法律法规，并在实际工作中加以灵活运用，如《中华人民共和国合同法》《中华人民共和国公司法》等法律。

（三）良好的团队精神

现代物流的物理特性表现为一种网状的结构，在这个网中存在着多条线，每条线上又存在着多个作业点，任何一个作业点出现问题，又没有得到及时妥善的解决，就有可能造成网络的瘫痪。所以，物流管理人员应具备一种强烈的团队合作精神，在作业过程中，不仅能够做好本职工作，同时还要积极与电访、营销、专卖以及财务等各部门配合，使上下游协调一致。如果没有这种团队协作精神和沟通能力，就不可能将整个线上的作业点有机地结合在一起，就无法实现行业物流目标系统化和业务操作无缝化的目的，也就不可能有效完成繁杂程度较高的物流服务。

（四）组织管理和协调能力

现代企业的竞争是对人才的竞争，具体表现为企业经营管理理念的竞争。一个成功的企业不仅要有高素质的专业人才，也要有良好的经营管理理念和执行管理理念的能力。物流的灵魂在于系统化方案设计、系统化资源整合和系统化组织管理，包括客户资源、信息资源和能力资源的整合及管理，在目前物流行业没有形成统一标准的情况下，物流从业人员更需要具备较强的组织管理能力，在整合客户资源的前提下有效地贯彻企业的经营理念，充分利用设备、技术和人力等企业内部资源来满足外部客户的需求。

物流管理人员在工作过程中，需要时时与工业企业沟通协商、与上下游环节协调合作，需要运用不同的工具进行各种信息的传递和反馈。因此，物流从业人员不但要有相当丰富的专业知识，同时应具备相当强的沟通、协调能力和技巧。

（五）熟练的信息化应用水平

在现代物流中，信息起着非常关键的作用，商品的流动要准确、快速地满足消费者需求离不开信息流动，资金及时回笼也离不开相关信息的反馈。通过信息在物流系统中快速、准确和实时流动，可使企业迅速对市场做出反应，从而实现商流、信息流、资金流的良性循环。现代物流是一系列繁杂而精密的活动，要计划、组织、控制和协调这一活动，离不开信息技术的支持。现代物流企业核心竞争力的提高在很大程度上将取决于信息技术的开发和应用。物流过程同时也是一个信息流的过程，目前，信息技术已受到物流部门的广泛重视，并被广泛应用到订单处理、仓库管理、货物跟踪等各个环节。一个合格的物流管理人员，必须熟悉现代信息技术在物流作业中的应用状况，能够综合使用这一技术提高劳动效率，并且能够在使用的过程提出建设性、可操作性的建议。

（六）异常突发事故的处理能力

能够较好执行作业指令和完成常规作业，只能说明员工具备了基本的业务操作能力，异常突发事故的处理能力是衡量物流管理人员综合素质的重要指标之一。在市场瞬息万变的情况下，市场对物流服务的需求呈现出一定的波动性，物流企业作为供需双方的服务提供者，对信息的采集又有相对的滞后性，同时物流作业环节多、程序杂、缺乏行业标准，异常突发事故时有发生。要在可利用资源有限的情况下，既能保证常规作业，又能从容面对突发事件的处理和突如其来的附加任务，就需要从业人员具备较强的处理异常事故的能力，具备随时准备应急作业的意识以及对资源、时间的合理分配和充分使用的能力。

四、物流管理高级人才应具备的知识和技能

高级物流人才是既懂得从战略的角度规划企业长远的发展，又具有一线部门实际工作经验的物流人才。

高级物流人才需要重点掌握以下四方面的专业知识和技能。

2017 全球智慧物流峰会马云精彩演讲之
未来物流行业需要有眼光、格局的人才

物流管理高级人才应具备
的知识和技能

（一）管理知识

物流管理的核心在于宏观上资源整合，微观上精益运作。从事物流管理工作的人员要熟

悉该行业的基本流程，掌握物流中心的规划与布局、货物的运输与配送、采购管理与库存控制、物流机械设备的基本运用原理、物流企业的运营管理特点等专业知识。

（二）信息技术

由于现代企业的物流运营对信息系统的要求相当高，高级物流人才除了能够熟练地掌握电脑使用技能和办公自动化工具，还必须对信息系统有深刻的理解，能够在企业信息化浪潮中正确地判断企业的物流需要，站在专业的角度为企业的物流变革指明方向。

（三）财务知识

物流被称作"第三利润源"，就是通过节约成本的方式为企业提高经济效益。高级物流人才担任的是企业中高层岗位，只有精通财务知识，才能在工作中正确地为企业进行"物流诊断"，控制物流成本并加以降低。

（四）外语能力

高级物流管理工作需要不断借鉴世界上最新的物流管理技术和计算机、财务、外贸、人力资源等方面的知识，只有在工作中不断学习才能保证企业的物流工作始终充满活力并达到不断节约成本的目的，这一过程中外语能力是一种支撑。较好的外语应用能力是一切高级人才的必备技能。

问题解决

我们已经学习了物流人职场规划的知识，下面我们就用这些知识来解决前面的"情境引例"中出现的问题。

1. 物流业的人才需求主要有哪些？

现代物流业的人才需求大体可以分为两大类：一是通用型物流人才；二是专业型物流人才。通用型物流人才与行业无关，而专业的物流人才则与行业紧密相关，这类人才需对所处的行业有非常深刻的了解。

通用型物流人才包括：①高级物流管理人员；②物流服务营销人员；③物流方案设计人员；④供应链管理人员；⑤物流信息技术人员；⑥物流操作管理人员；⑦物流操作工人。

专业的物流人才则与行业紧密相关，这类人才需对所处的行业有非常深刻的了解。

2. 物流管理人才必须具备哪些能力？

实行现代物流的一个重要条件就是必须拥有一大批具有良好道德品质修养、善于运用现代信息手段、精通物流业务、懂得物流运作规律的现代物流管理人才。要求物流管理人才必须具备以下能力：①具有良好的思想政治素质和职业道德；②扎实的物流专业素质，包括行业知识、仓储运输知识、财务成本管理知识、安全管理知识、法律知识及其他；③良好的团队精神；④组织管理和协调能力；⑤熟练的信息化应用水平；⑥异常突发事故的处理能力。

情境整合

1. 知识框架

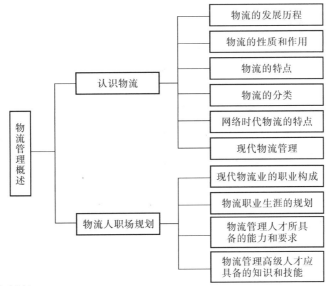

2. 重点、难点解析

重点：

(1) 物流管理的含义、特点及作用。

(2) 现代物流管理的含义。

(3) 物流业的职业构成。

难点：

(1) 现代物流的发展趋势。

(2) 物流管理人才所具备的能力和要求。

拓展阅读

一名物流企业老总的成长之路

从过去的"搬运佬"到现在全方位的"供应链管理"，物流业在广州成为炙手可热的行业，也造就了众多的创富传奇。广州捷飞物流有限公司董事长兼总经理王德辉就是其中的佼佼者。他从卖鸡蛋、海鲜开始白手起家，如今不仅创下了响亮的物流品牌，还一步步高起点地实践着自己要办国际级物流企业的理想。

"客户要什么我们就做什么"

1981年，高中毕业的王德辉进了东方宾馆，从在厨房切菜开始，他在宾馆一干就是10多年。1994年，不再安心按部就班的王德辉随着"下海"大潮，做起了卖鸡蛋、海鲜等生意，开始了自己的创业历程。

也正是在这种小本个体经营中，"客户要什么我们就做什么"，王德辉嗅到了物流业潜在的商机——当时广州铁路车皮很紧张，不少客户发货困难，他就多方奔走搞车皮，"那时就像是搬运工，一个人从早干到晚最多也只能赚200元"。接着，由于客户有存货，他又办起仓库，再接下来，客户的运输需求越来越大，他又买来拖头搞起货运……1997年，王德辉选择在广州东部的黄埔区办起了公司。如今，公司下属的仓库面积多达13万平方米，也在业内创出了品牌，公司开出的仓单可在银行进行质押。"白手起家，我最大的体会是诚信第一。"王德辉说，就算各种措施做足，他也从不会在货物保险上省钱、打折扣，为的就是给客户信心。而他招聘员工的第一条标准，就是看重他们的人品。

高手支招儿：改变"仓库＋车队"传统模式

搞物流不容易。当时广州很多物流公司还停留在"仓库＋车队"的模式，这只是物流众多环节中的最下游的部分，由于入行门槛很低，竞争激烈，其增值的空间已经很小。如今王德辉的公司也算得上"家大业大"了，然而他却看到了潜在的危机："我只要把现有的仓库、车队租出去，就可以旱涝保收，但企业要进一步发展，要提升服务档次，就必须走一条新路。"

路在哪里？王德辉的决策是搞"保税物流"！他在广州保税区投资建设高标准的仓库，即将投入营运的首期仓库面积就达1.2万平方米。他的设想是：世界经济的一体化和制造业重心向中国转移，必然会带动物流的全球化，在华南的经济中心广州，保税区内众多产业带交汇，对高水平的物流服务需求很大。选择在这里建设高标准的现代仓库群，以保税物流为核心业务，可以拉动上下游的物流需求，为国内外客户提供"门到门"的综合物流服务，公司的物流业务将可跨越式发展。他的这一计划得到了一些跨国物流公司的青睐，并且已敲定了合作关系。

王德辉更大的理想，则是希望自己的企业能走向国际化。他说，现在的重点是以保税物流为契机，整合公司的资源，实现集团化，下一步则要实现企业从区域性物流公司向全国性物流公司迈进，当积蓄到足够力量的时候，还要跨出国门。

风险提醒：必须跳出"家族式"管理

"企业越发展，内部管理如果跟不上，将成为最大的风险！"谈起物流企业的经营风险，白手兴家的王德辉深有感触。他说，刚组建公司时，就已体会到家族式企业的诸多缺陷，办起事来总是不得不考虑情面问题，不能放开手脚做，明明一个好的决策，做起来反而"理不直气不壮"。

为此，王德辉花大力气加强企业内部管理，他的着眼点是：人才第一，"作为老板，我觉得自己也未必能跟得上现代物流业的发展趋势，我靠的是全体高素质员工的共同努力"。他摒弃了家族式管理的模式，向社会招兵买马，揽入了大批人才。针对物流业人才流动频繁的特点，王德辉说他的秘诀是"尊重人才，有责有权"，放手让员工大胆地干事创业，一些对企业贡献突出的员工还有了股权。

"现在，公司的核心管理层人员全部是本科以上文化、从事物流行业10年以上的优秀人才。"王德辉对公司的人才战略相当满意，他笑言："公司的同事虽然不少，但我只需管6个核心层的人。"

任务实训

任务实训1

项目名称：著名物流企业调研

实训目的：通过搜集网络资料了解世界十大物流企业基本情况和中国十大物流企业基本

情况。

实训器材：计算机、互联网。

实训指导：通过互联网搜集世界十大物流企业基本情况和中国十大物流企业基本情况。

实训报告：写一篇著名物流企业的调研报告。

任务实训 2

项目名称：制订自己的职业规划

实训目的：

结合自己的兴趣爱好，规划自己未来的物流职业之路。

通过该任务了解将来毕业工作的职业岗位有哪些，物流业职业资格和晋升途径有哪些，为大学学习找到目标，并规划自己未来的物流职业之路。

实训器材：计算机、互联网。

实训指导：按照分好的小组，由组长组织讨论，可以利用手机、电脑等在网上查找和物流相关的职位进行讨论，每位同学再结合自己的想法规划一下将来的职业成长道路。

实训报告：写一份自己的职业规划书。

综合训练

一、单项选择题

1. "物流冰山说"认为物流的成本是确定的，而其（　　）是不确定的。
   A. 作用　　　　　　B. 发展　　　　　　C. 效益　　　　　　D. 范围
2. "效益背反"指的是物流（　　）之间存在损益的矛盾。
   A. 与若干功能要素　B. 与流通　　　　　C. 与生产　　　　　D. 与各供需方
3. 在制造业物流中，物流按其所发挥的职能，可分为（　　）。
   A. 供应物流、生产物流、销售物流、回收物流及废弃物流
   B. 区域物流、国内物流和国际物流
   C. 微观物流和宏观物流
   D. 企业物流和社会物流
4. 物流业属于（　　）。
   A. 第二产业　　　　B. 加工业　　　　　C. 第一产业　　　　D. 第三产业
5. 物流业创造的时间价值是（　　）形成的。
   A. 储存时间　　　　　　　　　　　　　B. 运输时间
   C. 包装和配送时间　　　　　　　　　　D. 物料供需之间的时间差
6. 现代物流业的人才需求大体可以分为两大类：一是通用型物流人才；二是（　　）。
   A. 专用型　　　　　B. 专业型　　　　　C. 专门型　　　　　D. 技术型
7. 现代物流业的人才需求主要分为三大模块：仓储管理、运输管理和（　　）。
   A. 配送管理　　　　B. 信息管理　　　　C. 运作管理　　　　D. 供应链管理

二、多项选择题

1. 对物流影响较大的自然与社会因素是（　　）。
   A. 自然地理　　　　B. 经济地理　　　　C. 资源的位置

  D. 气候条件   E. 社会文化状况
2. 物流系统的功能要素是（　　）。
  A. 运输功能要素   B. 信息功能要素   C. 装卸功能要素
  D. 包装与配送功能要素   E. 物流增值要素
3. 宏观物流研究的对象是（　　）。
  A. 社会物流   B. 销售物流   C. 生产物流
  D. 国民经济物流   E. 国际物流
4. 生产物流是（　　）在企业内部的实体流动。
  A. 原材料   B. 在制品   C. 半成品
  D. 产成品   E. 人的劳动
5. 企业物流包括（　　）。
  A. 企业生产和供应物流   B. 企业信息流
  C. 仓库废料物资物流   D. 企业销售物流
  E. 企业回收物流
6. 物流职业生涯规划把握的四个准则包括（　　）。
  A. 择己所爱   B. 择己所长   C. 择世所需
  D. 择己所利   E. 择己所学
7. 下列属于通用型物流人才的是（　　）。
  A. 高级物流管理人员   B. 物流服务营销人员
  C. 物流方案设计人员   D. 供应链管理人员
  E. 物流操作工人

三、简答题

1. 什么是物流？其性质、作用和特点有哪些？
2. 物流在国民经济中的作用有哪些？
3. 网络时代物流的特点有哪些？
4. 现代物流管理的发展趋势有哪些？
5. 物流管理人才所具备的能力和要求有哪些？

情境二
物流的基本功能

篇首语

物流是指物品从供应地到接收地的实体流动过程。根据实际需要,将运输、储存、装卸、搬运、包装、流通加工、配送、信息处理等基本功能实施有机结合。物流的有序运行,离不开物流几大功能的有效配合。掌握物流基本功能的实际运作知识和技能,对从事物流行业有着极其重要的作用。通过本情境的学习,掌握物流功能的基本知识,为以后的相关专业课程学习打好基础。

本情境重点介绍包装、运输、仓储、流通加工、配送、信息处理六大功能的含义、功能、作用、作业流程、进行合理化需要考虑的问题等基本知识。

子情境一 包 装

情境引例

儿童专属饮料包装

通过在北京、上海、广州、成都、西安等大城市对 0~12 岁孩子的家长做调查发现,平均每个家庭的儿童每月消费高达 897 元,其中超过 60% 消费在食品上面,总共每年将近 120 亿元人民币,从中可以看出儿童饮料消费的巨大潜力。

夏日,饮料为市场上热销的产品。通过走访沪各大超市卖场,我们对消费者、销售商分别进行了调查,他们都异口同声地说:"孩子们比我们想象得还要关注产品的包装。现在的孩子比我们小时候更有主见。"大多数十几岁的孩子能够叫出他们近期曾经购买过的饮料产品的名称。同时,孩子对家庭购物目标也会产生影响:84% 的 8~12 岁的孩子称他们能够决定或影响家庭的食品和饮料购买决定;87% 的 5~14 岁的孩子会对整个食品零售购买产生影响;55% 的孩子称他们最终能够劝说父母购买他们想要的产品。

问题:
1. 包装应遵循什么原则?
2. 简要分析包装设计有哪些表现手法。

案例思考

儿童不是简单的消费者,儿童群体也不是单一市场,而是合三为一的市场,这个概念最早由美国儿童市场营销专家麦克尼尔提出,并且被不断证实。这三个市场包括了儿童作为直接消费者的市场;儿童作为影响者的市场;儿童作为未来消费者的市场。

国家统计局的数字表明,目前18岁以下的人口为3.5亿人,其中14岁以下的儿童少年超过2.6亿人,占人口总数的20%。尽管相对于72%的成人消费者来讲,儿童市场仅占28%,但这是较成人消费者更有潜力的市场。儿童饮料市场按照年龄段分为三类:婴幼儿市场、4~12岁的儿童市场和13~18岁的青少年市场。不同年龄段儿童的需求是不一样的。

孩子喜欢、妈妈鼓励买的产品是高需求的品类,根据对儿童饮料新产品品类分析发现,儿童饮料有了营养和口味是远远不够的,还需要在包装设计上迎合目标消费者的心理需求。儿童产品的包装应该具备安全、方便、美观三方面的基本要素,不同年龄段的儿童饮料在这三方面需求上的侧重点不一样,包装设计也就风格迥异。

婴幼儿的父母需要能够与他们"沟通"的包装。婴幼儿的父母关注对孩子健康有益的营养产品,因此在包装设计中应体现营养、安全、值得信赖的设计风格。要在包装上非常清晰地注明成分和配方,帮助父母了解营养成分的来源,建立信赖感。针对很多年轻的父母不知道产品食用方法的问题,在设计细节方面应该清晰地讲明如何食用,以避免在食用中造成不必要的误解。婴幼儿食品的包装有两大类设计风格:一种是体现产品的天然成分,有高营养价值;另一种就是用婴幼儿图片、玩具包装设计吸引父母的眼球。

针对4~12岁年龄段的产品包装要做到让家长放心,同时让孩子欢心。这个年龄段的目标消费群除了父母,还有孩子本身。4~12岁的孩子最关注有趣、健康、营养、好玩等元素,所以包装设计既要很清晰地标明成分,又要得到父母的认可,同时要在设计风格上吸引孩子。

13~18岁的少年属于第三个年龄段的消费人群,他们对新奇、好玩的事物感兴趣,可以自主地选择自己喜欢的品牌;他们喜欢的东西必须有"酷"的元素在里面,有流行的元素在里面。饮料包装的特色可以归纳为三类:与众不同、有主张;酷感简约的风格;颜色鲜艳、富有表现力。

分析:根据以上信息,请你阐述一下包装对消费有何影响。

知识目标

1. 了解包装的含义、功能、分类。
2. 了解包装的器材。
3. 掌握包装合理化的相关内容。

能力目标

1. 能够通过观察、调查、搜集资料,参与案例讨论分析,阐述对包装的理解。
2. 能够增强对包装合理化的初步体验。

 知识阐述

一、包装的概念

包装(Packaging,Package)是指在流通过程中保护产品、方便储运、促进销售,按照一定的技术方法而采用的容器、材料及辅助物等的总体名称，也指为了达到上述目的而在采用容器、材料和辅助物的过程中施加一定技术方法等的操作活动，所以包装是包装物及包装操作的总称。

二、包装的功能

包装的概念

包装是使用恰当的材料、容器和技术，使物品安全到达目的地。即在物品运送过程中的每一阶段，不论遇到何种外在影响，都能保证产品完好，而且不影响物品价值。

包装主要有保护功能、成组化功能、跟踪功能、促销功能、便利功能、效率功能六种功能。

1. 保护功能

包装的第一项功能，是对物品起保护作用。货物在整个流通过程中，要经过多次的装卸、存取、运输，甚至拆卸和再包装，会受到各种各样的外力冲击、碰撞、摩擦。还有可能在恶劣环境中受到有害物质的侵蚀。为了保护货物、避免不必要的损失，货物必须包装。

2. 成组化功能

即为了材料搬运或运输的需要而将物品整理成适合搬动、运输的单元，如适合使用托盘、集装箱、货架或载重汽车、货运列车等运载的单元。

3. 跟踪功能

良好的货物包装能使物流系统在收货、储存、取货、出运等各个过程中跟踪商品。如将印有时间、品种、货号、编组号等信息的条形码标签贴在物品上供电子仪器识别，能使生产厂家、批发商和仓储企业迅速准确地采集、处理和交换有关信息，加强了对货物的控制，减少了物品在流通过程中的货损货差，提高了跟踪管理的能力和效率（如图 2－1－1 所示）。

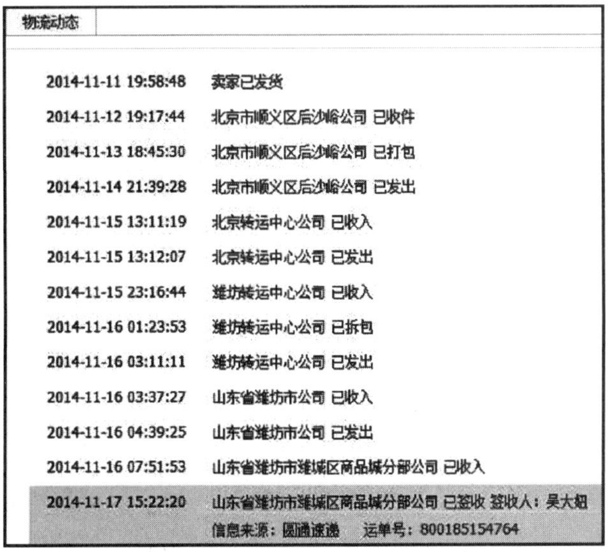
物流动态

2014-11-11 19:58:48	卖家已发货
2014-11-12 19:17:44	北京市顺义区后沙峪公司 已收件
2014-11-13 18:45:30	北京市顺义区后沙峪公司 已打包
2014-11-14 21:39:28	北京市顺义区后沙峪公司 已发出
2014-11-15 13:11:19	北京转运中心公司 已收入
2014-11-15 13:12:07	北京转运中心公司 已发出
2014-11-15 23:16:44	潍坊转运中心公司 已收入
2014-11-16 01:23:53	潍坊转运中心公司 已拆包
2014-11-16 03:11:11	潍坊转运中心公司 已发出
2014-11-16 03:37:27	山东省潍坊市公司 已收入
2014-11-16 04:39:25	山东省潍坊市公司 已发出
2014-11-16 07:51:53	山东省潍坊市潍城区商品城分部公司 已收入
2014-11-17 15:22:20	山东省潍坊市潍城区商品城分部公司 已签收 签收人：吴大姐 信息来源：圆通速递　运单号：800185154764

图 2－1－1　货物追踪查询

4. 促销功能

包装能起到广告宣传的效果，良好的包装，往往能为广大消费者或用户所瞩目，从而激发其购买欲望，成为产品推销的一种主要工具和有力的竞争手段。产品包装后，可与同类竞争产品相区别。精美的包装，不易被仿制假冒、伪造，有利于保持企业的信誉。

5. 便利功能

货物的形态是各种各样的，有固体、液体、气体之分，有大有小，有规则与不规则，有块状与粉末状，有硬与软等各种特性，而装卸、运输的工具式样要少得多，为了提高处理的效率，必须对货物进行包装。良好的包装有利于物流各个环节的处理方便。如对运输环节来说，包装尺寸、重量和形状，最好能配合运输、搬运设备的尺寸、重量，以便于搬运和保管；对于仓储环节来说，包装则应方便保管、移动简单、标志鲜明、容易识别、具有充分的强度。管理工作中的劳动生产率指标一般都用包装后所组成的货物单元来描述。

6. 效率功能

为了提高货物的搬运效率，多数货物都需要经过成组包装后进行运输，以便于运输过程中的搬运和装卸，缩短作业时间，减轻劳动强度，提高机械化作业的效率。另一方面，一类货物的统一包装能使货物堆放、清点变得更加容易，从而提高了仓储工作的效率。

三、包装的分类

1. 商业包装和运输包装

按照包装在流通领域的作用分类，可以分为商业包装和运输包装。

（1）商业包装（又称销售包装、小包装或内包装）。它是以促进销售为主要目的的包装，具有保护、美化、宣传商品的作用，对商品起促销作用（如图2-1-2所示）。

图 2-1-2 商业包装

销售包装

（2）运输包装（又称大包装或外包装）。它是以满足运输、储存、装卸的需要为主要目的，具有保障产品的安全，方便运输、储存、装卸，加速交接、点验等作用的包装（如图2-1-3所示）。

2. 单件运输包装和集合运输包装

按包装的大小不同进行分类，可以分为单件运输包装和集合运输包装。

（1）单件运输包装。它是指在物流过程中作为一个计件单位的包装。常见的有箱、桶、袋、包等（如图2-1-4所示）。

图 2 – 1 – 3　运输包装

图 2 – 1 – 4　单件运输包装

（2）集合运输包装（又称成组化运输包装）。它是指将若干单件运输包装组成一件大包装。常见的有集装袋或集装包袋、托盘、集装箱等（如图 2 – 1 – 5 ~ 图 2 – 1 – 7 所示）。

图 2 – 1 – 5　集装包袋　　　　图 2 – 1 – 6　托盘　　　　图 2 – 1 – 7　集装箱

3. 一般包装、中性包装和定牌包装

按在国际贸易中有无特殊要求进行分类，可以分为一般包装、中性包装和定牌包装。

（1）一般包装。一般包装也就是普通包装，买方对包装无任何特殊的要求。

（2）中性包装和定牌包装。中性包装是指在商品内外包装上不注明生产国别、产地、厂名、商标和牌号。定牌包装是指在商品内外包装上不注明生产国别、产地、厂名，但要注明买方指定商标或牌号。

除了上述分类方法外，包装还可以按照包装材料、技术方法、使用范围等标准进行分类。

四、包装作业

包装作业是指为了达到包装在流通过程中保护商品、方便储存、促进销售而进行的操作活动，既包括商品包装前的技术处理，又包括机械包装的辅助工作。

1. 充填

充填是将商品按要求的数量装入容器的操作，例如瓶装啤酒的充填。充填是包装过程的中间工序，之前要进行准备工序（如玻璃瓶的清洗消毒、按序排列等），之后要进行封口、贴标、打印生产日期等辅助工序。充填主要分为固体内装物充填和液体内装物充填（如图2-1-8所示）。

图2-1-8　液体内装物充填

2. 包装封口

包装封口是指将商品装入包装容器后，封上容器开口部分的操作。包装封口是包装操作的一道重要工序，它直接关系到包装作业的质量与包装密封性能。

针对不同容器和密封性能要求的不同，有不同的封口方法，主要有黏合封口、胶带封口（如图2-1-9所示）、捆扎封口、收缩封口（如图2-1-10所示）、焊接封口等。

图2-1-9　胶带封口　　　　　图2-1-10　收缩封口

包装封口

3. 捆扎

捆扎是将商品或包装件用恰当的材料扎紧、固定的操作。常用的捆扎材料有钢带、聚酯带、聚丙烯带、尼龙带和麻绳等。捆扎的基本操作过程是先将捆扎带缠绕于商品或包装件上，再用工具或机器将带勒紧，然后将两端重叠连接（如图2-1-11、图2-1-12所示）。

图 2-1-11　尼龙带捆扎　　　　图 2-1-12　钢带捆扎

4. 裹包

裹包是用一层或者多层柔软材料包裹商品或包装件的操作。用于裹包的材料主要有纸张、织品、塑料薄膜及蒲席等（如图 2-1-13、图 2-1-14 所示）。

图 2-1-13　塑料薄膜裹包　　　　图 2-1-14　纸张裹包

5. 加标和检重

加标是将标签粘贴或拴挂在商品或包装件上。标签是包装装潢和标志，因此加标是很重要的工作。检重即检查包装内容物的重量，它关系到企业和消费者的利益。

裹包

五、包装合理化

1. 概念

包装合理化是指在包装过程中使用恰当的材料和技术，制成与物品相适应的容器，节约包装费用，降低包装成本，既满足包装保护商品、方便储运、有利于销售的要求，又能提高包装的经济效益的包装综合管理活动。

包装合理化

2. 不合理包装的形式

（1）包装不足。

由于包装不足造成的主要问题是在流通过程中的损失及降低促销能力。这一点不可忽视。我国曾经进行过全国包装大检查，经过统计分析，认定由包装不足引起的损失，一年达100亿元以上。

（2）物流包装过剩。

主要指：

①包装物强度设计过高。如包装材料截面过大，包装方式大大超过强度要求等，从而使包装防护性过高。

②包装材料选择不当，选择过高。如可以用纸板却不用而采用镀锌、镀锡材料等。

③包装技术过高。包装层次过多，包装体积过大。

④包装成本过高。一方面可能使包装成本支出大大超过减少损失可能获得的效益；另一方面包装成本在商品成本中比重过高，损害了消费者利益。

包装过剩的浪费不可忽视，对于消费者而言，购买的主要目的是内装物的使用价值，包装物大多作为废物甩弃，因而会形成浪费。此外过重、过大的包装，有时适得其反，反而会降低促销能力，所以也不可取。根据日本的调查，目前发达国家包装过剩问题很严重，约在20%以上。

包装过剩

3. 包装合理化的途径

包装合理化主要包括以下六个方面：

（1）智能化。

物流信息化的一个重要基础是包装智能化。随着物流信息化程度的提高，包装上除了应标明内装物的数量、质量、品名、生产厂家、保质期及搬运储存所需条件等信息外，还应粘贴商品条码和物流条码，以实现包装智能化。

（2）标准化。

包装标准是针对包装质量和有关包装质量的各个方面，由一定的权威机构所发布的统一的规定。包装标准化可以大大减少包装的规格型号，提高包装的生产效率，便于被包装物品的识别和计量。

（3）绿色化。

在选择包装方式时，应遵循绿色化原则，即通过减少包装材料、重复使用、循环使用、回收利用等包装措施，以及生物降解来推行绿色包装，节省资源。

（4）单位大型化。

随着交易单位的大量化和物流作业的机械化，包装单位大型化趋势越来越明显。单位大型化包装有利于装卸搬运机械的使用，有利于提高物流活动的效率。

（5）作业机械化。

包装作业机械化是减轻人工包装作业强度、实现省力、提高包装作业效率的重要举措。

（6）成本低廉化。

包装成本中占比例最大的是包装材料费用，因此，降低包装成本首先应该从降低包装材料费用开始。在保证包装功能的前提下，尽量降低包装材料的档次，节约包装材料费用支出。

问题解决

我们已经学习了包装的知识,下面我们就用这些知识来解决前面的"情境引例"中出现的问题:

1. 包装应遵循什么原则?

①包装材料减量化的原则;②使用后包装体积减小的原则;③再循环使用的原则;④减轻环境污染的原则。

2. 简要分析包装设计有哪些表现手法。

①符号优先;②情调渲染;③形象展示;④图形装饰;⑤情趣诱导。

子情境二 运 输

情境引例

"沃尔玛"降低运输成本的学问

沃尔玛公司是世界上最大的商业零售企业,在物流运营过程中,尽可能地降低成本是其经营的哲学。

沃尔玛有时采用空运,有时采用船运,还有一些货物采用卡车公路运输。在中国,沃尔玛百分之百地采用公路运输,所以如何降低卡车运输成本,是沃尔玛物流管理面临的一个重要问题,为此他们主要采取了以下措施:

(1) 沃尔玛使用一种尽可能大的卡车,有 16 米加长的货柜,比集装箱运输卡车更长或更高。沃尔玛把卡车装得非常满,产品从车厢的底部一直装到最高,这样非常有助于节约成本。

(2) 沃尔玛的车辆都是自有的,司机也是他的员工。沃尔玛的车队大约有 5 000 名非司机员工,还有 3 700 多名司机,车队每周每一次运输可以达 7 000~8 000 千米。

沃尔玛知道,卡车运输是比较危险的,有可能会出交通事故。因此,对于运输车队来说,保证安全是节约成本最重要的环节。沃尔玛的口号是"安全第一,礼貌第一",而不是"速度第一"。在运输过程中,卡车司机们都非常遵守交通规则。沃尔玛定期在公路上对运输车队进行调查,卡车上面都带有公司的号码,如果看到司机违章驾驶,调查人员就可以根据车上的号码报告,以便于进行惩处。沃尔玛认为,卡车不出事故,就是节省公司的费用,就是最大限度地降低物流成本,由于狠抓了安全驾驶,运输车队已经创造了 300 万千米无事故的纪录。

(3) 沃尔玛采用全球定位系统对车辆进行定位,因此在任何时候,调度中心都可以知道这些车辆在什么地方,离商店有多远,还需要多长时间才能运到商店,这种估算可以精确到小时。沃尔玛知道卡车在哪里,产品在哪里。这可以提高整个物流系统的效率,有助于降低成本。

(4) 沃尔玛的连锁商场的物流部门,24 小时进行工作,无论白天或晚上,都能为卡车及时卸货。另外,沃尔玛的运输车队利用夜间进行从出发地到目的地的运输,从而做到了当日下午进行集货,夜间进行异地运输,翌日上午即可送货上门,保证在 15~18 个小时内完成整个运输过程,这是沃尔玛在速度上取得优势的重要措施。

(5) 沃尔玛的卡车把产品运到商场后,商场可以把它整个地卸下来,而不用对每个产品逐个检查,这样就可以节省很多时间和精力,加快了沃尔玛物流的循环过程,从而降低了成本。这里有一个非常重要的先决条件,就是沃尔玛的物流系统能够确保商场所得到的产品是与发货单完全一致的。

(6) 沃尔玛的运输成本比供货厂商自己运输产品要低,所以厂商也使用沃尔玛的卡车来运输货物,从而做到了把产品从工厂直接运送到商场,大大节省了产品流通过程中的仓储成本和转运成本。

分析:"沃尔玛"降低运输成本的根本在哪里?对我们有何启示?

案例思考

沃尔玛的集中配送中心把上述措施有机地组合在一起,做出了一个最经济合理的安排,从而使沃尔玛的运输车队能以最低的成本高效率地运行。当然,这些措施的背后包含了许多艰辛和汗水,相信我国的本土企业也能从中得到启发,创造出沃尔玛式的奇迹来。

知识目标

1. 掌握运输的基本含义及特点。
2. 了解运输的作用和特点。
3. 理解运输的含义、分类及操作过程。
4. 了解五种运输方式及优缺点。
5. 掌握运输合理化的相关内容。

能力目标

1. 能够通过观察、调查、搜集资料,参与案例讨论分析,阐述对运输概念的理解。
2. 能够掌握运输的作用并进行综合运用。
3. 通过搜集资料、书籍,能够增强对流通加工概念的理解。
4. 能够增强对运输管理与实务的初步体验。
5. 具备正确选择运输方式的能力。

 知识阐述

一、运输的概念

运输(transportation)是人和物的载运及输送。在我国《物流术语》(GB/T 18354—2006)中将运输表述为用专用运输设备将物品从一地点向另一地点运送。其中包括集货、分配、搬运、中转、装入、卸下、分散等一系列操作。它是在不同地域范围间（如两个城市、两个工厂之间，或一个大企业内相距较远的两车间之间），以改变"物"的空间位置为目的的活动，对"物"进行空间位移。运输和搬运的区别在于，运输是较大范围的活动，而搬运是在同一地域之内的活动。

二、运输的作用

1. 运输可以创造物品的空间价值和时间价值

运输通过改变物品的地点或位置创造空间价值，并保证物品能够在恰当的时间到达消费者手中，创造时间价值。

2. 运输可以扩大商品的市场范围

企业的产品能够顺利到达市场，必须借助运输实现。通过运输，可以扩大商品的市场范围，增加企业的发展机会。

3. 运输能够促进社会分工

运输是生产和销售之间不可或缺的纽带，只有运输才能真正实现生产和销售的分离，促进社会分工的发展。

4. 运输是"第三利润源"的主要源泉

根据对社会物流费用综合分析计算的结果，运费在物流系统的总成本中所占的比重最大（约占50%）。因此，运输是"第三利润源"的主要源泉，运输领域节约的潜力非常巨大。

三、运输的基本方式及特点

按运输设备及工具不同，运输方式可分为：铁路运输、公路运输、水路运输、航空运输与管道运输。

1. 铁路运输（如图2-2-1所示）

铁路是国民经济的大动脉，铁路运输是现代化运输业的主要运输方式之一，它与其他运输方式相比较，具有以下优点：

（1）铁路运输的准确性和连续性强。铁路运输几乎不受气候影响，一年四季可以不分昼夜地进行定期的、有规律的、准确的运转。

（2）铁路运输速度比较快。铁路货运速度每昼夜可达几百千米，一般货车可达100千米/小时左右，远远高于水路运输。

（3）运输量比较大。铁路一列货物列车一般能运送3 000~5 000吨货物，远远高于航空运输和公路运输。

（4）铁路运输成本较低。铁路运输费用仅为公路运输费用的几分之一到十几分之一；运输耗油约是公路运输的二十分之一。

（5）铁路运输安全可靠，风险远比水路运输小。

铁路运输的缺点主要有：

灵活性差，只能在固定线路上实现运输，而且需要其他运输手段的配合和衔接。并且初期投资大，铁路运输需要铺设轨道、建造桥梁和隧道，建路工程艰巨复杂；需要消耗大量钢材、木材；占用土地，其初期投资大大超过其他运输方式。受经济和地理条件限制，不能在短期完成。

主要承担长距离、大批量的货运，在没有水运条件的地区，几乎所有大批量货物都是依靠铁路，是在干线运输中起主力运输作用的运输形式。

2. 公路运输（如图2-2-2所示）

铁路煤炭运输为什么要洒水

公路运输（一般是指汽车运输）是陆上两种基本运输方式之一，具有以下优点：

（1）机动灵活、简捷方便、应急性强，能深入其他运输工具到达不了的地方。

（2）适应点多、面广、零星、季节性强的货物运输。

（3）汽车投资少、收效快。

（4）港口集散可争分夺秒，突击抢运任务多。

（5）是空运班机、船舶、铁路衔接运输不可缺少的运输形式。

（6）随着公路现代化、车辆大型化，公路运输是实现集装箱在一定距离内"门到门"运输的最好的运输方式。

图2-2-1 铁路运输

图2-2-2 公路运输

公路运输的缺点主要有：

运载量小、运价较高，能耗大，污染严重，运输事故率高，车辆运输时震动较大，易造成货损事故，费用和成本也比水路运输和铁路运输高。

公路运输也可作为其他运输方式的衔接手段。公路运输的经济半径，一般在200千米以内。

主要承担近距离、小批量的货运和水运、铁路运输难以到达地区的长途、大批量货运及铁路、水运优势难以发挥的短途运输。由于公路运输有很强的灵活性，在有铁路、水运的地区，较长途的大批量运输也开始使用公路运输。

3. 水路运输（如图2-2-3所示）

水路运输是指使用船舶通过海上航道在不同的国家和地区的港口之间运送物质的一种运输方式，具有以下优点：

公路运输的降温池

（1）运输量大。国际物质运输是在全世界范围内进行的商品交换，地理位置和地理条件决定了海上物质运输是国际货物运输的主要手段。国际贸易总运量的75%以上是利用海上运输来完成的,有的国家的对外贸易运输海运占总运量的90%以上。主要原因是船舶向大型化发展,如50万~70万吨的巨型油船,16万~17万吨的散装船,以及集装箱船的大型化,船舶的载运能力远远大于火车、汽车和飞机,是运输能力最大的运输工具。

(2) 通达性好。海上运输利用天然航道四通八达,不像火车、汽车要受轨道和道路的限制,因而其通过能力要超过其他各种运输方式。如果因政治、经济、军事等条件的变化,还可随时改变航线驶往有利于装卸的目的港。

(3) 运费低廉。船舶的航道天然构成,船舶运量大,港口设备一般均为政府修建,船舶经久耐用且节省燃料,所以货物的单位运输成本相对低廉。据统计,海运运费一般约为铁路运费的1/5,公路汽车运费的1/10,航空运费的1/30,这就为低值大宗货物的运输提供了有利的竞争条件。

(4) 对货物的适应性强。由于上述特点使海上货物运输基本上适应各种货物的运输。如石油井台、火车、机车车辆等超重大货物,其他运输方式是无法装运的,船舶一般都可以装运。

水路运输的缺点主要有:

(1) 运输的速度慢。由于商船的体积大,水流的阻力大,加之装卸时间长等其他各种因素的影响,所以货物的运输速度比其他运输方式慢。

(2) 风险较大。由于船舶海上航行受自然气候和季节性影响较大,海洋环境复杂,气象多变,随时都有遇上狂风、巨浪、暴风、雷电、海啸等人力难以抗衡的海洋自然灾害袭击的可能,遇险的可能性比陆地、沿海要大。同时,海上运输还存在着社会风险,如战争、罢工、贸易禁运等因素的影响。为转嫁损失,海上运输的货物、船舶保险尤其应引起重视。

主要承担大批量、长距离的运输。在内河及沿海,水运也常作为小型运输工具使用,担任补充及衔接大批量干线运输的任务。

高温时的水路运输

4. 航空运输(如图2-2-4所示)

航空运输虽然起步较晚,但发展极为迅速,这是与它所具备的许多特点分不开的,这种运输方式与其他运输方式相比,具有以下优点:

(1) 运送速度快。现代喷气运输机一般时速都在900英里①左右,协和式飞机时速可达1 350英里。航空线路不受地面条件限制,一般可在两点间直线飞行,航程比地面短得多,而且运程越远,快速的特点就越显著。

图2-2-3 水路运输

图2-2-4 航空运输

① 1英里≈1.609千米。

(2) 安全准确。航空运输管理制度比较完善，货物的破损率低，可保证运输质量，如使用空运集装箱，则更为安全。飞机航行有一定的班期，可保证按时到达。

(3) 手续简便。航空运输为了体现其快捷便利的特点，为托运人提供了简便的托运手续，也可以由货运代理人上门取货并为其办理一切运输手续。

(4) 节省包装、保险、利息和储存等费用。由于航空运输速度快，商品在途时间短、周期快，存货可相对减少，资金可迅速收回。

航空运输的缺点主要有：

运量小、运价较高、单位成本很高。但是由于这种运输方式的优点突出，可弥补运费高的缺陷。加之保管制度完善、运量又小，货损货差较少。

主要适合运载的货物有两类：一类是价值高、运费承担能力很强的货物，例如贵重设备的零部件、高档产品等；另一类是紧急需要的物资，例如救灾抢险物资等。

5. 管道运输（如图 2-2-5 所示）

管道运输是用管道作为运输工具的一种长距离输送液体和气体物资的运输方式，是一种专门由生产地向市场输送石油、煤和化学产品的运输方式，是统一运输网中干线运输的特殊组成部分。管道运输的优点可概括为：

图 2-2-5 管道运输

(1) 运量大。一条输油管线可以源源不断地完成输送任务。根据其管径的大小不同，其每年的运输量可达数百万吨到几千万吨，甚至超过亿吨。

(2) 占地少。运输管道通常埋于地下，其占用的土地很少；运输系统的建设实践证明，运输管道埋藏于地下的部分占管道总长度的 95% 以上，因而对于土地的永久性占用很少，分别仅为公路的 3%，铁路的 10% 左右，在交通运输规划系统中，优先考虑管道运输方案，对于节约土地资源，意义重大。

(3) 建设周期短、费用低。国内外交通运输系统建设的大量实践证明，管道建设周期短、费用低。国内外交通运输系统建设的大量实践证明，管道运输系统的建设周期与相同运量的铁路建设周期相比，一般来说要短 1/3 以上。历史上，中国建设大庆至秦皇岛全长 1 152 千米的输油管道，仅用了 23 个月的时间，而若要建设一条同样运输量的铁路，至少需要 3 年时间，新疆至上海市的全长 4 200 千米的天然气运输管道，预期建设周期不会超过 2 年，但是如果新建同样运量的铁路专线，建设周期在 3 年以上，特别是地质地貌条件和气候条件相对较差，大规模修建铁路难度将更大，周期将更长，统计资料表明，管道建设费用比铁路低 60% 左右。

(4) 安全可靠、连续性强。由于石油、天然气易燃、易爆、易挥发、易泄露，采用管道运输方式，既安全，又可以大大减少挥发损耗，同时由于泄露导致的对空气、水和土壤污染也可大大减少，也就是说，管道运输能较好地满足运输工程的绿色化要求，此外，由于管道基本埋藏于地下，恶劣多变的气候条件对运输过程影响较小，可以确保运输系统长期稳定地运行。

（5）耗能少、成本低、效益好。发达国家采用管道运输石油，每吨千米的能耗不足铁路的1/7，在大量运输时的运输成本与水运接近，因此在无水条件下，采用管道运输是一种最为节能的运输方式。管道运输是一种连续工程，运输系统不存在空载行程，因而系统的运输效率高，理论分析和实践经验已证明，管道口径越大，运输距离越远，运输量越大，运输成本就越低，以运输石油为例，管道运输、水路运输、铁路运输的运输成本之比为1：1：1.7。

管道运输的缺点主要有：

（1）灵活性差。管道运输不如其他运输方式（如汽车运输）灵活，除承运的货物比较单一外，它也不容随便扩展管线。实现"门到门"的运输服务，对一般用户来说，管道运输常常要与铁路运输或公路运输、水路运输配合才能完成全程输送。

（2）成本高。当运输量明显不足时，运输成本会显著地增高。

五种运输方式的优缺点比较如表2-2-1所示。

表2-2-1 五种运输方式的优缺点比较

运输方式	特点	工具	优点	缺点
海上运输	大数量 长距离	船舶	运输能力大；在运输条件良好的航道，通过能力几乎不受限制；通用性能不错，可以运送各种货物；水运建设投资省；运输成本低；劳动生产率高；平均运输距离长；远洋运输是发展国际贸易的强大支柱，战时可以增强国防能力	
铁路运输	大宗货物 全天候运转	机动车 牵引车辆 轨道	运行速度快，时速一般在80~120千米；运输能力大；运输过程受自然条件限制较小，连续性强，能保证全年运行；通用性能好，可送各类不同的货物；火车运行比较平稳，安全可靠；平均运输距离比公路运输长；铁路运输成本较低；能耗较低	投资太高；建设周期长；占地多
公路运输	近距离 小批量	汽车 公路	机动灵活；运送速度快，可以实现门到门运输；投资少	运输能力小；运输能耗很高；运输成本高；劳动生产率高
航空运输	速度最快 最昂贵	飞行器 航空港 航道设施	运行速度快；机动性能好；服务质量高；安全性高	能耗大；运输能力小；成本很高；技术复杂
管道运输	运输工具和线路于一身	管道线路 管道两端 气泵站	全天候作业；货物不需包装；货损率低；单向运输，没有回空问题；耗用能源少，占地少，安全无公害；经营管理简单，单位运营成本低	仅限于液体、气体及少数同质固体；灵活性小，仅限于管道内运输货物，且为单向；初期固定投资大

1. 区分所运货物的种类

应从货物的形状、单件重量、单件体积、物品的危险性和易腐性，尤其要从货物对运费的负担能力等方面来考虑。

2. 运输量

一次运输的批量不同，选择的运输方式也会不同。通常对大批量的运输可以选择水路运输或者铁路运输。

3. 运输距离

运输距离的长短直接影响到运输方式的选择。通常中短距离运输比较适合选择公路运输。

4. 运输时间

在时间方面，既要考虑运输速度，又要考虑运输时间与计划安排的一致性。

5. 运输价格

通常应根据货物价格来选择其能负担运费能力的运输方式。

四、运输合理化

物流运输合理化就是在保证物品流向合理的前提下，在整个运输过程中，确保运输质量，以适宜的运输工具、最少的运输环节、最佳的运输路线、最低的运输费用使物品运至目的地。

1. 不合理运输

不合理运输是在现有条件下可以达到的运输水平而未达到，从而造成了运力浪费、运输时间增加、运费超支等问题的运输形式。目前我国存在的不合理运输形式主要有：

（1）返程或起程空驶。

空车无货载行驶，可以说是不合理运输最严重的形式。在实际运输组织中，有时候必须调运空车，从管理上不能将其看成不合理运输。但是，因调运不当、货源计划不周、不采用运输社会化而形成的空驶，是不合理运输的表现。造成空驶的不合理运输主要有以下几种原因：

①能利用社会化的运输体系而不利用，却依靠自备车送货提货，这往往出现单程重车、单程空驶的不合理运输。

②由于工作失误或计划不周，造成货源不实，车辆空去空回，形成双程空驶。

③由于车辆过分专用，无法搭运回程货，只能单程实车，单程回空周转。

（2）对流运输。

亦称"相向运输""交错运输"，指同一种货物，或彼此间可以互相代用而又不影响管理、技术及效益的货物，在同一线路上或平行线路上作相对方向的运送，而与对方运程的全部或一部分发生重叠交错的运输称对流运输。已经制定了合理流向图的产品，一般必须按合理流向的方向运输，如果与合理流向图指定的方向相反，也属对流运输。

在判断对流运输时需注意的是，有的对流运输是不明显的隐蔽对流，例如不同时间的相向运输，从发生运输的那个时间看，并无出现对流，可能做出错误的判断，所以要注意隐蔽的对流运输。

(3) 迂回运输。

迂回运输是舍近取远的一种运输。可以选取短距离进行运输而不办,却选择路程较长路线进行运输的一种不合理形式。迂回运输有一定复杂性,不能简单处之,只有当计划不周、地理不熟、组织不当而发生的迂回,才属于不合理运输,如果最短距离有交通阻塞、道路情况不好或有对噪声、排气等特殊限制而不能使用时发生的迂回,不能称不合理运输。

(4) 重复运输。

本来可以直接将货物运到目的地,但是在未到目的地之处,或目的地之外的其他场所将货卸下,再重复装运送达目的地,这是重复运输的一种形式。另一种形式是,同品种货物在同一地点一面运进,同时又向外运出。重复运输的最大毛病是增加了非必要的中间环节,这就延缓了流通速度,增加了费用,增大了货损。

(5) 倒流运输。

倒流运输是指货物从销地或中转地向产地或起运地回流的一种运输现象。其不合理程度要甚于对流运输,其原因在于,往返两程的运输都是不必要的,形成了双程的浪费。倒流运输也可以看成是隐蔽对流的一种特殊形式。

(6) 过远运输。

过远运输是指调运物资舍近求远,近处有资源不调而从远处调,这就造成可采取近程运输而未采取,拉长了货物运距的浪费现象。过远运输占用运力时间长、运输工具周转慢、物资占压资金时间长,远距离自然条件相差大,又易出现货损,增加了费用支出。

(7) 运力选择不当。

未选择各种运输工具优势而不正确地利用运输工具造成的不合理现象,常见有以下几种形式:

①弃水走陆。在同时可以利用水运及陆运时,不利用成本较低的水运或水陆联运,而选择成本较高的铁路运输或汽车运输,使水运优势不能发挥。

②铁路、大型船舶的过近运输。不是铁路及大型船舶的经济运行里程却利用这些运力进行运输,主要不合理之处在于火车及大型船舶起运及到达目的地的准备、装卸时间长,且机动灵活性不足,在过近距离中利用,发挥不了运速快的优势。相反,由于装卸时间长,反而会延长运输时间。另外,和小型运输设备比较,火车及大型船舶装卸难度大、费用也较高。

③运输工具承载能力选择不当。不根据承运货物数量及重量选择,而盲目决定运输工具,造成过分超载、损坏车辆及货物不满载、浪费运力的现象。尤其是"大马拉小车"现象发生较多。由于装货量小,单位货物运输成本必然增加。

(8) 托运方式选择不当。

对于货主而言,是可以选择最好托运方式而未选择,造成运力浪费及费用支出加大的一种不合理运输。例如,应选择整车未选择,反而采取零担托运,应当直达而选择了中转运输,应当中转运输而选择了直达运输等都属于这一类型的不合理运输。

上述各种不合理运输形式都是在特定条件下表现出来,在进行判断时必须注意其不合理的前提条件,否则就容易出现判断的失误。例如,如果同一种产品,由于商标不同、价格不同所发生的对流,不能绝对看成不合理,因为其中存在着市场机制引导的竞争,如果强调因为表面的对流而不允许运输,就会起到保护落后、阻碍竞争甚至助长地区封锁的作用。

再者，以上对不合理运输的描述，主要就形式本身而言，是主要从微观观察得出的结论。在实践中，必须将其放在物流系统中做综合判断，在不做系统分析和综合判断时，很可能出现"效益背反"现象。单从一种情况来看，避免了不合理，做到了合理，但它的合理却使其他部分出现不合理。只有从系统角度，综合进行判断才能有效避免"效益背反"现象，从而优化全系统。

2. 运输合理化的有效措施

实施运输合理化可采取以下有效措施。

（1）提高运输工具实载率。

实载率有两个含义：一是单车实际载重与运距之乘积和标定载重与行驶里程之乘积的比率，这在安排单车、单船运输时，是作为判断装载合理与否的重要指标；二是车船的统计指标，即一定时期内车船实际完成的货物周转量（以吨公里计）占车船载重吨位与行驶公里之乘积的百分比。在计算时车船行驶的公里数，不但包括载货行驶，也包括空驶。

提高实载率的意义在于：充分利用运输工具的额定能力，减少车船空驶和不满载行驶的时间，减少浪费，从而求得运输的合理化。

我国曾在铁路运输上提倡"满载超轴"，其中"满载"的含义就是充分利用货车的容积和载重量，多载货，不空驶，从而达到合理化之目的。这个做法对推动当时运输事业发展起到了积极作用。当前，国内外开展的"配送"形式，优势之一就是将多家需要的货和一家需要的多种货实行配装，以达到容积和载重的充分合理运用，比起以往自家提货或一家送货车辆大部空驶的状况，是运输合理化的一个进展。在铁路运输中，采用整车运输、合装整车、整车分卸及整车零卸等具体措施，都是提高实载率的有效措施。

（2）采取减少动力投入，增加运输能力的有效措施求得合理化。

这种合理化的要点是，少投入、多产出，走高效益之路。运输的投入主要是能耗和基础设施的建设，在设施建设已定型和完成的情况下，尽量减少能源投入，是少投入的核心。做到了这一点就能大大节约运费，降低单位货物的运输成本，达到合理化的目的。国内外在这方面的有效措施有：

①满载超轴。前文已提到的"满载超轴"其中"超轴"的含义就是在机车能力允许情况下，多加挂车皮。我国在客运紧张时，也采取加长列车、多挂车皮的办法，在不增加机车的情况下增加运输量。

②水运拖排和拖带法。竹、木等物资的运输，利用竹、木本身浮力，不用运输工具载运，采取拖带法运输，可省去运输工具本身的动力消耗从而求得合理；将无动力驳船编成一定队形，一般是"纵列"，用拖轮拖带行驶，可以有比船舶载乘运输运量大的优点，求得合理化。

③顶推法。顶推法是我国内河货运采取的一种有效方法。将内河驳船编成一定队形，由机动船顶推前进的航行方法。其优点是航行阻力小，顶推量大，速度较快，运输成本很低。

④汽车挂车。汽车挂车的原理和船舶拖带、火车加挂基本相同，都是在充分利用动力能力的基础上，增加运输能力。

（3）发展社会化的运输体系。

运输社会化的含义是发展运输的大生产优势，实际专业分工，打破一家一户自成运输体系的状况。一家一户的运输小生产，车辆自有，自我服务，不能形成规模，且一家一户运量需求有限，难以自我调剂，因而经常容易出现空驶、运力选择不当、不能满载等浪费现象，且配套的接、发货设施，装卸搬运设施也很难有效地运行，所以浪费颇大。实行运输社会化，可以统一安排运输工具，避免对流倒流、空驶、运力不当等多种不合理形式，不但可以追求组织效益，而且可以追求规模效益，所以发展社会化的运输体系是运输合理化非常的重要措施。

当前火车运输的社会化运输体系已经较完善，而在公路运输中，小生产生产方式非常普遍，是建立社会化运输体系的重点。

社会化运输体系中，各种联运体系是其中水平较高的方式，联运方式充分利用面向社会的各种运输系统，通过协议进行一票到底的运输，有效打破了一家一户的小生产，受到了欢迎。我国在利用联运这种社会化运输体系时，创造了"一条龙"货运方式。对产、销地及产、销量都较稳定的产品，事先通过与铁路、交通等社会运输部门签订协议，规定专门收、到站，专门航线及运输路线，专门船舶和泊位等，有效保证了许多工业产品的稳定运输，取得了很大成绩。

（4）开展中短距离铁路公路分流，"以公代铁"的运输。

这一措施的要点，是在公路运输经济里程范围内，或者经过论证，超出通常平均经济里程范围，也尽量利用公路。这种运输合理化的表现主要有两点：一是对于比较紧张的铁路运输，用公路分流后，可以得到一定程度的缓解，从而加大这一区段的运输通过能力；二是充分利用公路从门到门和在中途运输中速度快且灵活机动的优势，实现铁路运输服务难以达到的水平。

我国"以公代铁"目前在杂货、日用百货运输及煤炭运输中较为普遍，一般在 200 千米以内，有时可达 700～1 000 千米。山西煤炭外运经认真的技术经济论证，用公路代替铁路运至河北、天津、北京等地是合理的。

（5）尽量发展直达运输。

直达运输是追求运输合理化的重要形式，其对合理化的追求要点是通过减少中转过载换载，从而提高运输速度，省却装卸费用，降低中转货损。直达的优势，尤其是在一次运输批量和用户一次需求量达到了一整车时表现最为突出。此外，在生产资料、生活资料运输中，通过直达，建立稳定的产销关系和运输系统，也有利于提高运输的计划水平，考虑用最有效的技术来实现这种稳定运输，从而大大提高运输效率。

特别需要一提的是，如同其他合理化措施一样，直达运输的合理性也是在一定条件下才会有所表现，不能绝对认为直达一定优于中转，这要根据用户的要求，从物流总体出发做综合判断。如果从用户需要量看，批量大到一定程度，直达是合理的，批量较小时中转是合理的。

（6）配载运输。

配载运输是充分利用运输工具载重量和容积，合理安排装载的货物及载运方法以求得合理化的一种运输方式。配载运输也是提高运输工具实载率的一种有效形式。

配载运输往往是轻重商品的混合配载，在以重质货物运输为主的情况下，同时搭载一些轻泡货物，如海运矿石、黄沙等重质货物，在舱面挡运木材、毛竹等，铁路运矿石、钢材等重物上面搭运轻泡农、副产品等，在基本不增加运力投入的情况下，在基本不减少重质货物运输的情况下，解决了轻泡货的搭运，因而效果显著。

(7)"四就"直拨运输。

"四就"直拨是减少中转运输环节，力求以最少的中转次数完成运输任务的一种形式。一般批量到站或到港的货物，首先要进分配部门或批发部门的仓库，然后再按程序分拨或销售给用户。这样一来，往往出现不合理运输。

"四就"直拨，首先是由管理机构预先筹划，然后就厂或就站（码头）、就库、就车（船）将货物分送给用户，而无须再入库了。

(8) 发展特殊运输技术和运输工具。

依靠科技进步是运输合理化的重要途径。例如，专用散装及罐车，解决了粉状、液状物运输损耗大、安全性差等问题；袋鼠式车皮，大型半挂车解决了大型设备整体运输问题；"滚装船"解决了车载货的运输问题，集装箱船比一般船能容纳更多的箱体，集装箱高速直达车船加快了运输速度等，都是通过采用先进的科学技术实现合理化。

(9) 通过流通加工，使运输合理化。

有不少产品，由于产品本身形态及特性问题，很难实现运输的合理化，如果进行适当加工，就能够有效解决合理运输问题，例如将造纸材在产地预先加工成干纸浆，然后压缩体积运输，就能解决造纸材运输不满载的问题。轻泡产品预先捆紧包装成规定尺寸，装车就容易提高装载量；水产品及肉类预先冷冻，就可提高车辆装载率并降低运输损耗。

问题解决

我们已经学习了运输的相关知识，下面我们就用这些知识来解决前面"情景引例"中的问题：

"沃尔玛"降低运输成本的根本在哪里？对我们有何启示？

沃尔玛有时采用空运，有时采用船运，还有一些货物采用卡车公路运输。在中国，沃尔玛百分之百地采用公路运输，所以如何降低卡车运输成本，是沃尔玛物流管理面临的一个重要问题，为此他们主要采取了以下措施：

(1) 沃尔玛使用一种尽可能大的卡车，有16米加长的货柜，比集装箱运输卡车更长或更高。沃尔玛把卡车装得非常满，产品从车厢的底部一直装到最高，这样非常有助于节约成本。

(2) 沃尔玛的车辆都是自有的，司机也是他的员工。沃尔玛的车队大约有5 000名非司机员工，还有3 700多名司机，车队每周每一次运输可以达7 000～8 000千米。

沃尔玛知道，卡车运输是比较危险的，有可能会出交通事故。因此，对于运输车队来说，保证安全是节约成本最重要的环节。沃尔玛的口号是"安全第一，礼貌第一"，而不是"速度第一"。在运输过程中，卡车司机们都非常遵守交通规则。沃尔玛定期在公路上对运输车队进行调查，卡车上面都带有公司的号码，如果看到司机违章驾驶，调查人员就可以根据车上的号码报告，以便于进行惩处。沃尔玛认为，卡车不出事故，就是节省公司的费用，就是最大限度地降低物流成本，由于狠抓了安全驾驶，运输车队已经创造了300万千米无事故的纪录。

(3) 沃尔玛采用全球定位系统对车辆进行定位，因此在任何时候，调度中心都可以知道这些车辆在什么地方，离商店有多远，还需要多长时间才能运到商店，这种估算可以精确到小时。沃尔玛知道卡车在哪里，产品在哪里。这可以提高整个物流系统的效率，有助于降低成本。

（4）沃尔玛的连锁商场的物流部门，24小时进行工作，无论白天或晚上，都能为卡车及时卸货。另外，沃尔玛的运输车队利用夜间进行从出发地到目的地的运输，从而做到了当日下午进行集货，夜间进行异地运输，翌日上午即可送货上门，保证在15～18个小时内完成整个运输过程，这是沃尔玛在速度上取得优势的重要措施。

（5）沃尔玛的卡车把产品运到商场后，商场可以把它整个地卸下来，而不用对每个产品逐个检查，这样就可以节省很多时间和精力，加快了沃尔玛物流的循环过程，从而降低了成本。这里有一个非常重要的先决条件，就是沃尔玛的物流系统能够确保商场所得到的产品是与发货单完全一致的。

（6）沃尔玛的运输成本比供货厂商自己运输产品要低，所以厂商也使用沃尔玛的卡车来运输货物，从而做到了把产品从工厂直接运送到商场，大大节省了产品流通过程中的仓储成本和转运成本。

沃尔玛的集中配送中心把上述措施有机地组合在一起，做出了一个最经济合理的安排，从而使沃尔玛的运输车队能以最低的成本高效率地运行。当然，这些措施的背后包含了许多艰辛和汗水，相信我国的本土企业也能从中得到启发，创造出沃尔玛式的奇迹来。

子情境三　仓储管理

情境案例

潍坊中百配送中心的仓储管理

潍坊中百配送中心，是集商品验收入库、储存保管、拣选配货、送货交接和物流信息处理于一体的综合性物流部门，承担集团公司内佳乐家超市、中百大厦、中百连锁超市400多家自有门店和外部零售、批发、团购客户的商品配送任务。

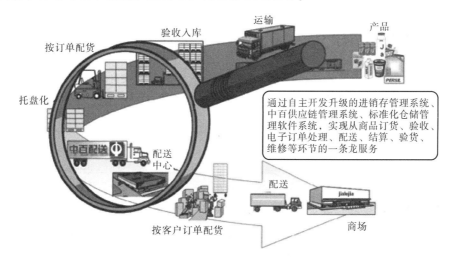

公司仓库面积12万平方米，存储洗涤化妆、糖酒副食、家电、百货、文化、针织、服饰、数码产品等39个大类、共20 000多个品种的商品。可存储商品160万箱，日分拣、配送商品4万多箱。

公司仓库配备先进齐全的仓储设备，仓储库区配备高层货架、层板货架、精品货架2 600多组，共96 000多个托盘位，货区配置无线手持终端机47部、升降叉车18辆、电动搬运车25辆、液压手动车168辆、托盘42 000多个，货区内专用对讲机29部，升降平台57部。

公司采用升级完善的仓储系统，支持电子标签货架拣货、货位优化管理等现代物流技术，能顺利实现商品预检、中转配送、电子标签货架拣货、流通加工、绩效管理等功能，为供应商、内部门店和外部客户提供更加高效、便捷的专业化仓储管理服务。

公司通过ABC分类管理，科学规划货位，有效地控制库存量，提高货物的周转率，减少了库存资金占用，提高了仓储作业效率。

公司实行流程管理、环节控制、专业协同的管理运营模式；坚持从点滴做起，向规范看齐的管理理念；快速反应、立即行动的工作风。采取定时定路线配送与即时配送相结合的配送方式。具备多品种、小批量商品的仓储配送能力。仓储配送作业达到了准确的商品、准确的数量、准确的时间、准确的地点和准确的单证"5P"质量标准。

案例思考

1. 仓储有哪些功能？
2. 常用的仓储设备有哪些种类？
3. 如何有效控制库存量，降低仓储成本？
4. 仓库的主要作业有哪些？

知识目标

1. 了解仓储管理的含义、作用、功能。
2. 了解仓库的分类、特点。
3. 掌握仓储设备的类型、特点。
4. 掌握仓储管理的内容、库存控制的方法。
5. 掌握仓储作业的基本流程。
6. 了解库存控制的基本方法。
7. 了解仓储合理化的基本方法。

能力目标

1. 通过仓储设备知识的学习，能够选用适合的货架、叉车类型。
2. 能够结合企业实际，分析仓储作业流程，提出作业活动优化方法。
3. 能够通过分析企业的库存状况，发现存在的问题，提出合理化建议。

 知识阐述

一、仓储管理概述

(一) 仓储的含义

从物流管理的角度看,可以将仓储定义为:根据市场和客户的要求,为了确保货物没有损耗、变质和丢失,为了调节生产、销售和消费活动以及确保社会生产、生活的连续性,而对原材料等货物进行储存、保管、管理、供给的作业活动。对仓储概念的理解要抓住以下要点:

(1) 满足客户的需求,保证储存货物的质量,确保生产、生活的连续性是仓储的使命之一。

(2) 当物品不能被即时消耗,需要专门的场所存放时,形成了静态仓储。对仓库里的物品进行保管、控制、存取等作业活动,便产生了动态仓储。

(3) 储存的对象必须是实物产品,包括生产资料、生活资料等。

(4) 储存和保管货物要根据货物的性质选择相应的储存方式。不同性质的货物应该选择不同的储存方式。例如,食品、生物药品等对温度有特殊要求的货物需要采用冷藏库储存;液体的原油或成品油就需要使用油品库储存。

(二) 仓储的分类

仓储的本质都为物品的储藏和保管,由于经营主体的不同、仓储对象的不同、经营方式的不同、仓储功能的不同,从而使得不同的仓储活动具有不同的特性,如表2-3-1~表2-3-4所示。

表2-3-1 按仓储经营主体划分

仓储种类		管理方式	特点
企业自营仓储	生产企业自营仓储	使用自有的仓库设施,对生产使用的原材料、半成品和最终产品实施储存保管的行为,是以满足生产需要为原则	从属性和服务性特征,规模较小、数量众多,专用性强、仓储专业化程度低、一般很少对外开展商业性仓储经营
	流通企业自营仓储	拥有的仓储设施对其经营的商品进行仓储保管的行为,其目的为支持销售	
营业仓储		拥有的仓储设施,向社会提供商业性仓储服务的仓储行为。仓储经营者与存货人通过订立仓储合同的方式建立仓储关系,并且依据合同约定提供服务和收取仓储费;目的是在仓储活动中获得经济回报,追求目标是经营利润最大化	经营内容包括提供货物仓储服务、提供场地服务、提供仓储信息服务等
公共仓储		公共仓储是公用事业的配套服务设施,为车站、码头提供仓储配套服务;具有内部服务的性质,处于从属地位	将仓储关系列在作业合同、运输合同之中
战略储备仓储		国家根据国防安全、社会稳定的需要,对战略物资实行战略储备而形成的仓储;由国家政府进行控制,通过立法、行政命令的方式进行,由执行战略物资储备的政府部门或机构进行运作	战略储备特别重视储备品的安全性,且储备时间较长

表 2-3-2　按仓储对象划分

仓储种类	管理方式	特点
普通物品仓储	不需要特殊保管条件的物品仓储。例如一般的生产物资、普通生活用品、普通工具等物品，它们不需要针对货物设置特殊的保管条件，就可以视为普通物品	采取无特殊装备的通用仓库或货场来存放
特殊物品仓储	有特殊要求和需要满足特殊条件的物品仓储。例如危险物品仓储、冷库仓储、粮食仓储等；采用适合特殊物品仓储的专用仓库	按照物品的物理、化学、生物特性，以及有关法规规定进行专门的仓储管理

表 2-3-3　按仓储功能划分

仓储种类	管理方式	特点
储存仓储	物资较长时期存放的仓储，一般设在较为偏远的但具备较好交通运输条件的地区。管理注重两个方面：一是仓储费用的尽可能降低、二是对物资的质量保管和养护	物资存期长、品种少，但存量大
物流中心仓储	以物流管理为目的的仓储活动，是为了有效实现物流的空间与时间价值，对物流的过程、数量、方向进行调节和控制的重要环节；一般设置在一定经济地区的中心，交通便利、储存成本较低的口岸	较大批量进货、进库、一定批量分批出库，整体吞吐能力强，故要求机械化、信息化、自动化水平要高
配送仓储	商品在配送交付消费者之前所进行的短期仓储，是商品在销售或者供生产使用前的最后储存，并在该环节进行销售或使用前的简单加工与包装等前期处理。注重配送作业的时效性与经济合理性和物品存量的有效控制	物品品类繁多、批量小、操作环节多，主要目的是支持销售和消费
运输转换仓储	是指衔接铁路、公路、水路等不同运输方式的仓储，一般设置在不同运输方式的相接处，如港口、车站库场所进行的仓储，目的是保证不同运输方式的高效衔接，减少运输工具的装卸和停留时间	货物大进大出、存期短，注重作业效率和货物周转率，需要高度机械化作业为支撑
保税仓储	是指使用海关核准的保税仓库存放保税货物的仓储行为，保税仓储一般设置在进出境口岸附近	受到海关直接监控，入库或者出库单据均需要由海关签署

仓库按仓库的功能分类

表 2-3-4　按仓储物的处理方式划分

仓储种类	管理方式	特点
保管式仓储	是指存货人将特定的物品交由仓储保管人代为保管，物品保管到期，保管人将代管物品交还存货人的方式所进行的仓储；保管式仓储又可分为物品独立保管仓储和混藏式仓储	要求保管物除了发生的自然损耗和自然减量外，数量、质量、件数不应发生变化

续表

仓储种类	管理方式	特点
加工式仓储	指仓储保管人在物品仓储期间根据存货人的合同要求，使仓储物品满足委托人所要求达到的变化的仓储方式	包括对货物外观形状、成分构成、尺度等方面的加工或包装
消费式仓储	是指仓库保管人在接收保管物时，同时接收保管物的所有权，仓库保管人在仓储期间有权对仓储物行使所有权，待仓储期满，保管人将相同种类、品种和数量的替代物交还委托人所进行的仓储	管期较短、价格波动较大的商品的投机性存储，如肉禽蛋类、蔬菜瓜果类农产品的储存

（三）仓储的功能

仓储是物流中的重要环节，主要是对流通中的商品进行检验、保管、加工、集散和转换运输方式，并为解决供需之间和不同运输方式之间的矛盾，提供场所价值和时间效益，使商品的所有权和使用价值得到保护，加速商品流转，提高物流效率和质量，促进社会效益的提高。概括起来，仓储的功能可以分为经济功能和增值功能。

1. 经济功能

（1）储存功能。

存储是仓储的最基本功能，是仓储产生的根本原因。存储是指在特定的场所，将物品收存并进行妥善的保管，确保被存储的物品不受损害。存储的对象必须是有价值的商品，在储存过程中要保证商品的质量、数量、特性不发生变化。商品储存温度、湿度、通风环境、压力、气味等是影响商品储存质量的重要条件。

（2）调节控制功能。

仓储在物流中起着"蓄水池"的作用。一方面仓储可以调节生产与消费的矛盾，如销售与消费的矛盾，使它们在时间上和空间上得到协调，保证社会再生产的顺利进行。另一方面，它还可以实现对运输的调节。因为产品从生产地向销售地流转，主要依靠运输完成，但不同的运输方式在流向、运程、运量及运输线路和运输时间上存在着差距。由于仓储既可以长期进行也可以短期开展，对商品储存期的控制也就自然形成了对商品流通的控制。流通调控的重要任务就是在对商品市场进行调研预测的基础上，对物资是仓储还是流通做出合理安排，确保商品在市场上的供应。其次是确定储存时机，计划存放时间、储存地点等。

（3）流通加工功能。

流通加工是仓储中的一种特殊形式。流通加工是为了提高物流速度和物品的利用率、降低生产及物流的成本，在物品进入流通领域后，按物流的需要和客户的要求进行的加工活动。即在物品从生产领域向消费领域流动的过程中，为了促进销售、维护产品质量和提高物流效率，根据需要施加包装、分割、计量、分拣、组装、价格贴付、集中加工等简单作业的总称。

（4）拼装与分类功能。

拼装作为仓储的基本活动，可以给企业以及顾客带来很大经济利益，通过这种安排，拼装仓库接收来自一系列制造工厂指定送往某一特定额的材料,然后把它们整合成一票装运,其好处是实现满载运输和最低的运输费率,减少在顾客的收货站台发生拥挤,通过这种拼装方案的利用,每一个单独的制造商或托运人都能够享受到物流总成本低于其各自分别直接装运的成本,如图 2-3-1 所示。

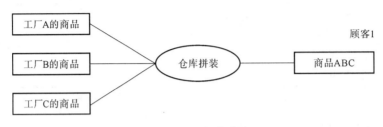

图 2-3-1 拼装功能

分类作业与整合作业相类似。分类作业接收来自制造商的顾客组合订货,并把它们装运到个别的顾客处去。由于长距离运输转移的是大批量装运,所以运输成本相对比较低,进行跟踪也不太困难,如图 2-3-2 所示。

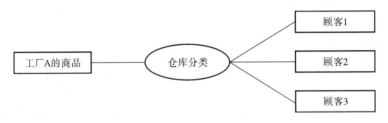

图 2-3-2 分类功能

2. 增值功能

(1) 配送功能。

配送是物流中一种特殊的、综合的活动形式,根据客户要求,对物品进行拣选、加工、包装、分割、组配等作业,并按时送达指定地点的物流活动。"合理地配"是指在送货活动之前必须依据顾客需求对其进行合理的组织与计划,例如商品的组合与分类交叉。只有"有组织有计划"地"配",才能实现现代物流管理中所谓的"低成本、快速度"地"送",进而有效满足顾客的需求,如图 2-3-3 所示。

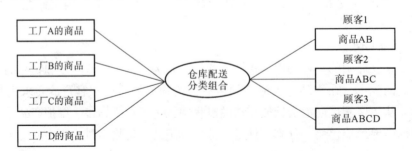

图 2-3-3 配送组合功能

(2) 生产支持。

仓库除了提供传统意义上的服务外,现在越来越多的仓储企业在努力向顾客提供多样化、符合顾客要求的增值服务,以提升自身内在价值,保持竞争力。生产企业将产品的定型、包装等工序留到最接近销售的仓储环节进行,仓库还能进行相关生产活动,以优化产品特性,及时发现质量问题。

(四) 仓储的作用

1. 仓储在国家战略中的作用

从国家战略角度出发,仓储是国家满足急需特需的保障。国家要对一些关系国计民生的重要产品(粮、棉、油、药、军用物资及战备物资等)进行战略性储备,以保证国民经济可持续发展,防止战争、自然灾害给国民经济带来重大损失。同时,国家进行战略性储备对应对国际政治经济形势的变化,确保国家安全具有十分重要的战略意义。

2. 仓储在社会生产中的作用

商品从生产领域向消费领域转移的过程中,一般都要经过商品仓储阶段,搞好仓储活动,发挥仓储活动连接生产与消费的纽带作用,克服相互分离又相互联系的生产者之间、生产者与消费者之间,在商品生产与消费地理上的分离,衔接时间上的不一致,调节生产与消费方式上的差异。

3. 仓储在供应链物流中的作用

在物流中,运输承担了改变空间状态的重任,而另一个重任,即改变"物"的时间状态,是由仓储来承担的。所以,在物流系统中,仓储是物流与供应链的库存控制中心,减少库存、控制库存成本是仓储在供应链框架下减少供应链成本的主要任务;其次,仓储是调度中心,仓储直接与物流效率和供应链的反应速度有关,配送成为仓储中主要的业务方式;再次,仓储是增值中心,现代仓储业提供多样化服务,包括加工、包装、配送等,提高供应链服务水平;最后,仓储是现代物流技术的应用中心,现代的管理技术和科技手段越来越多地应用在仓储中,改善企业流程和质量管理。

二、仓储设备

(一) 仓储设备的含义

仓储设备是指仓储业务所需的所有技术装置与机具,即仓库进行生产作业或辅助生产作业以及保证仓库及作业安全所必需的各种机械设备的总称。仓储设备的配置是仓储系统规划的重要内容,直接影响仓库的利用率、仓库的作业效率、运营成本、服务质量和经济效益。

(二) 仓储设备的分类

根据设备的主要用途和特征,可以分为存储、装卸搬运设备、计量检验设备、分拣设备、养护照明设备、安全消防设备、自动化立体仓库以及其他用品和工具等,常见的仓储设备分类如表 2-3-5 所示。

表 2-3-5 仓储设备的分类

作业功能	设备类型
存储设备	货架、托盘、货箱等
装卸搬运设备	叉车、堆垛机、起重运输机、搬运车和传输机械等
出库分拣设备	电子标签货架、分拣机、自动分拣系统、扫描器等
计量检验设备	地磅、轨道秤、电子秤、电子计数器、流量仪、皮带秤、天平仪、直尺、卷尺等
养护照明设备	温度仪、测潮仪、吸潮器、烘干箱、风幕、空气调节器、防爆灯等
安全消防设备	报警器、消防车、灭火器、手动抽水器、水枪、消防水源、砂土箱、消防云梯等
其他配套设备	计算机和辅助设备等

(三) 仓储设备的特点

仓储设备是完成货物进库、储存和出库等仓储作业的机械设备。从仓储的作业过程来看，仓储设备具有起重、装卸、搬运、储存和堆码等功能，尽管仓储设备从外形到功能差别很大，但由于它是为在特定的作业环境完成特定的物料搬运作业而设计的，因而具有以下共性特点。

1. 搬运和安全性要求较高，但对速度的考虑较低

由于仓储设备主要作用于货物的移动和起升，在仓储作业过程中，要在复杂的环境和有限的空间中保障人员、设备和货物的安全，对仓储设备的安全性要求很高；不过，由于其作业范围相对较小，对货物的搬运要求高，但对速度上的要求较低。

2. 运动线路较固定

由于仓库作业场所的限制，且作业场所较固定，因此仓储设备的运动线路也比较固定。

3. 专业化和标准化程度高

仓储作业由一系列实现特定功能的作业环节或工序组成，但各工序的功能较单一，而且工序间的功能差别一般较大，应提高工作效率，使得仓储设备的专业化程度越来越高；一方面，商品流通各环节对商品的外观和包装提出了标准化要求；另一方面，商品包装的标准化也促进了物流设备包括仓储机械设备的标准化。

4. 机械化和自动化程度高

随着条码技术、光学字符识别技术、磁编码识别技术、无线电射频识别技术、自动认证技术、自动称重技术和计数技术的广泛应用，现代仓储设备的自动化程度大大提高。

5. 节能性和经济性要求高

仓储过程作为流通领域或企业物流必不可少的环节，为实现商品的价值起到了极其重要的作用，因此为控制仓储成本，在设计和选用仓储机械时，必须考虑其节能性和经济性。

(四) 仓储设备的作用

仓储设备是构成仓储系统的重要组成因素，担负着仓储作业的各项任务，影响着仓储活动的每一个环节，在仓储活动中处于十分重要的地位。存储设备的作业主要表现在以下几个方面：

1. 提高仓储作业效率

一个完善的仓储系统离不开现代仓储设备的应用。许多新的仓储设备的研制开发，为现代仓储的发展做出了积极的贡献。实践证明，先进的仓储设备和先进的仓储管理是提高仓储能力，推动现代仓储迅速发展的两个车轮，二者缺一不可。

2. 提高仓库利用率

货架系统的使用大幅提高了仓库的面积利用率、空间利用率。

3. 降低仓储成本

现代仓储设备是资金密集型的社会财富。现代仓储设备购置投资相当可观。同时，为了维持系统的正常运转，发挥设备效能，还需要继续不断地投入大量的资金。仓储设备的费用对系统的投入产出分析有着重要的影响。

4. 提高服务质量

仓储设备的使用，特别是自动化、智能化设备的使用，使仓储的作业效率、作业质量大幅提高，提升了客户满意度。

(五) 常用仓储设备

1. 货架

在仓库设备中，货架是指专门用于存放成件物品的保管设备。货架在物流及仓库中占有非常重要的地位，随着现代工业的迅猛发展，物流量的大幅度增加，为实现仓库的现代化管理，改善仓库的功能，不仅要求货架数量多，而且要求具有多功能，并能实现机械化、自动化要求。

货架在现代物流活动中，起着相当重要的作用，仓库管理实现现代化，与货架的种类、功能有直接的关系。货架的作用及功能有如下几方面：

①货架是一种架式结构物，可充分利用仓库空间，提高库容利用率，扩大仓库储存能力。

②存入货架中的货物，互不挤压，物资损耗小，可完整保证物资本身的功能，减少货物的损失。

③货架中的货物，存取方便，便于清点及计量，可做到先进先出。

④保证存储货物的质量，可以采取防潮、防尘、防盗、防破坏等措施，以提高物资存储质量。

⑤很多新型货架的结构及功能有利于实现仓库的机械化及自动化管理。

以下介绍几种常见的货架：

(1) 轻型货架。

轻型货架是相对"托盘货架"而言，一般采用人力（不用叉车等）直接将货物（不采用托盘单元）存取于货架内，因此货物的高度、深度较小，货架每层的载重量较轻。

一般，该货架的立柱采用薄钢板（$\delta = 1 \sim 2.5mm$）冷弯冲孔而成，其截面呈三角形，故又称"带孔角钢货架"。为提高载重量，也有截面呈开口方形。货架构件间的连接有螺栓连接和插接两种。其特点是结构简洁、自重轻、装配方便，广泛应用于工厂企业、商店、办公室、厨房等（如图2-3-4所示）。

（2）托盘货架。

托盘货架是相对"轻型货架"而言的，一般采用叉车等装卸设备作业，是以托盘单元货物的方式来保管货物的货架，又称工业货架。是机械化、自动化货架仓库的主要组成部分。

这种货架都是装配式结构，即立柱、主柱片、横梁等之间采用螺栓或插接组成，又称装配式货架。这种货架具有刚性好、自重轻，层高可自由调节，适合规模化生产、成本低、运输和安装便利，并易于实现模块化设计等优点，目前已是工业企业各类货架仓库的主流（如图2-3-5所示）。

图2-3-4 轻型货架

（3）重力货架。

在货架每层的通道上，都安装有一定坡度的、带有轨道的导轨，入库的单元货物在重力的作用下，由入库端流向出库端。这样的仓库，在排与排之间没有作业通道，大大提高了仓库面积利用率。但使用时，最好同一排、同一层上的货物，应为相同的货物或一次同时入库和出库的货物。此外，当通道较长时，在导轨上应设置制动滚道，以防止终端加速度太大（如图2-3-6所示）。

图2-3-5 托盘货架

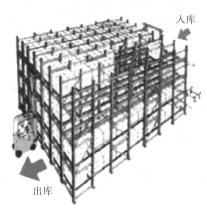

图2-3-6 重力货架

（4）移动货架。

在货架的底部装有运行车轮，可在地面上运行的货架。适用于库存品种多、出入库频率较低的仓库；或库存频率较高，但可按巷道顺序出入库的仓库。因为只需要一个作业通道，可大大提高仓库面积的利用率。广泛应用于办公室存放文档，图书馆存放档案文献，金融部门存放票据，工厂车间、仓库存放工具、物料等（如图2-3-7所示）。

（5）阁楼式货架。

底层货架不但是保管物料的场所，而且是上层建筑承重梁的支撑（柱），承重梁的跨距大大减小，建筑费用也大大降低。也适用于现有旧仓库的技术改造，提高仓库的空间利用率。也可以多层结构（如图2-3-8所示）。

重力式货架应用演示

电动密集柜

图 2 – 3 – 7　移动货架

（6）贯通（驰入）货架。

可供叉车（或带货叉的无人搬运车）驰入、存取单元托盘货物的货架。因为叉车作业通道与货物保管场所合一，仓库面积利用率大大提高。但同一通道内的货物品种必须相同或同一通道内的货物必须一次完成出入库作业（如图 2 – 3 – 9 所示）。

图 2 – 3 – 8　阁楼式货架　　　　图 2 – 3 – 9　贯通（驰入）货架

2. 叉车

叉车以机动灵活、性能可靠的特点应用在各种物流场所。其作业对象既可以是集装箱，又可以是杂货；作业方式既可以在堆场垂直堆码，又可以用于水平运输；作业内容既可以是装卸货物，又可以进行物品的上下货架。

常用的叉车类型：

（1）平衡重式叉车。

平衡重式叉车货叉位于叉车的前部，为了平衡货物重量产生的倾翻力矩，在叉车的后部装有平衡重，以保持叉车的稳定。平衡重式叉车主要用于室外作业，最大起重量达 40 吨，是目前应用最广泛的叉车，占叉车总量的 80% 左右（如图 2 – 3 – 10 所示）。

（2）插腿式叉车。

插腿式叉车的两条腿向前伸出，支撑在很小的车轮上。支腿的高度很小，可同货叉一起插入货物

图 2 – 3 – 10　平衡重式叉车

底部，由货叉托起货物。货物的重心落到车辆的支撑平面内，因此稳定很好，不必再设平衡重。插腿式叉车一般由电动机驱动，蓄电池供电。它的作业特点是起重小、车速低、结构简单、外形小巧。适用于通道狭窄的仓库内作业，起重量一般在2吨以下（如图2-3-11所示）。

（3）侧面式叉车。

侧面式叉车的门架和货叉在车体的一侧。其作业的主要特点：在出入库作业的过程中，车体进入通道，货叉面向货架或货垛，这样在进行装卸作业时不必再转弯然后再作业，这个特点使侧面叉车适合于窄通道作业；有利于专版条形长尺寸货物，因为长尺寸货物与车体平行，不受通道宽度的限制（如图2-3-12所示）。

平衡重式叉车作业

图2-3-11 插腿式叉车

图2-3-12 侧面式叉车

（4）前移式叉车。

前移式叉车有两条前伸的支腿，与插腿叉车比较，前轮较大，支腿较高，作业时支腿不能插入货物的底部，而门架可以带着整个起升机构沿支腿内侧的轨道移动，这样货叉插取货物后稍微提升一个高度即可缩回，保证叉车运行时的稳定性。前移式叉车与叉腿式一样，都是货物的重心落到车辆的支撑平面内，因此稳定性很好。其最大起重量为5吨，起重高度最大为3米，最高速度为15千米/小时，适用于车间、仓库内作业（如图2-3-13所示）。

侧面叉车演示

图2-3-13 前移式叉车

三、仓储作业管理

(一) 入库作业

商品的入库作业是指从接到调拨单开始,到货物接运,把货物卸下,检查商品数量、质量,并完成货物的上架、登账、立卡,之后将有关进货信息进行处理等作业。图 2-3-14 为入库作业流程图。

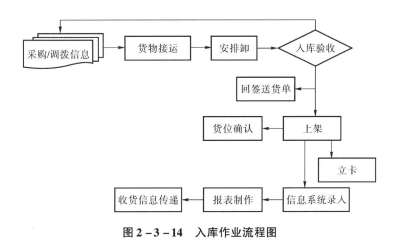

图 2-3-14 入库作业流程图

(二) 出库作业

商品出库作业,是仓库根据业务部门或存货单位开出的商品出库凭证(提货单、调拨单),按其所列商品名称、规格、型号、数量等项目,组织商品出库的一系列工作的总称。

商品出库是商品储存阶段的终止,也是仓库作业的最后一个环节。它使仓库工作直接与运输单位和商品使用单位发生联系。因此,做好出库工作对改善仓库经营管理,降低作业成本,提高服务质量具有重要作用。商品出库要求发放的商品必须准确、及时、保质保量地发给收货单位;包装必须完整、牢固;标记正确清晰,符合交通运输部门及使用单位的要求,防止出现差错。

商品出库的程序:

根据商品在库内的流向或出库单的流转构成各业务环节的衔接,商品的出库业务流程如图 2-3-15 所示。

1. 接单确认

对上级部门发出的调拨单或发货单进行确认,确认条款信息必须清晰,包括:发运时间、到货时间、运输方式、客户名称、客户地址、订货商品明细(中文名称、条形码、规格和数量)等。

2. 信息系统录入

将要出库的货物信息录入管理信息系统,并生成相应的拣货单。

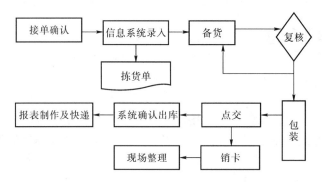

图 2-3-15 商品出库业务流程图

3. 备货

按照拣货单所列项目开始备货工作。备货时应本着"先入先出、易霉易坏先出、接近有效期先出"的原则，备货完毕后及时变动料卡余额数量，填写实发数量和日期。

4. 复核

为了保证出库物品不出差错，备货后应进行复核。出库的复核形式主要有专职复核、交叉复核和环环复核三种。

5. 包装

出库物品的包装必须完整、牢固，标记必须正确清楚，如有破损、潮湿、捆扎松散等不能保障运输中安全的，应加固整理，破包破箱不得出库。各类包装容器上若有水渍、油迹、污损，也均不能出库。

6. 点交

商品经复核后，需要办理交接手续，应当面将商品交接清楚。

7. 登账

点交后，仓管人员应在出库单上填写实发数、发货日期等内容并盖章。然后将出库单连同有关证件资料，及时交货主，以便货主办理货款结算。

8. 清理

经过出库的一系列工作程序之后，实物、账目和库存档案等都发生了变化。应做好工作彻底清理，使保管工作重新趋于账、物、资金相符的状态。

四、库存控制

（一）库存控制的含义与作用

1. 库存控制的含义

库存控制，是对制造业或服务业生产、经营全过程的各种物品、产成品以及其他资源进行管理和控制，使其储备保持在经济合理的水平上。库存控制是使用控制库存的方法，得到更高的盈利的商业手段。库存控制是仓储管理的一项重要内容。它是在满足顾客服务要求的前提下通过对企业的库存水平进行控制，力求尽可能降低库存水平、提高物流系统的效率，

以提高企业的市场竞争力

2. 库存控制的作用

在保证企业生产、经营需求的前提下，使库存量经常保持在合理的水平上；掌握库存量动态，适时、适量提出订货，避免超储或缺货；减少库存空间占用，降低库存总费用；控制库存资金占用，加速资金周转。

（二）库存控制方法

1. ABC 分类管理法（如表 2-3-6 所示）

（1）ABC 分类管理的基本思想。

一般来说，企业的库存物资种类繁多，可达数千种，而其重要程度、消耗数量、价值大小、资金占用等却各不相同。每个品种的价格不同，且库存数量也不等，有的物资的品种不多但价值很大，而有的物资品种很多但价值不高。在很多情况下，少数几类物资的资金占用额占了总资金的绝大部分，而占库存物资绝大多数品种的资金额却只占一小部分也是不切实际的。为了使有限的时间、资金、人力、物力等企业资源能得到更有效的利用，应对库存物资进行分类，将管理的重点放在重要的库存物资上，进行分类管理和控制，即依据库存物资重要程度的不同，分别进行不同的管理，这就是 ABC 分类方法的基本思想。

（2）ABC 分类的标准。

ABC 分类的标准是库存中各品种物资每年消耗的金额，即该品种的年消耗量，乘上它的单价，即为每年消耗的金额。按照这一标准将整个库存物资分成 A、B、C 三类，按类别实行管理，即将资金占用量多、重要性大的几种库存物资列为 A 类物资，实行重点管理；对于资金占用量小、比重次要的大多数品种划分为 C 类物资，采用较为简单的方法加以控制管理；而对于处于中间状态的品种划为 B 类物资，进行一般控制管理。

表 2-3-6 库存物资 ABC 分类标准

级别	年消耗金额/%	品种数/%
A	60~80	10~20
B	15~40	20~30
C	5~15	50~70

2. 定量订货法

定量订货法是指当库存量下降到预定的最低库存量（订货点）时，按规定（一般以经济批量为标准）进行订货补充的一种库存控制方法（如图 2-3-16 所示）。

当库存量下降到订货点 R 时，即按预先确定的订购量 Q 发出订货单，经过交纳周期（订货至到货间隔时间）LT，库存量继续下降，到达安全库存量 S 时，收到订货 Q，库存水平上升。

该方法主要靠控制订货点 R 和订货批量 Q 两个参数来控制订货，达到既最好地满足库存需求，又能使总费用最低的目的。在需要为固定、均匀和订货交纳周期不变的条件下，订货点 R 由下式确定：

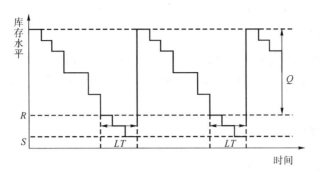

图 2-3-16 定量订货法

$$R = LT \times D/365 + S \quad (D \text{ 代表每年的需要量})$$

D 是年需求总量；

P 是单位商品的购置成本；

C 是每次订货成本（元/次）；

H 是单位商品年保管成本（元/年）；（$H = PF$，F 为年仓储保管费用率）；

Q 是批量或订货量。

经济订货批量就是使库存总成本达到最低的订货数量，它是通过平衡订货成本和保管成本两方面得到。其计算公式为：

$$\text{经济订货批量 } EOQ = \sqrt{2CD/H} = \sqrt{2CD/PF}$$

$$\text{此时的最低年总库存成本 } TC = DP + H(EOQ)$$

$$\text{年订货次数 } N = D/EOQ = \sqrt{DH/2C}$$

$$\text{平均订货间隔周期 } T = 365/N = 365EOQ/D$$

【例 4-1】 甲仓库 A 商品年需求量为 30 000 个，单位商品的购买价格为 20 元，每次订货成本为 240 元，单位商品的年保管费为 10 元，求：该商品的经济订购批量，最低年总库存成本，每年的订货次数及平均订货间隔周期

解：经济批量 $(EOQ) = \sqrt{2 \times 240 \times 30\,000/10} = 1\,200$（个）。

每年总库存成本 $(TC) = 30\,000 \times 20 + 10 \times 1\,200 = 612\,000$（元）

每年的订货次数 $(N) = 30\,000/1\,200 = 25$（次）

平均订货间隔周期 $(T) = 365/25 = 14.6$（天）

3. JIT 与库存控制

JIT 管理是指在精确测定生产制造各工艺环节作业效率的前提下，准确地计划物料供应量和供应时间的生产管理模式。其核心思想是"只在需要的时候，按照需要的数量，生产需要的产品"。具体而言，是指保证品种的有效性，拒绝不需要的品种；保证数量的有效性，拒绝多余的数量；保证所需的时间，拒绝不按时供应；保证产品质量，拒绝次品和废品。JIT 的最终目标是一个平衡系统，一个贯穿整个系统的平滑、迅速的物料流。在该方式下，生产过程将在尽可能短的时间内，以尽可能最佳的方式利用资源，杜绝浪费。

在 JIT 理念中，浪费包括：过量生产、等候时间、不必要的运输、存货、加工废品、工作方法低效和产品缺陷。特别地，JIT 认为库存是万恶之源，因为它不仅占用大量的资金，

造成修建或租赁仓库等一系列不增加价值的活动,产生浪费,而且还将许多管理不善的问题掩盖起来,如机器经常出故障、设备调整时间太长、设备能力不平衡、缺勤率高、备件供应不及时等,使问题得不到及时解决。JIT 就是要通过不断减少库存来暴露管理中的问题,以不断消除浪费,进行不断的改进。

尽管 JIT 的基本思想简单,容易理解,但是,实现 JIT 却不容易。JIT 设置了一个最高境界,一种极限——"零库存"。实际生产只能无限接近这个极限,却永远不可能达到。

4. MRP 与库存控制

物料需求计划(material requirement planning,MRP)是当时库存管理专家们为解决传统库存控制方法的不足,在不断探索新的库存控制方法的过程中产生的。最早提出解决方案的是美国 IBM 公司的 J·A·奥列基博士,他在 20 世纪 60 年代设计并组织实施了第一个 MRP 系统。

MRP 的基本思想是围绕物料转化组织制造资源,实现按需要准时生产。这里,"物料"是一个广义的概念,泛指原材料、在制品、外购件以及产品。以物料为中心组织生产,要求上道工序应该按下道工序的需求进行生产,前一生产阶段应该为后一生产阶段服务,各道工序做到既不提前完工,也不误期完工,因而是最经济的生产方式。MRP 正是按这样的方式来完成各种生产作业计划的编制的。

MRP 处理的是相关需求。相关需求是指对某些项目的需求取决于对另一些项目的需求,如汽车制造中的轮胎需求,它取决于制造装配汽车的数量。相关需求一般发生在制造过程中,可以通过计算得到。对原材料、毛坯、零件、部件的需求,来自制造过程,是相关需求,MRP 处理的正是这类相关需求。

从上可以看出,MRP 思想的提出解决了物料转化过程中的几个关键问题:何时需要,需要什么,需要多少。它不仅在数量上解决了缺料问题,更关键的是从时间上解决了缺料问题。

5. MRP 的处理逻辑

MRP 的基本原理就是由产品的交货期展开成零部件的生产进度日程和原材料、外购件的需求数量及需求日期。MRP 的处理逻辑是:通过主生产计划明确"我们要制造什么",要制造必须有相应的物料,因此通过物料清单明确"我们需要什么",而需要的物料可能已经存放在仓库中。因此,要通过库存信息了解"我们已有什么"。通过 MRP 的处理,可以得出生产作业计划和采购计划。在生产作业计划中,规定了每一项自制件的需求数量、开工日期和完工日期。在采购计划中,规定了每一项外购物料的需求品种、需求数量、订货日期和到货日期(如图 2-3-17 所示)。

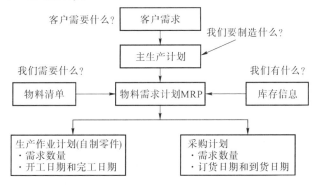

图 2-3-17 MRP 的处理逻辑

五、仓储合理化

(一) 含义

仓储合理化就是用最经济的办法实现仓储的功能。仓储的功能是对需要的满足，实现被储物的"时间价值"，这就必须有一定储量。

商品储备必须有一定的量，才能在一定时期内满足需要，这是仓储合理化的前提或本质。如果不能保证储存功能的实现，其他问题便无从谈起了。但是，储存的不合理又往往表现在对储存功能实现的过分强调，因而是过分投入储存力量和其他储存劳动所造成的。所以，合理储存的实质是，在保证储存功能实现前提下尽量少的投入，也是一个投入产出的关系问题。

(二) 仓储合理化的要求

一般来说，仓储合理化的实施要点可以归纳如下：进行仓储物的 ABC 分析；在 ABC 分析基础上实施重点管理；在形成了一定的社会总规模的前提下，追求经济规模，适度集中库存。所谓适度集中库存是利用仓储规模优势，以适度集中仓储代替分散的小规模仓储来实现合理化。

1. 适度集中库存

适度集中库存是"零库存"这种合理化形式的前提。

（1）加速物资总的周转，提高单位产出。具体做法诸如采用单元集装存储，建立快速分拣系统都利于实现快进快出，大进大出。

（2）采用有效的"先进先出"方式，保证每个被储物的仓储期不至过长。"先进先出"是一种有效的方式，也成了仓储管理的准则之一。

2. 减少仓储设施的投资

提高单位仓储面积的利用率，以降低成本、减少土地占用。

3. 采用有效的仓储定位系统

仓储定位的含义是被储物位置的确定。仓储定位系统可采取先进的计算机管理，也可采取一般人工管理，行之有效的方式主要有："四号定位"方式；计算机定位系统。

4. 采用有效的监测清点方式

（1）"五化"码。这是我国手工管理中采用的一种科学方法。储存物堆垛时，以"五"为基本计数单位，堆成总量为"五"的倍数的垛形，如梅花五、重叠五等，堆码后，有经验者可过目成数，大大加快了人工点数的速度，且少差错。

（2）光电识别系统。在货位上设置光电识别装置，该装置对被存物扫描，并将准确数目自动显示出来。这种方式不需人工，清点就能准确掌握库存的实有数量。

（3）计算机监控系统。用计算机指示存取，可以防止人工出错。

(三) 仓储合理化的基本途径

1. 实行 ABC 分类控制法

ABC 分类控制法是指将库存货物按重要程度细分为特别重要的库存（A 类货物），一般重要的库存（B 类货物）和不重要的库存（C 类货物）三个等级，针对不同类型级别的货物进行分别管理和控制的方法。

2. 适度集中库存

所谓适度集中库存是利用储存规模优势，以适度集中储存代替分散的小规模储存来实现合理化。

3. 加速总周转

储存现代化的重要课题是将静态储存变为动态储存，周转速度一快，会带来一系列的合理化好处：资金周转快、资本效益高、货损小、仓库吞吐能力增加、成本下降等。

4. 采用有效的"先进先出"方式

保证每个被储物的储存期不致过长，"先进先出"是一种有效的方式也成了仓储管理的准则之一。有效的先进先出方式主要有：贯通式货架系统储存；"双仓法"储存；计算机存取系统储存等。

5. 提高仓容利用率

（1）采取高垛的方法。

（2）缩小库内通道宽度以增加储存有效面积。

（3）减少库内通道数量以增加储存有效面积。

6. 采用有效的储存定位系统

储存定位的含义是被储物位置的确定。如果定位系统有效，能大大节约寻找、存放、取出的时间，节约不少物化劳动及活劳动，而且能防止差错，便于清点及实行订货点等的管理方式。

7. 采用有效的监测清点方式

监测清点有效方式主要有："五化"堆码（以"五"为基本计数单位，堆成总量为"五"的倍数的垛形，如梅花五、重叠五）；光电识别系统；计算机监控系统等。

问题解决

我们学习了仓储及仓储管理的相关知识，下面我们就用这些知识来解决前面的"情境引例"中出现的问题：

1. 仓储有哪些主要功能？

（1）经济功能：储存功能、调节控制功能、流通加工功能、拼装与分类功能。

（2）增值功能：配送功能、生产支持功能。

仓储合理化基本途径

2. 常用的仓储设备有哪些种类？

作业功能	设备类型
存储设备	货架、托盘、货箱等
装卸搬运设备	叉车、堆垛机、起重运输机、搬运车和传输机械等
出库分拣设备	电子标签货架、分拣机、自动分拣系统、扫描器等
计量检验设备	地磅、轨道秤、电子秤、电子计数器、流量仪、皮带秤、天平仪、直尺、卷尺等
养护照明设备	温度仪、测潮仪、吸潮器、烘干箱、风幕、空气调节器、防爆灯等
安全消防设备	报警器、消防车、灭火器、手动抽水器、水枪、消防水源、砂土箱、消防云梯等
其他配套设备	计算机和辅助设备等

3. 如何有效控制库存量，降低仓储成本？

（1）通过 ABC 分类方法，有效控制管理库存；

（2）使用 MRP 系统，充分利用企业资源，降低库存量；

（3）采用经济订货批量采购，降低平均库存，降低成本；

（4）通过 JIT 生产控制，实现"零"库存。

4. 仓库的主要作业有哪些？

（1）入库作业：从商品接收到入库存储，包括：商品接运、验收、货位安排、码托、上架存储、入库信息处理等；

（2）在库保管作业：在库商品养护、检查、盘点等；

（3）出库作业：出库凭证审核、分拣备货、出库、出库信息处理等。

子情境四 流通加工

情境引例

阿迪达斯鞋店

阿迪达斯公司在美国有一家超级市场，设立了组合式鞋店，摆放着不是做好了的鞋，而是做鞋用的半成品，款式花色多样，有6种鞋跟、8种鞋底，均为塑料制造的，鞋面的颜色以黑、白为主，搭带的颜色有80种，款式有百余种，顾客进来可任意挑选自己所喜欢的各个部位，交给职员当场进行组合。只要10分钟，一双崭新的鞋便唾手可得。

这家鞋店昼夜营业，职员技术熟练，鞋子的售价与成批制造的价格差不多，有的还稍便宜些。所以顾客络绎不绝，销售金额比邻近的鞋店多十倍。

分析：在此案例中，体现了流通加工作业的哪些作用？

案例思考

流通加工处于不易区分生产还是流通的中间领域。加工是通过改变物品的形态或者性质来创造价值，属于生产活动。流通是改变物品的空间和时间状态，并不改变其形态和性质。它是生产加工在流通领域的延伸，也可以看成流通领域为了更好的服务，在职能方面的扩大。

21世纪将是物流大发展的时代，那么作为物流功能要素之一的流通加工，也就逐渐被重视起来。传统的流通加工必然存在着很多弊端，怎样改变原有的流通加工，寻找一个更合理的流通加工途径，促进企业的物流合理化，让企业更好的发展。

知识目标

1. 掌握流通加工的含义、产生的原因与类型。
2. 掌握流通加工与生产加工的区别。
3. 掌握流通加工合理化方法。

能力目标

1. 能够增强对流通加工概念的理解。
2. 能够增强对流通加工合理化的初步体验。

 知识阐述

一、流通加工的概念

流通加工是为了提高物流速度和物品的利用率，在物品进入流通领域后，按客户的要求进行的加工活动，即在物品从生产者向消费者流动的过程中，为了促进销售、维护商品质量和提高物流效率，对物品进行一定程度的加工。流通加工通过改变或完善流通对象的形态来实现"桥梁和纽带"的作用，因此流通加工是流通中的一种特殊形式。随着经济增长，国民收入增多，消费者的需求出现多样化，促使在流通领域开展流通加工。流通加工是指物品在从生产地到使用地的过程中，根据需要施加包装、分割、计量、分拣、刷标志、贴标准、组装等简单作业的总称。

二、流通加工的作用

1. 提高原材料利用率

通过流通加工进行集中下料，将生产厂商直接运来的简单规格产品，按用户的要求进行下料。例如将钢板进行剪板、切裁；木材加工成各种长度及大小的板、方等。集中下料可以优材优用、小材大用、合理套裁，明显地提高原材料的利用率，有很好的技术经济效果。

流通加工的概念

2. 进行初级加工，方便用户的购买和使用

通过流通加工可以使用户省去进行初级加工的投资、设备、人力，降低了成本，方便了用户。例如，将水泥加工成生混凝土，将原木或板、方材加工成门窗，钢板预处理、整形等

加工,既搞活了供应,又方便了用户。

3. 提高加工效率及设备利用率

在分散加工的情况下,加工设备由于生产周期和生产节奏的限制,设备利用时松时紧,使得加工过程不均衡,设备加工能力不能得到充分发挥。而流通加工面向全社会,加工数量大,加工范围广,加工任务多。这样可以通过建立集中加工点,采用一些效率高、技术先进、加工量大的专门机具和设备,一方面提高了加工效率和加工质量,另一方面还提高了设备利用率。

三、流通加工的类型

1. 为适应多样化需要的流通加工

生产部门为了实现高效率、大批量的生产,其产品往往不能完全满足用户的要求。这样,为了满足用户对产品多样化的需要,同时又要保证高效率的大生产,可将生产出来的单一化、标准化的产品进行多样化的改制加工。例如,对钢材卷板的舒展、剪切加工;平板玻璃按需要规格的开片加工;木材改制成枕木、板材、方材等加工(如图2-4-1和图2-4-2所示)。

流通加工的作用

图2-4-1 玻璃流通加工

图2-4-2 钢材流通加工

2. 为方便消费、省力的流通加工

根据下游生产的需要将商品加工成生产直接可用的状态。例如,根据需要将钢材定尺、定型,按要求下料;将木材制成可直接投入使用的各种型材;将水泥制成混凝土拌合料,使用时只需稍加搅拌即可使用等。

3. 为保护产品所进行的流通加工

在物流过程中,为了保护商品的使用价值,延长商品在生产和使用期间的寿命,防止商品在运输、储存、装卸搬运、包装等过程中遭受损失,可以采取稳固、改装、保鲜、冷冻、涂油等方式。例如,水产品、肉类、蛋类的保鲜、保质的冷冻加工、防腐加工等;丝、麻、棉织品的防虫、防霉加工等。还有,如为防止金属材料的锈蚀而进行的喷漆、涂防锈油等措施,运用手工、机械或化学方法除锈;木材的防腐朽、防干裂加工;煤炭的防高温自燃加工;水泥的防潮、防湿加工等。

4. 为弥补生产领域加工不足的流通加工

由于受到各种因素的限制,许多产品在生产领域的加工只能到一定程度,而不能完全实现终极的加工。例如,木材如果在产地完成成材加工或制成木制品的话,就会给运输带来极大的困难,所以,在生产领域只能加工到圆木、板、方材这个程度,进一步的下料、切裁、处理等加工则由流通加工完成;钢铁厂大规模的生产只能按规格生产,以使产品有较强的通用性,从而使生产能有较高的效率,取得较好的效益(如图2-4-3所示)。

图 2-4-3 木材流通加工

5. 为促进销售的流通加工

流通加工也可以起到促进销售的作用。比如,将过大包装或散装物分装成适合依次销售的小包装的分装加工;将以保护商品为主的运输包装改换成以促进销售为主的销售包装,以起到吸引消费者、促进销售的作用;将蔬菜、肉类洗净切块以满足消费者要求等(如图 2-4-4 和图 2-4-5 所示)。

图 2-4-4 肉类流通加工　　　　　　图 2-4-5 蔬菜流通加工

6. 为提高加工效率的流通加工

许多生产企业的初级加工由于数量有限,加工效率不高。而流通加工以集中加工的形式,解决了单个企业加工效率不高的弊病。它以一家流通加工企业的集中加工代替了若干家生产企业的初级加工,促使生产水平有一定的提高。

7. 为提高物流效率、降低物流损失的流通加工

有些商品本身的形态使之难以进行物流操作,而且商品在运输、装卸搬运过程中极易受

损,因此需要进行适当的流通加工加以弥补,从而使物流各环节易于操作,提高物流效率,降低物流损失。例如,造纸用的木材磨成木屑的流通加工,可以极大提高运输工具的装载效率;自行车在消费地区的装配加工可以提高运输效率,降低损失;石油气的液化加工,使很难输送的气态物转变为容易输送的液态物,也可以提高物流效率。

8. 为衔接不同运输方式、使物流更加合理地流通加工

在干线运输和支线运输的结点设置流通加工环节,可以有效解决大批量、低成本、长距离的干线运输与多品种、少批量、多批次的末端运输和集货运输之间的衔接问题。在流通加工点与大生产企业间形成大批量、定点运输的渠道,以流通加工中心为核心,组织对多个用户的配送,也可以在流通加工点将运输包装转换为销售包装,从而有效衔接不同目的的运输方式。比如,散装水泥中转仓库把散装水泥装袋,将大规模散装水泥转化为小规模散装水泥的流通加工,就衔接了水泥厂大批量运输和工地小批量装运的需要。

9. 生产—流通一体化的流通加工

依靠生产企业和流通企业的联合,或者生产企业涉足流通,或者流通企业涉足生产,形成的对生产与流通加工进行合理分工、合理规划、合理组织,统筹进行生产与流通加工的安排,这就是生产—流通一体化的流通加工形式。这种形式可以促成产品结构及产业结构的调整,充分发挥企业集团的经济技术优势,是目前流通加工领域的新形式。

10. 为实施配送进行的流通加工

这种流通加工形式是配送中心为了实现配送活动,满足客户的需要而对物资进行的加工。例如,混凝土搅拌车可以根据客户的要求,把沙子、水泥、石子、水等各种不同材料按比例要求装入可旋转的罐中。在配送路途中,汽车边行驶边搅拌,到达施工现场后,混凝土已经均匀搅拌好,可以直接投入使用(如图2-4-6所示)。

图2-4-6 混凝土搅拌流通加工

四、流通加工作业

1. 食品的流通加工

流通加工最多的是食品行业,为了便于保存,提高流通效率,食品的流通加工是不可缺少的,如鱼和肉类的冷冻,蛋品加工,生鲜食品的原包装,大米的自动包装,上市牛奶的灭菌等(如图2-4-7~图2-4-9所示)。

流通加工的类型

2. 消费资料的流通加工

消费资料的流通加工是以服务客户、促进销售为目,如衣料品的标识和印记商标;家具的组装、地毯剪接、自行车组装等(如图2-4-10所示)。

图2-4-7 袋装流通加工

图2-4-8 拣选流通加工

图2-4-9 贴标签流通加工

图2-4-10 组装流通加工

3. 生产资料的流通加工

具有代表性的生产资料加工是钢铁的加工，如钢板的切割，使用矫直机将薄板卷材展平等。

五、流通加工合理化

流通加工合理化的含义是实现流通加工的最优配置，也就是对是否设置流通加工环节、在什么地方设置、选择什么类型的加工、采用什么样的技术装备等问题做出正确抉择。这样做不仅要避免各种不合理的流通加工形式，而且要做到最优。

（一）不合理流通加工形式

1. 流通加工地点设置的不合理

流通加工地点设置即布局状况是决定整个流通加工是否有效的重要因素。一般来说，为衔接单品种、大批量生产与多样化需求的流通加工，加工地点设置在需求地区，才能实现大批量的干线运输与多品种末端配送的物流优势。如果将流通加工地设置在生产地区，一方面，为了满足用户多样化的需求，会出现多品种、小批量的产品由产地向需求地的长距离的运输；另一方面，在生产地增加了一个加工环节，同时也会增加近距离运输、保管、装卸等一系列物流活动。所以，在这种情况下，不如由原生产单位完成这种加工而无须设置专门的流通加工环节。

实现流通加工合理化的途径

另外，一般来说，为方便物流的流通加工环节应该设置在产出地，设置在进入社会物流之前。如果将其设置在物流之后，即设置在消费地，则不但不能解决物流问题，又在流通中增加了中转环节，因而也是不合理的。

即使是产地或需求地设置流通加工的选择是正确的，还有流通加工在小地域范围内的正确选址问题。如果处理不善，仍然会出现不合理。比如说交通不便，流通加工与生产企业或用户之间距离较远，加工点周围的社会环境条件不好等。

2. 流通加工方式选择不当

流通加工方式包括流通加工对象、流通加工工艺、流通加工技术、流通加工程度等。流通加工方式的确定实际上是与生产加工的合理分工。分工不合理，把本来应由生产加工完成的作业错误地交给流通加工来完成，或者把本来应由流通加工完成的作业错误地交给生产过程去完成，都会造成不合理。

流通加工不是对生产加工的代替，而是一种补充和完善。所以，一般来说，如果工艺复杂，技术装备要求较高，或加工可以由生产过程延续或轻易解决的，都不宜再设置流通加工。如果流通加工方式选择不当，就可能会出现生产争利的恶果。

3. 流通加工作用不大，形成多余环节

有的流通加工过于简单，或者对生产和消费的作用都不大，甚至有时由于流通加工的盲目性，同样未能解决品种、规格、包装等问题，相反却增加了作业环节，这也是流通加工不合理的重要表现形式。

4. 流通加工成本过高，效益不好

流通加工的一个重要优势就是它有较大的投入产出比，因而能有效地起到补充、完善的作用。如果流通加工成本过高，则不能实现以较低投入实现更高使用价值的目的，势必会影响它的经济效益。

不合理流通
加工的形式

（二）实现流通加工合理化的途径

要实现流通加工的合理化，主要应从以下几个方面加以考虑：

1. 加工和配送结合

就是将流通加工设置在配送点中。一方面按配送的需要进行加工，另一方面加工又是配送作业流程中分货、拣货、配货的重要一环，加工后的产品直接投入配货作业，这就无须单独设置一个加工的中间环节，而使流通加工与中转流通巧妙地结合在一起。同时，由于配送之前有必要的加工，可以使配送服务水平大大提高，这是当前对流通加工做合理选择的重要形式，在煤炭、水泥等产品的流通中已经表现出较大的优势。

2. 加工和配套结合

"配套"是指对使用上有联系的用品集合成套地供应给用户使用。例如，方便食品的配套。当然，配套的主体来自各个生产企业，如方便食品中的方便面，就是由其生产企业配套生产的。但是，有的配套不能由某个生产企业全部完成，如方便食品中的盘菜、汤料等。这样，在物流企业进行适当的流通加工，可以有效地促成配套，大大提高流通作为供需桥梁与纽带的能力。

3. 加工和合理运输结合

我们知道，流通加工能有效衔接干线运输和支线运输，促进两种运输形式的合理化。利用流通加工,在支线运输转干线运输或干线运输转支线运输等这些必须停顿的环节,不进行一般的支转干或干转支,而是按干线或支线运输合理的要求进行适当加工,从而大大提高运输及运输转载水平。

4. 加工和合理商流结合

流通加工也能起到促进销售的作用,从而使商流合理化,这也是流通加工合理化的方向之一。加工和配送相结合,通过流通加工,提高了配送水平,促进了销售,使加工与商流合理结合。此外,通过简单地改变包装加工形成方便的购买量,通过组装加工解除用户使用前进行组装、调试的难题,都是有效促进商流的很好例证。

5. 加工和节约结合

节约能源、节约设备、节约人力、减少耗费是流通加工合理化重要的考虑因素,也是目前我国设置流通加工并考虑其合理化的较普遍形式。

对于流通加工合理化的最终判断,是看其是否能实现社会的和企业本身的两种效益,而且要看是否取得了最优效益。流通企业更应该树立社会效益第一的观念,以实现产品生产的最终利益为原则,只有在生产流通过程中不断补充、完善为己任的前提下才有生存的价值。如果只是追求企业的局部效益,不适当地进行加工,甚至与生产企业争利,这就有悖流通加工的初衷,或者其本身已不属于流通加工的范畴。

问题解决

我们已经学习了流通加工相关的知识,下面我们就用这些知识来解决前面的"情景引例"中出现的问题。

实现流通加工合理化的途径

流通加工有 4 个作用:①提高原材料利用率;②方便客户生产或消费;③提高加工效率及设备利用率;④降低物流成本。

从该案例来看主要是方便了顾客的消费,把物流当中的流通加工作为了一种营销手段,从而加大其附加值。在现实中的意义主要是用于与配送、配套、合理运输相结合以达到整个流程的合理化、高效化。

子情境五　配　送

情境引例

快狗速运服务于深圳老牌连锁商业零售企业"天虹商场",提供全套运力及服务,各种车型、优质行业司机负责天虹商场深圳区域 20 余家门店的运力匹配及物流配送。天虹商场以往的物流配送均外包给第三方传统物流承运,其配送量及配送时效已满足不了日益增长的销售量,常有用车响应不及时、整体配送流程不畅等情况,特别是高峰用车期,如节假日、店庆,天虹门店遍布整个深圳市,一旦开展此类促销活动,商户大量购入商品时车辆需求激增,无法满足车辆供应,还会影响到天虹商场的品牌服务质量。

快狗速运为天虹组织了项目运输车队，以小面包、中面包、小货车、中货车和少量大货组成，根据天虹商场运输特点：需提货送货、全市门店20余家，多点配送、大客户配送上门等，在运力匹配车型、车量、响应时效、客户体验上定制物流解决方案，并提供搬运、装卸、人员跟车返程、回收单据、货物分拣等附加服务。运力匹配量在保证基本运力的基础上增加20%的运力储备，随时调配天虹商场各门店周边就近车辆资源，配合天虹商场应付计划性用车和临时性用车。收到运输指令后，能在两小时内及时响应并匹配运输。经统计，合作后天虹商场比原本的物流模式节省了近20%的运作时间。同时快狗速运定期组织服务司机集中培训关于商超行业配送标准，从提货配送到分拣回单，严格遵守天虹商场的规章制度，保证天虹商场品牌服务质量和客户满意度。

分析以上案例，回答下列问题：
1. 什么是配送，其作用有哪些？
2. 配送作业的环节与流程有哪些？
3. 不合理配送的表现有哪些，如何实现合理配送？

案例思考

配送作业在零售企业的生产经营中扮演的角色越来越重要，大多数配送企业其配送作业流程与环节有着共性，但是配送作业也有着时效性差、配送作业不及时等不合理表现，需要采取多种措施，提高配送作业的合理化。

知识目标

1. 掌握配送的含义及作用。
2. 了解配送的分类。
3. 掌握配送的环节与流程。
4. 掌握不合理配送的表现及配送合理化的措施。
5. 掌握配送中心的基本功能与作业流程。

能力目标

能够根据所学知识，总结企业配送作业流程，并能找出其中不合理的问题，提出合理化措施。

知识阐述

一、配送的含义与作用

1. 配送的含义

根据我国《物流术语》（GB/T 18354—2006），配送是指在经济合理区

配送的含义

域范围内，根据客户要求，对物品进行拣选、加工、包装、分割、组配等作业，并按时送达指定地点的物流活动（如图 2-5-1 所示）。

图 2-5-1 配送运输

2. 配送的作用

配送与运输、储存、装卸搬运、流通加工、包装、物流信息等一起构成了物流系统的功能体系，它有以下几个方面的作用：

（1）完善了输送及整个物流系统。

配送的作用

大吨位、高效率运输工具的出现，使干线运输在铁路、海运或公路方面都达到了较高水平，长距离、大批量的运输实现了低成本化，但在干线运输之后，往往还要以支线转运或小搬运，这种支线运输及小搬运成了物流过程中的一个薄弱环节。这个环节与干线运输相比有特殊要求：灵活性、适应性、服务性。而干线运输往往不能得到充分利用，成本过高等问题总是难以解决。采用配送方式，从范围来讲，将支线运输、小搬运统一起来，使输送过程得以优化和完善。

（2）提高了末端物流的经济效益。

采取配送方式，通过配货和集中送货，增大订货量，可以提高物流系统末端的经济效益。

（3）通过集中库存使企业实现低库存或零库存。

配送通过集中库存，在同样的满足水平上，可使系统总库存水平降低，既降低了储存成本，也节约了运力和其他物流费用。尤其是采用准时制配送方式后，生产企业可以依靠配送中心准时送货而无须保持自己的库存，或者只需保持少量的保险储备，就可以实现生产企业的"零库存"或"低库存"，减少资金占用，改善企业的财务状况。

（4）简化订货程序，方便用户。

由于配送可提供全方位的物流服务，采用配送方式后，用户只需向服务商进行一次委托，就可以得到全过程、多功能的物流服务。从而简化了委托手续和减少了工作量，也节省了开支。

（5）提高企业保证供应的程度。

配送中心的储备量大，比任何单独供货企业有更强的物流能力，可使用户降低缺货风险。因而对每个企业而言，中断供应、影响生产的风险便相对缩小，使顾客免去短缺之忧。

二、配送的分类

配送作为综合性最强的物流活动，具有众多形式，根据不同的标准有不同的配送形式。

1. 按配送组织者不同分类

（1）配送中心配送。

配送的分类

这种配送的组织者是配送中心，规模大，有配套的实施配送的设施、设备和装备等。优点：能力强，配送品种多、数量大等。缺点：灵活机动性较差，投资较高（如图2-5-2所示）。

（2）仓库配送。

它一般是以仓库为据点进行的配送，也可以是以原仓库在保持储存保管功能前提下，增加一部分配送职能，或经对原仓库的改造，使其成为专业的配送中心（如图2-5-3所示）。

图2-5-2　配送中心配送

图2-5-3　仓库配送

（3）商店配送。

这种配送的组织者是商业或物资的门市网点。商店配送形式是除自身日常的零售业务外，按用户的要求将商店经营的品种配齐，或代用户外订外购一部分本店平时不经营的商品，和本店经营的品种配齐后送达用户（如图2-5-4所示）。

（4）生产企业配送。

配送业务的组织者是生产企业。一般认为这类生产企业是具有生产地方性较强的产品的特点，如食品、饮料、百货等（如图2-5-5所示）。

图2-5-4　商店配送

图2-5-5　生产企业配送

2. 按配送商品品种及数量不同分类

（1）少品种大批量配送。

当生产企业所需的物资品种较少或只需某个品种物资，而需要量较大、较稳定时，可实施此种配送形式。此种配送常采用整车运输，内部组织工作简单、成本低。例如，煤炭配送（如图2-5-6所示）。

（2）多品种少批量、多频次配送。

由于这种配送的特点是用户所需的物品数量不大、品种多，因此在配送时，要按用户的要求，将所需的各种货物配备齐全，凑整装车后送达用户。例如超市配送（如图2-5-7所示）。

图2-5-6　煤炭配送

图2-5-7　超市配送

（3）配套成套配送。

这是一种满足装配企业的生产需要，按其生产进度，将装配的各种零配件、部件、成套设备定时送达生产线进行组装的配送形式。例如，自行车配送（如图2-5-8所示）。

3. 按配送时间及数量不同分类

（1）定时配送。

这种配送是按规定的时间间隔进行配送，每次配送的品种、数量可按计划执行，也可以在配送之前以商定的联络方式通知配送时间和数量。它可以区分为当日配送（简称日配）、准时配送及快递式配送三种形式。

（2）定量配送。

它是指按规定的批量在一个指定的时间范围内进行配送。这种配送方式由于配送数量固

图2-5-8　自行车配送运输

定，备货较为简单，可以通过与用户的协商，按托盘、集装箱及车辆的装载能力确定配送数量，这样可以提高配送效率。

（3）定时定量配送。

这种方式是按照规定的配送时间和配送数量进行配送，兼有定时配送和定量配送的特点，要求配送管理水平较高。

（4）定时定路线配送。

它是在规定的运行路线上制定到达时间表，按运行时间表进行配送，用户可按规定路线

站和规定时间接货,或提出其他配送要求。

(5) 即时配送。

这种配送是完全按用户提出的配送时间和数量随即进行配送,它是一种灵活性很高的应急配送方式。采用这种方式的物品,用户可以实现保险储备为零的零库存,即以即时配送代替了保险储备。

4. 按经营形式不同分类

(1) 销售配送。

这种配送主体是销售企业,或销售企业作为销售战略措施,即所谓的促销配送型。这种配送的对象一般是不固定的,用户也不固定,配送对象和用户取决于市场的占有情况,因此,配送的随机性较强,大部分商店和电子商务企业的配送(如图2-5-9所示)就属于这一类。

图2-5-9 京东配送

(2) 供应配送。

用户为了自己的供应需要采取的配送方式,它往往是由用户或用户集团组建的配送据点,集中组织大批量进货,然后向本企业或企业集团内若干企业配送。商业中的联销商店广泛采用这种方式。这种方式可以提高供应水平和供应能力,可以通过大批量进货取得价格折扣的优惠,达到降低供应成本的目的。例如沃尔玛的门店配送(如图2-5-10所示)。

图2-5-10 沃尔玛的门店配送

(3) 销售—供应一体化配送。

这种配送方式是销售企业对于那些基本固定的用户及其所需的物品,在进行销售的同时还承担着用户有计划的供应职能,既是销售者,同时又是用户的供应代理人。这种配送有利于形成稳定的供需关系,有利于采取先进的计划手段和技术,有利于保持流通渠道的稳定等。

(4)代存代供配送。

这种配送是用户把属于自己的货物委托配送企业代存、代供,或委托代订,然后组织对本身的配送。这种配送的特点是货物所有权不发生变化,所发生的只是货物的位置转移,配送企业仅从代存、代供中获取收益,而不能获得商业利润。例如广东心怡科技物流为天猫超市提供的物流服务(如图2-5-11所示)就属于此类。

图2-5-11 广东心怡科技物流

三、配送的环节与流程

配送的环节与流程

1. 配送的基本环节

一般情况下,配送由备货、储存、理货、配装、送货五个基本环节的活动组成。

(1)备货。

备货是指准备货物的一系列活动,它是配送的准备工作和基础环节。备货的意义是如果备货不及时或不合理,则会增加配送成本,降低配送的整体效益。备货的具体活动内容是筹集货物和储存货物。如图2-5-12所示,某跨境电商专用仓为双十一备货。

图2-5-12 某跨境电商专用仓为双十一备货

(2) 储存。

配送中的储存有暂存和储备两种形态。而暂存也有两种形式：一种是在理货现场进行的少量货物储存，其目的是适应日配、计时配送的需要，一般在数量上未作严格控制；另一种形式的暂存是货物分拣、组配好后在配装之前的暂时存放，其目的是调节配货与送货的节奏。而储备主要是对配送的持续运作形成资源保障，一般数量较充足、结构较完善，通常在配送中心的库房和货场中进行（如图2-5-13所示）。

图2-5-13 储存

(3) 理货。

理货是配送活动不可或缺的重要环节，是不同于一般送货的重要标志，也是配送企业在送货时进行竞争和提高自身经济效益的重要手段。理货通常包括分类、拣选、流通加工、包装、配货、粘贴货运标识、出库、补货等作业（如图2-5-14所示）。

(4) 配装。

即将不同客户的货物搭配装载，以充分利用运载工具的运能运力。配装也是配送不可缺的重要环节，是现代配送区别于传统送货的重要标志之一。通过配装可以大大提高送货水平及降低送货成本，同时能缓解交通流量过大造成的交通堵塞，减少运次，降低空气污染（如图2-5-15所示）。

图2-5-14 理货

图2-5-15 配装

(5) 送货。

即将配装后的货物按规划好的路线送交各个客户。一般采用汽车、专用车等小型车辆作运输工具,并需要进行运输线路的规划,力求运距最短,经济合理(如图2-5-16所示)。

图2-5-16 送货

2. 配送的基本流程

一般而言,通用、标准的配送流程是指具有典型性的多品种、小批量、多批次、多用户的货物配送流程(如图2-5-17所示)。

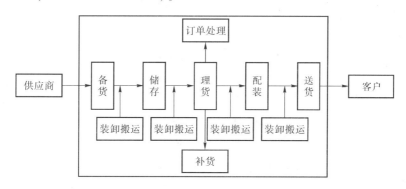

图2-5-17 配送的基本作业流程

配送业务流程1　　配送业务流程2　　冷链配送流程

四、配送合理化

在配送活动各种成本之间经常存在着此消彼长的关系,配送合理化的一个基本思想就是"均衡"的思想,从配送总成本的角度权衡得失。不求极限,但求均衡,均衡造就合理。例如,对配送费用的分析,均衡的观点是从总配送费用入手,即使某一配送环节要求高成本的支出,但如果其他环节能够降低成本或获得利润,就认为是均衡的,即是合理可取的。在配送管理实践中,切记配送合理化的原则和均衡思想,这有利于我们做到不仅注意局部的优化,更注重整体的均衡,这样的配送管理对于企业获得最大的经济效益才是最有成效的。

1. 不合理配送的表现形式

配送的决策优劣，不能简单处之，也很难有一个绝对的标准。所以，配送的决策是全面、综合决策。在决策时要避免由于出现不合理配送所造成的损失，但有时某些不合理现象是伴生的，要追求大的合理，就可能派生小的不合理，所以，这里只单独论述不合理配送的表现形式，但要防止绝对化。

不合理配送的表现形式

（1）资源筹措的不合理。

配送是利用较大批量筹措资源。通过筹措资源的规模效益来降低资源筹措成本，使配送资源筹措成本低于用户自己筹措资源的成本，从而取得优势。如果不是集中多个用户需要进行批量筹措资源，而仅仅是为某一两户代购代筹，对用户来讲，就不仅不能降低资源筹措费，相反却要多支付一笔配送企业的代筹代办费，因而是不合理的。

资源筹措不合理还有其他表现形式，如配送量计划不准，资源筹措过多或过少，在资源筹措时不考虑建立与资源供应者之间长期稳定的供需关系等。

（2）库存决策不合理。

配送应充分利用集中库存总量低于各用户分散库存总量，从而大大节约社会财富，同时降低用户实际平均分摊库存负担。因此，配送企业必须依靠科学管理来实现一个低总量的库存，否则就会出现库存转移，而未解决库存降低的不合理。

配送企业库存决策不合理还表现在储存量不足，不能保证随机需求，失去了应有的市场。

（3）价格不合理。

总的来讲，配送的价格应低于不实行配送时，用户自己进货时产品购买价格加上自己提货、运输、进货之成本总和，这样才会使用户有利可图。有时候，由于配送有较高服务水平，价格稍高，用户也是可以接受的，但这不能是普遍的原则。如果配送价格普遍高于用户自己进货的价格，损害了用户利益，就是一种不合理表现。

价格制定过低，使配送企业处于无利或亏损状态下运行，会损害销售者，也是不合理的。

（4）配送与直达的决策不合理。

一般的配送总是增加了环节，但是这个环节的增加，可降低用户平均库存水平，以此不但抵消了增加环节的支出，而且还能取得剩余效益。但是如果用户使用批量大，可以直接通过社会物流系统均衡批量进货，较之通过配送中转送货则可能更节约费用，所以，在这种情况下，不直接进货而通过配送，就属于不合理范畴。

（5）送货中的不合理运输。

配送与用户自提比较，尤其对于多个小用户来讲，可以集中配装一车送几家，这比一家一户自提，可大大节省运力和运费。如果不能利用这一优势，仍然是一户一送，而车辆达不到满载（即时配送过多过频时会出现这种情况），则就属于不合理。

此外，不合理运输若干表现形式，在配送中都可能出现，会使配送变得不合理。

（6）经营观念的不合理。

在配送实施中，有许多是经营观念不合理，使配送优势无从发挥，相反却损坏了配送的形象。这是在开展配送时尤其需要注意克服的不合理现象。例如，配送企业利用配送手段，向用户转嫁资金、库存困难，在库存过大时，强迫用户接货，以缓解自己的库存压力，在资金紧张时,长期占用用户资金,在资源紧张时,将用户委托资源挪作他用来从中获利等。

2. 实现配送合理化的有效措施

(1) 推行一定综合程度的专业配送。

通过采用专业化的设施、设备及标准操作程序,降低配送过分综合化所带来的组织工作的复杂程度及难度,从而追求配送合理化。

实现配送合理化的有效措施

(2) 推行加工配送。

通过加工和配送结合,在充分利用本来应有的中转,而不增加新的中转的情况下求得配送合理化。同时,加工借助于配送,加工目的更明确,和用户联系更紧密,更避免了盲目性。这两者有机结合,投入不增加太多却可追求两个优势、两种效益,是配送合理化的重要经验。

(3) 推行共同配送。

共同配送是指对某一地区的用户进行配送不是由一个企业独自完成,而是由若干个配送企业联合在一起共同去完成。共同配送是在核心组织(配送中心)的同一计划、同一调度下展开的。通过共同配送,可以最近的路程、最低的配送成本去完成配送,从而达到配送合理化效果(如图 2-5-18 所示)。

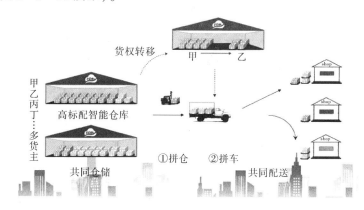

图 2-5-18 共同配送作业流程

(4) 推行送取结合。

配送企业与用户建立稳定、密切的协作关系,它不仅是用户的供应代理人,而且又是用户的储存据点,甚至变成用户的产品代销人。在配送时,将用户所需的物资送到,再将该用户生产的产品用同一车辆运回,这种产品也成了配送中心的配送产品之一,或者作为代存代储,免去了生产企业的库存包袱。这种送取结合,使运力充分利用,也使配送企业功能有更大的发挥,从而趋向合理化。

(5) 推行准时配送。

准时配送是配送合理化的重要内容。只有将配送做到了准时,用户才有资源把握,可以放心地实施低库存或零库存,才可以有效地安排接货的人力、物力,以追求最高效率的工作。

(6) 推行即时配送。

即时配送是最终解决客户企业担心断供之忧、大幅度提高供应保证能力的重要手段。即时配送是配送企业快速反应能力的具体化,是配送企业能力的体现。即时配送成本较高，但它是商品配送合理化的重要保障。此外，客户要实现零库存，即时配送也是重要的保证手段（如图2-5-19所示）。

图2-5-19　即时配送以外卖为代表

五、配送中心

1. 配送中心的含义

我国《物流标准术语》（GB/T 18354—2006）对配送作业的定义为："从事配送业务且具有完善信息网络的场所或组织。应基本符合下列要求：①主要为特定客户或末端客户提供服务；②配送功能健全；③辐射范围小；④提供高频率、小批量、多批次配送服务。"配送中心是配送业务活动的聚集地和发源地，其功能目的是按照客户的要求为客户提供高水平的供货服务。至于配送中心是一种物流设施还是物流活动组织则要看配送的经济功能定位。

配送中心的定义

2. 配送中心的功能

配送中心是专业从事货物配送活动的物流场所或经济组织，它是集加工、理货、送货等多种职能于一体的物流结点，也可以说，配送中心是集货中心、分货中心、加工中心功能的综合。因此，配送中心具有以下一些功能。图2-5-20为沃尔玛配送中心。

图2-5-20　沃尔玛配送中心

(1) 储存功能。

配送中心的服务对象是为数众多的生产企业和商业网点（如超级市场和连锁店），为了顺利而有序地完成任务及更好地发挥保障生产和消费需求的作用，通常都要兴建现代化的仓库并配备一定数量的仓储设备，存储一定数量的产品。

配送中心的功能

(2) 分拣功能。

分拣是依据顾客的订货要求或配送中心的送货计划，迅速、准确地将商品从其储位或其他区域拣取出来，并按一定的方式进行分类、集中，等待配装送货的作业过程。在配送作业的各环节中，分拣作业是非常重要的一环，是配送中心不同于其他物流形式的功能要素。分拣是完善送货、支持送货的准备性工作，也是配送成败的一项重要支持性工作。同时，分拣技术水平的高低也是决定整个配送系统水平的关键要素。如图 2-5-21 为配送中心正在进行分拣工作。

图 2-5-21　配送中心分拣

顺丰自动化
分拣系统

京东 VS 天猫 VS 亚马逊自动化
分拣系统，谁更胜一筹

(3) 集散功能。

在一个大的物流系统中，配送中心凭借其特殊的地位和其拥有的各种先进设备、完善的物流管理信息系统能够将分散在各个生产企业的产品集中在一起，通过分拣、配货等环节向多家用户进行发送。同时，配送中心也可以把各个用户所需要的多种货物有效地组合或配装在一起，形成经济、合理的批量，来实现高效率、低成本的商品流通。配送中心在流通实践中所表现出的这种功能就称之为货物的集散功能。

(4) 加工功能。

配送加工虽不是普遍的，但往往是有着重要作用的功能要素，它可以大大提高客户的满

意程度。国内外许多配送中心都很重视提升自己的配送加工能力,通过按照客户的要求开展配送加工可以使配送的效率和满意程度提高,配送加工有别于一般的流通加工,它一般取决于客户的要求,销售性配送中心有时也根据市场要求进行简单的配送加工。如图 2-5-22 所示为钢材的加工配送。

图 2-5-22 钢材的加工配送

(5) 信息处理。

配送中心有相当完整的信息处理系统,能有效地为整个流通过程的控制、决策和运转提供依据。无论在集货、储存、拣选、流通加工、配送等一系列环节的控制,还是在物流管理和费用、成本、结算方面,均可实现信息共享。而且,配送中心与销售商店建立信息直接交流,可及时得到商店的销售信息,有利于合理组织货源,控制最佳库存。同时,还可将销售和库存信息迅速、及时地反馈给制造商,以指导商品生产计划的安排。配送中心成了这个流通过程的信息中枢(如图 2-5-23 所示)。

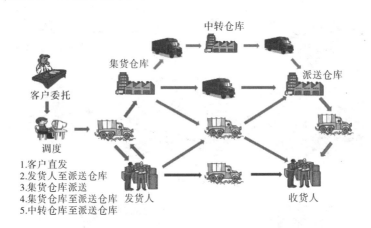

图 2-5-23 某配送管理信息系统流程

3. 配送中心的类别

配送中心是专门从事货物配送活动的经济实体。随着商品流通规模日益扩大,配送中心的数量也在不断增加。为满足不同产品、不同企业、不同流通环境的要求,可以采用各种形式的配送,下面介绍几种常见的配送中心。

配送中心的类别

(1) 供应型配送中心。

供应型配送中心(如图 2-5-24 所示)是向用户提供货物,行使供应职能的配送中心。它的服务对象一般有两类:一类是组装、配装型生产企业,为这类企业提供零部件、原材料或半成品;另一类是大型商业机构、连锁企业等。供应型配送中心的特点是:用户比较稳定,用户的要求范围也比较明确、固定。所以,这种配送中心一般专门为固定用户,如连锁商店、便利店提供配送服务,一般是定期、定时向连锁店和便利店配送原材料、食品或零配件。由于供应型配送中心担负着向多家用户供应商品的任务,因此,为了保证生产和经营活动能正常进行,该配送中心一般都建有大型的现代化仓库和储存一定数量的商品。所以供应型配送中心的占地面积一般都比较大。

图 2-5-24　武汉中百配送中心是典型的供应型配送中心

(2) 销售型配送中心。

配送中心执行销售的职能,以销售经营为目的,以配送为手段的配送中心。销售配送中心大体有两种类型:一种是生产企业为本身产品直接销售给消费者的配送中心,在国外,这种类型的配送中心很多;另一种是流通企业作为本身经营的一种方式,建立配送中心以扩大销售,我国目前拟建的配送中心大多属于这种类型,国外的例证也很多。销售型配送中心的用户一般是不确定的,而且用户的数量很大,每一个用户购买的数量又较少,属于消费者型用户。这种配送中心很难像供应型配送中心一样,实行计划配送,计划性较差。这类配送中心一般由立体自动化仓库、货架仓库、分类机械、分拣设备、传送辊道、识别装置、无线数据传输、无人搬运小车、托盘堆码机以及计算机控制操作系统构成。而且销售型配送中心往往采用共同配送方法才能够取得比较好的经营效果。图 2-5-25 是京东的亚洲一号,其是典型的销售配送中心。

图 2-5-25　京东的亚洲一号是典型的销售型配送中心

(3) 储存型配送中心。

储存型配送中心是为了保障生产和流通得以正常进行而出现的。这种配送中心具有较强的储存功能,它主要是为了满足三个方面的需要:一是企业在销售产品时,或多或少地出现生产滞后现象,若要满足市场的需求,客观上需要一定的产品储备;二是在生产过程中,生产企业也需要储备一定数量的生产资料,以保证生产系统的连续性和应付急需之用;如果配送的范围较大、距离较远时,或要满足即时配送的需要,在客观上也要求储存一定数量的物质资料。储存型配送中心的特点是:储存仓库规模大、库型多、储存量大。我国目前拟建的一些配送中心,都采用集中库存形式,库存量较大,多为储存型。瑞士 CIBA—GEIGY 公司的配送中心拥有世界上规模居于前列的储存库,可储存4万个托盘;美国赫马克配送中心拥有一个有163 000 个货位的储存区,可见存储能力之大。

(4) 流通型配送中心。

流通型配送中心基本上没有长期储存功能,是仅以暂存或随进随出方式进行配货、送货的配送中心。这种配送中心的典型方式是,大量货物整进并按一定批量零出,采用大型分货机,进货时直接进入分货机传送带,分送到各用户货位或直接分送到配送汽车上,货物在配送中心里仅做少许停滞。日本的阪神配送中心,中心内只有暂存,大量储存则依靠一个大型补给仓库。

(5) 加工型配送中心。

配送中心具有加工职能,根据用户的需要或者市场竞争的需要,对配送物进行加工之后再配送的配送中心。在这种配送中心内,有分装、包装、初级加工、集中下料、组装产品等加工活动。世界著名连锁服务店肯德基和麦当劳的配送中心,就是属于这种类型的配送中心。在工业、建筑领域,生混凝土搅拌的配送中心也是属于这种类型的配送中心。

4. 配送中心的作业流程

配送中心的作业流程由接货、搬运、保管、分类、分拣、流通加工、检查、封箱、出货、配送等活动构成。青岛利群生鲜加工配送中心的作业流程如图 2-5-26 所示。

图 2-5-26 青岛利群生鲜加工配送中心作业流程

(1) 接受并汇总订单。客户订单是配送中心开展配送业务的依据，配送中心接到客户订单以后需要对订单加以处理，以此来安排分拣、补货、配货、送货等作业环节。配送活动以客户发出的订货信息作为其驱动源。在配送活动开始前，配送中心根据订单信息，对客户的分布、所订商品的品名、商品特性和订货数量、送货频率及要求等资料进行汇总和分析，以此确定要配送的货物种类、规格、数量和配送时间，最后由调度部门发出配送信息（如拣货单、出货单）。订单处理是调度、组织配送活动的前提和依据，其他各项作业的基础。

配送中心的作业流程

(2) 进货作业。进货作业就是配送中心根据客户的需要，为配送业务的顺利实施，而从事的组织商品货源和进行商品存储的一系列活动。进货是配送的准备工作或基础性工作，通常包括制订进货计划、组织货源、储存保管等基本业务。

(3) 拣货作业。拣货作业是将货物按品名、规格、出入库先后顺序进行分门别类的作业过程。

(4) 补货作业。补货作业是库存管理中的一项重要内容，根据以往的经验，或者相关的统计技术方法，或者计算机系统的帮助确定最优库存水平和最优订购量，并根据所确定的最优库存水平和最优订购量，在库存低于最优库存水平时发出订购指令，以确保存货中的每一种产品都在目标服务水平下达到最优库存水平。

拣选作业演示

(5) 配货作业。配送中心为了顺利、有序、方便地向客户发送商品，对组织来的各种货物进行整理，并依据订单要求进行组合的过程。配货也就是指使用各种拣选设备和传输装置，将存放的货物，按客户的要求分拣出来，配备齐全，送入指定发货区。

配货作业与拣货作业不可分割，两者一起构成了一项完整的作业。通过分拣配货可达到按客户要求进行高水平送货的目的。

(6) 送货作业。配送业务中的送货作业包括将货物装车并实际配送，而这些作业需要事先规划配送区域或安排配送线路，由配送线路选用的先后次序来决定货物装车顺序，并在配送途中对货物进行跟踪、控制，制定配送途中意外情况及送货后问题的处理办法。

(7) 流通加工作业。商品由配送中心送出之前，可在配送中心做流通加工处理。在配送中心的各项作业中，以流通加工最易提高货物的附加值。其中流通加工作业包含商品的分类、过磅、拆箱重包装、贴标签及商品的组合包装。若要进行完善的流通加工，还应进行包装材料及容器的管理、组合包装规则的制定、流通加工包装工具的选用、流通加工作业的排程、作业人员的调派。

(8) 退货作业。退货作业在经营物流业务中不可避免，但应尽量减少，因为退货或换货的处理，只会大幅增加物流成本，减少利润。发生退货或换货的主要原因包括瑕疵品回收、搬运中的损坏、商品送错退回、商品过期退回等。

图 2-5-27 是配送中心的业务流程图。

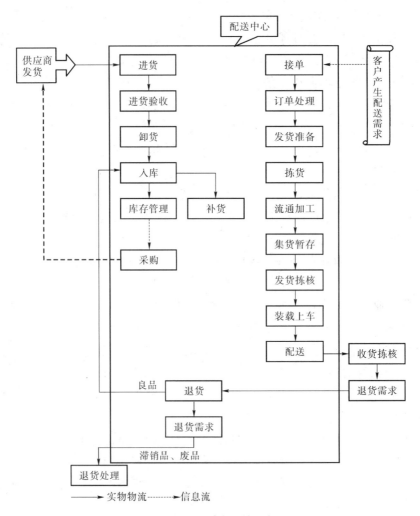

图 2-5-27 配送中心的业务流程

问题解决

我们已经学习了配送的相关知识，下面我们就用这些知识来解决前面的"情景引例"中出现的问题。

1. 什么是配送，其作用有哪些？

根据我国《物流术语》（GB/T 18354—2006），配送是指在经济合理区域范围内，根据客户要求，对物品进行拣选、加工、包装、分割、组配等作业，并按时送达指定地点的物流活动。其作用主要有：

（1）完善了输送及整个物流系统。
（2）提高了末端物流的经济效益。
（3）通过集中库存使企业实现低库存或零库存。
（4）简化订货程序，方便用户。
（5）提高企业保证供应的程度。

2. 配送作业的环节与流程有哪些?

一般情况下,配送由备货、储存、理货、配装、送货五个基本环节的活动组成。

一般而言,通用、标准的配送流程是指具有典型性的多品种、小批量、多批次、多用户的货物配送流程(如图 2-5-28 所示)。

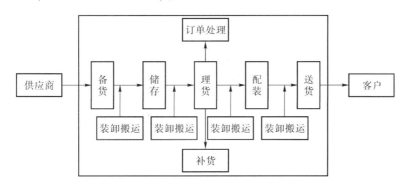

图 2-5-28 配送的基本作业流程

3. 不合理配送的表现有哪些,如何实现合理配送?

(1) 不合理配送的表现形式包括:

资源筹措的不合理;库存决策不合理;价格不合理;配送与直达的决策不合理;送货中的不合理运输;经营观念的不合理。

(2) 实现配送合理化的有效措施:

推行一定综合程度的专业配送;推行加工配送;推行共同配送;推行送取结合;推行准时配送;推行即时配送。

子情境六 信息处理

情境引例

美国联邦快递公司(UPS)是全球快运业巨头。成立于1907年的UPS用25年时间,从零起步,发展为现有130多亿美元资产,在小件包裹速递、普通递送、非整车运输、集成化调运管理系统等领域占据大量市场份额的行业领袖,并跃入世界500强。公司现有员工总数14.5万人,开展业务的国家和地区有211个,全球业务空港366座,备有各类型运输飞机达624架,日出车数近4万辆,处理超过200万磅[①]的空运货物。

联邦快递公司通过应用三项以物流信息技术为基础的服务提高了竞争能力:

第一,条码和扫描仪使联邦快递公司能够有选择地每周7天、每天24小时地跟踪和报告装运状况,顾客只需拨打免费电话号码,即可获得"地面跟踪"和航空递送这样的增值服务。

第二,联邦快递公司的递送驾驶员现在携带着以数控技术为基础的笔记本电脑到排好顺序的线路上收集递送信息。

---

① 1磅≈0.454千克。

第三，联邦快递公司最先进的信息技术应用，是创建于1993年的一个全美无线通信网络，该网络使用了55移动基站。

在信息管理上，最典型的应用是联邦快递在美国国家半导体公司位于新加坡仓库的物流信息管理系统，该系统有效地减少了仓储量及节省货品运送时间。今天我们可以看到，在联邦快递物流管理体系中的美国国家半导体公司新加坡仓库，一位管理员像挥动树枝一样将一台扫描仪扫过一箱新制造的电脑芯片。随着这个简单的举动，他启动了高效和自动化、几乎像魔术般的送货程序。

这座巨大仓库是由联邦快递的运输奇才们设计建造的。联邦快递的物流信息管理系统将这箱芯片发往码头，而后送上卡车和飞机，接着又是卡车，在短短的12小时内，这些芯片就会送到国家半导体公司的客户——远在万里之外硅谷的个人电脑制造商——手中。在整个途中，芯片中嵌入的电子标签将让客户以高达三英尺的精确度跟踪订货。

由此可见，物流信息技术通过切入物流企业的业务流程来实现对物流企业各生产要素（车、仓、驾等）进行合理组合与高效利用，降低了经营成本，直接产生了明显的经营效益。

分析以上案例，回答下列问题：
1. 什么是物流信息，它有何特点和作用？
2. 常用的物流信息技术有哪些？
3. 什么是物流管理信息系统，包括哪些子系统？

案例思考

信息处理在物流功能中具有重要的地位，是商流、物流、信息流、资金流四流中，体现信息流的最主要的功能，它具有市场交易活动、业务控制、工作协调、决策支持和战略等功能。现代物流的发展必须依托于 RFID、GPS、EDI、条码技术等先进信息技术和运输、仓储、配送、订单处理等高效信息系统，才能够提高物流效率，节约物流成本。

知识目标

1. 了解信息的含义及特征。
2. 掌握物流信息的含义、特点和作用。
3. 掌握常用物流信息技术的基本知识。
4. 理解物流信息系统的概念及其子系统的功能。

能力目标

能够根据所学知识，使用物流信息技术，提出工作中遇到问题的解决方案。

 知识阐述

一、信息及其特性

信息是通过一定的物质载体形式反映出来的，表征客观事务变化特征的，由发生源发生，经加工与传递，可以被接收者接收、理解和利用的信息、数据、资料、知识的统称。信息具有如下特征：

1. 普遍性

信息是事物运动的状态和方式，只要有事物存在、运动，就会有其运动的状态和方式，就存在信息。无论在自然界、人类社会，还是思维领域，绝对的"真空"是不存在的，绝对不运动的事物也是没有的，信息是普遍存在的。

信息及其特性

2. 载体依附性

信息本身是看不见、摸不着的，它必须依附一定的物质形式之上，不能脱离物质单独存在，如声波、电磁波、纸张、化学材料等，这些以承载信息为主要任务的物质形式就是信息的载体。如过马路前先看交通灯，再判断是否可以过马路。

3. 传递性

信息从时间或空间上的某一点向其他点移动的过程称为信息的传递。信息传递要借助一定的物质载体。早在远古时代，我们的祖先就懂得了用"结绳记事""烽火告急""信鸽传书"等方法来传递、表达信息。现代信息的传递、表达，我们利用图片、网页、动画或其他信息技术，以比特的形式存储，可以使信息更快、更便利地在世界范围内传递。

4. 时效性

信息的价值性只表现在一定的时间内，在信息的有效期间利用信息能产生效益，过了这个时段，就不会产生效益。例如股市、天气预报等信息如果过期便无价值可言。

5. 共享性

信息可以被共同占有、共同享用，不但在传递过程中可以被信源（信息的发出方）和信宿（信息的接收方）共同拥有，还可以被众多的信宿同时接收和利用。如萧伯纳的名言："你有一个苹果，我有一个苹果，彼此交换一下，我们仍然各有一个苹果；但你有一种思想，我有一种思想，彼此交换，我们就都有了两种思想，甚至更多。"交换双方不仅不会失去原有信息，还会增加新的信息。说明信息具有可共享性。

6. 价值性

信息的价值性是指人们通过利用信息，可以获得效益。企业可以利用国家的某些政策，做出合适的决策，则有可能获得更高的效益。例如朝鲜战争与兰德咨询公司的故事。朝鲜战争前，兰德公司向美国国防部推销一份秘密报告，其主题词只有7个字，要价150万美元。美国国防部认为是敲诈，不予理睬，结果"在错误的时间，在错误的地点，与错误的敌人进行了一场错误的战争"。战争结束之后，国防部才想起那份报告，要来一看，追悔莫及。那7个字是"中国将出兵朝鲜"。这就体现了信息的价值性。

7. 相对性

客观上信息是无限的，但相对于认知主体来说，人们实际获得的信息总是有限的。信息只有被利用才有价值，同一个信息，不同的使用者由于其自身素质、修养、能力以及所处的环境不同，会得到不同的使用效果。

二、物流信息

物流信息（Logistics Information）在我国《物流术语》（GB/T 18354—2006）中被定义

为反映物流各种活动内容的知识、资料、图像、数据、文件的总称。

（一）物流信息的特点

物流信息除了具有信息的一般属性外，还具有自己的一些特点。

1. 信息量大、分布广

物流信息随着物流活动以及商品交易活动展开而大量发生，而且将会越来越大。

物流信息

2. 动态性强，更新、变动快

在物流活动中，信息不断地产生，而且随着人们的消费需求而更新，速度很快。

3. 来源多样化

物流信息不仅包括企业内部的物流信息，而且包括企业之间的物流信息和与物流活动有关的基础设施的信息。

4. 信息的不一致性

信息的产生、加工在时间、地点上不一致，采集周期和衡量尺度不一致，在应用方式上也不一致。

（二）物流信息的作用

物流信息对物流过程控制的作用主要通过它的几项基本功能来实现。

1. 市场交易活动功能

物流信息的交易作用就是记录物流活动的基本内容，包括接货内容、安排储存任务、作业程序选择、制定价格及相关人员查询等。

2. 业务控制功能

完善的考核指标体系对物流作业计划和绩效进行评价和鉴别，是物流服务水平和质量的重要保证。只有对物流作业计划和绩效不断进行评价和鉴别，才能有效地控制物流业务。

3. 工作协调功能

在物流运作中，只有加强信息的集成与沟通，才能有利于物流作业的时效性，提高物流作业的质量与效率，减小劳动强度系数。

4. 支持决策和战略功能

只有以物流信息为基础和依据，物流信息管理协调工作人员和管理层才能对物流作业进行有效的评估和成本收益分析，从而更好地进行决策。

三、物流信息技术

物流信息技术（Logistics Information Technology）是物流各环节中应用的信息技术，包括计算机、网络、信息分类编码、自动识别、电子数据交换、全球定位系统、地理信息系统等技术。

物流信息技术

1. 条码技术

（1）条码技术是在计算机的应用实践中产生和发展起来的一种自动识别技术。条码是由一组按特定规则排列的条、空及其对应字符组成的表示一定信息的符号。

条码技术与应用

（2）常见的物流条码码制如表2-6-1所示。

表2-6-1　常见的物流条码码制

物流条码码制	示例	适用
ITF-14条码	2 345312 001234 6	需要储运的包装箱，通常是质量比较差的瓦楞纸箱，箱内可以是单一商品，也可以是多件小包装商品或不同规格的商品
EAN/UCC-128条码	(01)1 1234567890125	
EAN-13条码	6901234 567892	直接用于销售包装，或者一般单个大件商品，如电视机、电冰箱、洗衣机等商品的包装箱

（3）条码技术在物流中的应用。

条码在物流中的应用比较广泛，包括采购、配送、库存管理等领域。

2. 射频技术

（1）射频识别（Radio Frequency IDentification，RFID）技术，又称无线射频技术，是一种运用无线电信号远距离识别动态或静态对象信息的技术。

RFID 标签原理

射频，一般是微波（1~100GHz），适用于短距离识别通信。目前RFID技术应用范围很广，如物流和供应链管理、生产制造和装配、仓储中的塑料托盘（周转筐等）、邮件/快递包裹处理、航空行李处理、文档追踪、图书馆管理、动物身份标识、运动计时、门禁控制系统、电子门票管理系统、食品安全溯源、道路自动收费、一卡通等。如图2-6-1所示为射频门禁系统。

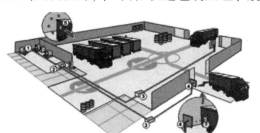

图2-6-1　射频门禁系统

（2）射频技术的特点。

①快速扫描。

RFID 识读器可以同时辨识读取数个RFID 标签。

②体积小型化，形式多样化。

RFID 在读取上并不受尺寸大小与形状限制，无须为读取精确度而配合纸张的固定尺寸和印刷品质。此外，RFID 标签更可往小型化与多样形态发展，以应用于不同产品。

③抗污染能力和耐久性。

传统条码的载体是纸张，因此容易受到污染，但 RFID 对水、油和化学药品等物质具有很强的抵抗性。此外，由于条码是附着于商品的外包装上，所以特别容易受到折损，RFID 卷标是将数据存在芯片中，因此可以免受污损，使用寿命大大延长。

④可重复使用。

现今的条码印刷上去之后就无法更改了，RFID 标签则可以重复新增、修改、删除 RFID 卷标内储存的数据，方便信息的更新。

⑤穿透性和无屏障阅读。

在被覆盖的情况下，RFID 能够穿透纸张、木材和塑料等非金属或非透明的材质，并能够进行穿透性通信。而条码阅读器则必须在近距离而且没有物体阻挡的情况下，才可以辨识和阅读条形码信息。

⑥数据的记忆容量大。

一维条码的容量是 50Bytes，二维条码最大的容量可存储 2 000~3 000 字符，RFID 最大的容量则可达到数 MB（MegaByte）。随着记忆载体的发展，数据容量也有不断扩大的趋势。未来物品所携带的资料量会越来越大，对卷标所能扩充容量的需求也相应增加。

⑦安全性。

由于 RFID 承载的是电子式信息，其数据内容可经由密码保护，使其内容不易被伪造及变造。

RFID 因其所具备的远距离读取、高储存量等特性而备受瞩目。它不仅可以帮助一个企业大幅度提高货物、信息管理的效率，还可以让制造企业和销售企业互联，从而更加准确地接收反馈信息，控制需求信息，优化整个供应链。

RFID 物联网应用

西门子无线射频识别
（RFID）技术应用

3. 电子数据交换（EDI）技术

（1）电子数据交换（Electronic Data Interchange，EDI）是采用标准化的格式，利用计算机网络进行业务数据的传输和处理。其系统模型如图 2-6-2 所示。

（2）EDI 技术在物流中的应用。

EDI 最初由美国企业应用在企业间的订货业务中，其后 EDI 的应用范围逐渐向其他业务扩展，例如 POS 数据的传输业务、库存信息管理业务、发货送货信息和支付信息的传输业务等。近年来，EDI 在物流中的应用日益广泛，货主、承运人及其他相关部门（如海关）或机构之间，通过 EDI 系统进行物流数据交换，并在此基础上开展物流业务活动。物流 EDI 中心如图 2-6-3 所示。

图 2-6-2　EDI 系统模型　　　　　图 2-6-3　物流 EDI 中心

4. 全球定位系统（GPS）

（1）全球定位系统（Global Positioning System，GPS）是由美国建设和控制的一组卫星所组成，24 小时提供高精度的全球范围的定位和导航信息的系统。其工作原理如图 2-6-4 所示。

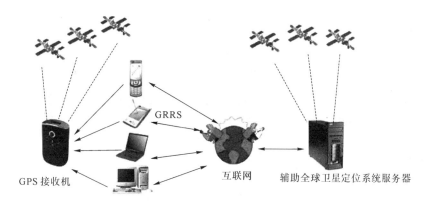

图 2-6-4　GPS 的工作原理示意

全球四大卫星导航　　　　　物流 GPS 管理系统
定位系统　　　　　　　　让运输过程透明化

（2）GPS 在物流中的应用。

GPS 可用于运输工具的跟踪，提供出行路线的规划和导航，并提供查询和报警功能。地面指挥中心可随时与被跟踪目标通话，实行管理，或紧急援助。

四、物流管理信息系统

1. 物流管理信息系统的概念

物流管理信息系统（Logistics Management Information System，LMIS）是由计算机软件、网络通信设备及其他办公设备组成的，服务于物流作业、管理、决策等方面的应用系统。

信息技术提高物流效率
信息化发展仍受制约

物流管理信息系统

物流管理信息系统
手机端演示

2. 物流管理信息系统的子系统

按照系统的业务功能，可以进一步将物流管理信息系统划分为若干次级系统。

（1）进、销、存管理系统。

这是企业经营管理的核心环节，是企业能够获得经济效益的关键所在。包括进货管理子系统、销货管理子系统、库存管理子系统（如图2-6-5所示）。

图2-6-5 进、销、存管理系统

（2）订单管理系统。

提供完整的产品生命周期流程，使客户有能力跟踪和追踪订单、制造、分销、服务流程的所有情况。其主要功能包括：网上下单、EDI接收电子订单、访销下单；订单预处理；支持客户网上查询订单；支持紧急插单等。

（3）仓库管理系统。

仓库管理系统具有货物储存、进出库程序、单据流程、货物登记与统计报表、盘点程序、货物报废审批及处理、人员管理、决策优化等功能，包括入库作业系统、保管系统、拣选作业系统、出库作业系统等子系统（如图 2-6-6 所示）。

图 2-6-6　仓库管理系统

（4）运输管理系统。

运输管理系统通常为运输管理软件，具有资源管理、客户委托、外包管理、运输调度、费用控制等功能，包括货物跟踪系统、车辆运行管理系统、配车配载系统等子系统（如图 2-6-7 所示）。

（5）配送管理系统。

具有货物集中、分类、车辆调度、车辆配装、配送线路规划、配送跟踪管理等功能。

（6）货代管理系统。

通常为货代管理软件，属于执行层面的信息管理系统，具有客户委托、制单作业、集货作业、订舱、预报、客户接受确认、运价管理等主要功能（如图 2-6-8 所示）。

麦得邻 TMS 运输管理系统

（7）财务管理系统。

具有总账管理、应收账款管理、应付账款管理、财务预算管理、固定资产管理、财务分析管理、客户化财务报表等功能。

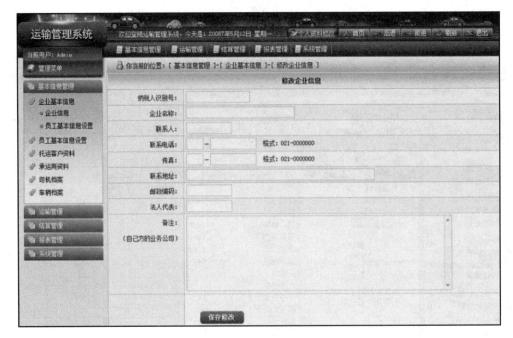

图 2-6-7 运输管理系统

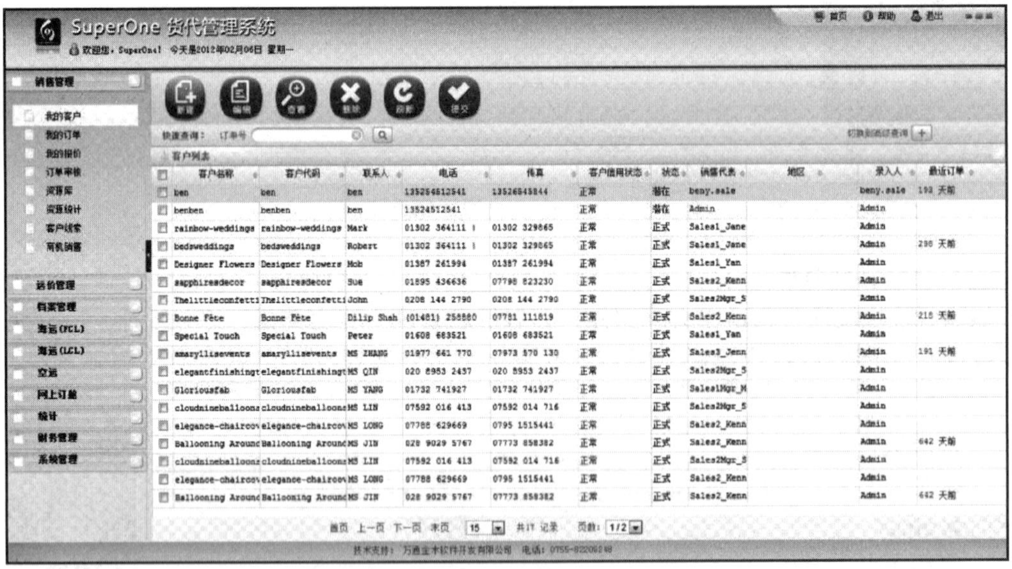

图 2-6-8 货代管理系统

问题解决

1. 什么是物流信息，它有何特点和作用？

物流信息是指反映物流各种活动内容的知识、资料、图像、数据、文件的总称。

其特点主要有：①信息量大、分布广；②动态性强，更新、变动快；③来源多样化；④信息的不一致性。

其功能主要有：市场交易活动、业务控制、工作协调、决策支持和战略等。

2. 常用的物流信息技术有哪些？

常用的物流信息技术主要有：条码技术、射频（RFID）技术、电子数据交换（EDI）技术、全球定位系统（GPS）。

3. 什么是物流管理信息系统，包括哪些子系统？

物流管理信息系统（Logistics Management Information System，LMIS）是由计算机软件、网络通信设备及其他办公设备组成的，服务于物流作业、管理、决策等方面的应用系统。

主要有以下子系统：①进、销、存管理系统；②订单管理系统；③仓库管理系统；④运输管理系统；⑤配送管理系统；⑥货代管理系统；⑦财务管理系统。

情境整合

1. 知识框架

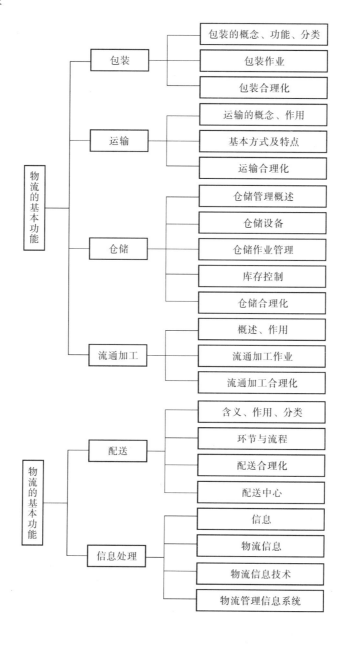

重点难点

重点：

1. 包装的功能；
2. 运输的作用；
3. 五种基本运输方式及特点；
4. 仓储的功能与作用；
5. 仓储作业管理；
6. 库存控制；
7. 流通加工的分类、作用；
8. 配送及其作用；
9. 配送作业环节与流程；
10. 不合理配送的表现与配送合理化；
11. 常用物流信息技术。

难点：

1. 包装的分类及材料；
2. 正确选择不同运输方式；
3. 库存控制；
4. 流通加工合理化；
5. 不合理配送的表现与配送合理化；
6. 常用物流类信息技术。

拓展阅读

装卸搬运

装卸搬运是指在某一物流节点范围内进行的，以改变物料的存放状态和空间位置为主要内容和目的的活动。

装卸搬运是介于物流各环节（如运输、储存等）之间起衔接作用的活动。它把物流运动的各个阶段连接成为连续的"流"，使物流的概念名副其实。它是物流的一个重要功能要素，构成物流系统的一个子系统。装卸搬运是物流活动得以进行的必要条件，在全部物流活动中占重要地位，发挥着重要作用，主要表现在以下几个方面：

1. 装卸搬运在物流活动转换中起着承上启下的联结作用。

装卸搬运是伴随输送和保管而产生的必要的物流活动，但是和运输产生空间效用、保管产生时间效用不同，它本身不具有明确的价值，但这并不说明装卸搬运在物流过程中不占有重要地位。物流的主要环节，如运输和存储是靠装卸搬运活动联结起来的。运输的起点有"装"的作业，终点有"卸"的作业；仓储开始有入库作业，最后由出库作业结束，这些都离不开装卸搬运活动，由此可见在物流系统的合理化中，装卸搬运占有重要地位。

2. 装卸搬运在物流成本中占有重要地位。

装卸搬运是劳动力借助于劳动手段作用于劳动对象的生产活动。为了进行此项活动，必须配备足够的装卸搬运人员和装卸搬运设备。由于装卸搬运作业量比较大，发生频率较高，所以所需装卸搬运人员和设备的数量亦比较大,即要有较多的活劳动和物化劳动的投入,这些劳动消耗要计入物流成本。据统计,俄罗斯经铁路运输的货物少则有六次,多则有几十次装卸搬运,其费用占运输总费用的 1/5～1/3。

3. 装卸搬运活动直接影响物流质量。

因为装卸搬运是使货物产生垂直和水平方向上的位移,货物在移动过程中会受到各种外力的作用,如振动、撞击、挤压等,容易使货物包装和货物本身受损。如损坏、变形、破碎、散失、流溢等,因此装卸搬运损失的多少直接影响着物流质量的高低。

4. 装卸搬运直接影响物流安全。

由于物流活动是物的实体的流动,在物流活动中确保劳动者、劳动手段和劳动对象的安全非常重要。装卸搬运特别是装卸作业,货物要发生垂直位移,不安全因素比较多。实践表明物流活动中发生的各种货物损失事故、设备损坏事故、人身伤亡事故等,相当一部分是在装卸过程中发生的。特别是一些危险品,在装卸过程中如违反操作规程进行野蛮装卸,很容易造成燃烧、爆炸等重大事故。

装卸搬运中应科学、合理地组织装卸搬运过程,尽量减少用于装卸搬运的劳动消耗。从以下方面,提高装卸搬运的合理化:

(1) 坚持省力化原则;
(2) 提高装卸搬运活性;
(3) 合理选择装卸搬运机械;
(4) 保持物流的顺畅均衡;
(5) 合理选择装卸搬运方式;
(6) 实现装卸搬运的文明化;
(7) 创建物流"复合终端";
(8) 重视改善物流系统的总效果;
(9) 充分利用重力和消除重力影响,进行少消耗的装卸。

任务实训

项目名称:物流虚拟仿真实训

实训目的:通过使用物流虚拟仿真系统进行实训,体会物流作业基本功能在物流整体流程中的作用。

实训器材:计算机机房、物流虚拟仿真软件

实训指导:

1. 分组,每小组4人。
2. 老师讲解作业流程。
3. 分小组对照老师讲解流程和实训指导书进行实训,不清楚的流程可以小组成员进行讨论。
4. 课堂随机选择小组,进行作业流程展示,请其他小组指出操作中存在的问题。
5. 老师总结实训过程。

实训报告:将作业流程、实训体会及对实训系统的改进建议写进实训报告。

综合训练

一、单项选择题

1. 包装是指在流通过程中保护产品、方便储运、促进销售，按照一定的技术方法而采用的容器、材料及辅助物等的总体名称，也指为了达到上述目的而采用容器、材料和辅助物的过程中施加一定技术方法等的操作活动，所以包装是（　　）的总称。
   A. 包装物及包装操作　　　　　　　　B. 包装设备
   C. 包装工具　　　　　　　　　　　　D. 包装过程

2. 按照包装在流通领域的作用分类，可以分为（　　）和运输包装。
   A. 单间运输包装　　B. 一般包装　　C. 集合运输包装　　D. 商业包装

3. 物流包装过剩不包括（　　）。
   A. 包装物强度设计过高　　　　　　　B. 包装对象不恰当
   C. 包装材料选择不当　　　　　　　　D. 包装技术过高

4. 为了材料搬运或运输的需要而将物品整理成适合搬动、运输的单元，如适合使用托盘、集装箱、货架或载重汽车、货运列车等运载的单元是指（　　）。
   A. 跟踪功能　　B. 保护功能　　C. 成组化功能　　D. 便利功能

5. 下列适用于公路运输的货运是（　　）。
   A. 近距离、小批的货运　　　　　　　B. 长距离、大批量的货运
   C. 远距离、小批的货运　　　　　　　D. 短距离、大批量的货运

6. 下列适用于水路运输的货运是（　　）。
   A. 近距离、小批量的货运　　　　　　B. 长距离、大批量的货运
   C. 远距离、小批量的货运　　　　　　D. 短距离、大批量的货运

7. 对于运输方式选择理解错误的是（　　）。
   A. 运输量　　B. 运输距离　　C. 运输时间　　D. 运输路况

8. 下列不属于不合理运输方式的是（　　）。
   A. 对流运输　　B. 迂回运输　　C. 超速运输　　D. 重复运输

9. 对航空运输优点叙述错误的有（　　）。
   A. 运行速度快　　B. 机动性能好　　C. 服务质量高　　D. 能耗小

10. 仓储是物流中的重要环节，主要是对流通中的商品进行（　　）、保管、加工、集散和转换运输方式。
    A. 储存　　B. 流通　　C. 检验　　D. 分拣

11. 以一定的较大批量集中于一个场所之中的仓储活动，被称为（　　）。
    A. 分散仓储　　B. 集中仓储　　C. 零库存　　D. 租赁仓储

12. 在仓储过程中对产品进行保护、管理，防止损坏而丧失价值，体现了仓储的（　　）功能。
    A. 保管　　B. 整合　　C. 加工　　D. 储存

13. （　　）就是委托营业型仓库进行仓储管理。
    A. 第三方仓储　　　　　　　　　　　B. 外包仓储
    C. 自建仓库仓储　　　　　　　　　　D. 租赁仓库仓储

14. (　　) 是将货架本体放置在轨道上,在底部设有行走轮或驱动装置,靠动力或人力驱动使货架沿轨道横向移动。
    A. 移动式货架　　　　　　　　　　B. 驶入式货架
    C. 重力式货架　　　　　　　　　　D. 流利式货架
15. (　　) 是指物品在从生产地到使用地的过程中,根据需要施加包装、分割、分拣、计量、刷标志、贴标准、组装等简单作业的总称。
    A. 生产加工　　B. 社会加工　　C. 包装加工　　D. 流通加工
16. 下列活动属于生产制造的延伸的是(　　)。
    A. 仓储　　　　B. 运输和配送　　C. 包装　　　　D. 流通加工
17. 在食品中心将猪肉进行肉、骨分离,其中肉送到零售店,骨头送往饲料加工厂的活动称之为(　　)。
    A. 流通加工　　B. 配送　　　　C. 物流　　　　D. 输送
18. 流通加工主要是为了促进与便利(　　) 而进行的加工。
    A. 流通　　　　　　　　　　　　B. 增值
    C. 流通与销售　　　　　　　　　D. 提高物流效率
19. 流通加工满足用户的需求,提高服务功能,成为(　　) 的活动。
    A. 高附加值　　B. 附加加工　　C. 必要附加加工　　D. 一般加工
20. (　　) 是指在经济合理区域范围内,根据客户要求,对物品进行拣选、加工、包装、分割、组配等作业,并按时送达指定地点的物流活动。
    A. 包装　　　　B. 配送　　　　C. 仓储　　　　D. 运输
21. 以下不是按配送组织者不同分类的是(　　)。
    A. 配送中心配送　　　　　　　　B. 仓库配送
    C. 生产企业配送　　　　　　　　D. 配套成套配送
22. 配送中心的类别不包括(　　)。
    A. 供应型配送中心　　　　　　　B. 销售型配送中心
    C. 服务型配送中心　　　　　　　D. 储存型配送中心
23. (　　) 是最终解决客户企业担心断供之忧、大幅度提高供应保证能力的重要手段。
    A. 加工配送　　B. 共同配送　　C. 准时配送　　D. 即时配送
24. 配送按经营形式不同分类不包括(　　)。
    A. 供应配送　　　　　　　　　　B. 销售—供应一体化配送
    C. 配套成套配送　　　　　　　　D. 代存代供配送
25. 关于信息的特征理解错误的是(　　)。
    A. 统一性　　　　　　　　　　　B. 载体依附性
    C. 传递性　　　　　　　　　　　D. 普遍性
26. 物流信息的特点有(　　)。
    A. 动态性弱,更新、变动快　　　B. 信息量大、分布广
    C. 来源单一化　　　　　　　　　D. 信息的一致性
27. 常见的物流条码码制不包括(　　)。
    A. ITF – 14 条码　　　　　　　　B. EAN/UCC – 128 条码
    C. code39 条码　　　　　　　　　D. EAN – 13 条码

28. 物流管理信息系统的子系统不包括（　　）。
    A. 订单管理系统　　　　　　　　B. 仓库管理系统
    C. 财务管理系统　　　　　　　　D. 资金管理系统

二、多项选择题

1. 包装的功能主要有（　　）。
    A. 保护功能　　　B. 成组化功能　　　C. 跟踪功能
    D. 促销功能　　　E. 便利功能　　　　F. 效率功能
2. 不合理包装的形式主要有（　　）。
    A. 包装适度　　　　　　　　　　B. 视情况包装
    C. 包装不足　　　　　　　　　　D. 物流包装过剩
3. 包装合理化的途径有（　　）。
    A. 智能化　　　B. 标准化　　　C. 绿色化　　　D. 单位大型化
    E. 作业机械化　F. 成本低廉化
4. 常见的包装作业主要包括（　　）。
    A. 充填　　　　B. 包装封口　　C. 捆扎　　　　D. 裹包
    E. 加标和检重
5. 包装标准可以按（　　）进行分类。
    A. 流通领域的作用　B. 包装的大小不同　C. 国际贸易中有无特殊要求
    D. 包装材料　　　　E. 技术多少　　　　F. 使用范围
6. 公路运输的优点有（　　）。
    A. 机动灵活　　　　　　　　　　B. 运送速度快
    C. 可以实现门到门运输　　　　　D. 运输能力大
7. 铁路运输的优点有（　　）。
    A. 运行速度快　　　　　　　　　B. 通用性能好
    C. 机动灵活　　　　　　　　　　D. 安全可靠
8. 货物运输方式选择的标准有（　　）。
    A. 运输量　　　B. 运输距离　　C. 运输时间　　D. 运输价格
9. 不合理运输的表现方式有（　　）。
    A. 迂回运输　　　　　　　　　　B. 返程或起程空驶
    C. 对流运输　　　　　　　　　　D. 重复运输
10. 采取减少动力投入，增加运输能力的有效措施求得合理化的方法有（　　）。
    A. 满载超轴　　　　　　　　　　B. 水运拖排和拖带法
    C. 顶推法　　　　　　　　　　　D. 汽车挂车
11. 仓储的功能包括（　　）。
    A. 储存功能　　B. 保管功能　　C. 整合功能　　D. 加工功能
12. 装卸搬运机械具有（　　）功能。
    A. 搬移　　　　B. 升降　　　　C. 装卸　　　　D. 短距离输送
13. 重力式货架的缺点是（　　）。
    A. 只适用于大批量少品种的配送中心使用

B. 货物进出作业时，叉车或堆垛机的行程最短
C. 投资成本高
D. 对托盘及货架的加工技术要求高

14. 以下属于装卸搬运设备的是（　　）。
    A. 叉车　　　　　B. 堆垛机　　　　　C. 搬运车　　　　　D. 起重运输机
15. 层架的构成是（　　）。
    A. 立柱　　　　　B. 横梁　　　　　　C. 层板　　　　　　D. 托盘
16. 流通加工大多数可能是（　　）加工。
    A. 附加性　　　　B. 象征性　　　　　C. 简单性　　　　　D. 增值性
17. 为使流通加工合理化，在作业时应尽量做到（　　）的结合。
    A. 加工与配送　　　　　　　　　　　B. 加工与合理运输
    C. 加工与合理商流　　　　　　　　　D. 加工与节约
18. 依靠生产企业和流通企业的联合，或者生产企业涉足流通，或者流通企业涉足生产，形成的对生产与流通加工进行（　　），统筹进行生产与流通加工的安排，这就是生产—流通一体化的流通加工形式。
    A. 合理分工　　　B. 合理规划　　　　C. 合理组织　　　　D. 计划控制
19. 配送的作用主要有（　　）。
    A. 完善了输送及整个物流系统
    B. 提高了末端物流的经济效益
    C. 通过集中库存使企业实现低库存或零库存
    D. 简化订货程序，方便用户
    E. 提高企业保证供应的程度
20. 配送按配送时间及数量不同分类主要有（　　）。
    A. 定时配送　　　B. 定量配送　　　　C. 定时定量配送
    D. 定时定路线配送　　　　　　　　　E. 即时配送
21. 不合理配送的表现形式有（　　）。
    A. 资源筹措的不合理　　　　　　　　B. 库存决策不合理
    C. 方式不合理　　　　　　　　　　　D. 配送与直达的决策不合理
    E. 送货中的不合理　　　　　　　　　F. 运输经营观念的不合理
22. 配送中心的功能有（　　）。
    A. 储存功能　　　B. 分拣功能　　　　C. 集散功能
    D. 加工功能　　　　　　　　　　　　E. 信息处理
23. 配送中心的作业流程有（　　）。
    A. 接受并汇总订单　B. 进货作业　　　C. 拣货作业
    D. 补货作业　　　E. 配货作业　　　　F. 送货作业
    G. 流通加工作业　　　　　　　　　　H. 退货作业
24. 信息的特征包括（　　）。
    A. 载体依附性　　　　　　　　　　　B. 传递性
    C. 普遍性　　　　　　　　　　　　　D. 统一性

25. 物流信息的特点包括（　　）。
    A. 信息量大、分布广
    B. 动态性强，更新、变动快
    C. 来源多样化
    D. 信息的不一致性
26. 物流信息的作用有（　　）。
    A. 市场交易活动功能
    B. 车辆调度的功能性
    C. 业务控制功能
    D. 支持决策和战略功能
27. 射频技术的特点有（　　）。
    A. 快速扫描
    B. 体积小型化，形式多样化
    C. 可重复使用
    D. 数据的记忆容量大
28. 物流管理信息系统的子系统包括（　　）。
    A. 订单管理系统
    B. 运输管理系统
    C. 仓库管理系统
    D. 货代管理系统

三、简答题

1. 包装应遵循什么原则？
2. 简要分析包装设计有哪些表现手法。
3. 简答五种运输方式的基本特点。
4. 运力选择不当的表现形式有哪些？
5. 简述仓储设备的特点有哪些。
6. 简述仓储合理化的基本途径有哪些。
7. 简述流通加工的类型。
8. 简述实现流通加工合理化的途径有哪些。
9. 什么是配送，其作用有哪些？
10. 不合理配送的表现有哪些，如何实现合理配送？
11. 什么是物流信息，它有何特点？
12. 常用的物流信息技术有哪些？

情境三
物流的管理系统

篇首语

物流管理从本质上来说是一种系统管理，由于物流涉及范围广，牵涉环节多，使得物流管理成为一门跨学科的系统管理学科。物流系统的有效运行，需要使用多种管理系统和理论，这些系统和理论或为控制成本提高效益，或为从系统角度考虑物流系统的高效运行，这些管理系统在物流的有效运行中发挥着极其重要的作用。

本情境重点介绍成本管理和供应链管理两种管理系统。重点介绍物流成本管理的构成、物流成本的控制理论和控制方法；供应链管理的特征、作用、目标等基本知识。

子情境一 成本管理

情境引例

物流成本成为制约电商发展的瓶颈

阿里巴巴董事局执行主席马云有着十分瑰丽的梦想。在我国香港的一个投资者会议上，他表示："人们始终在问我，美国电商和中国电商的区别在哪里？我的看法是，在美国，电商只是一个饭后甜点，是补充，美国的商业基础设施已经非常完善。而在中国，电商则是主菜。我们正在建造中国的基础设施。目前，阿里巴巴占整个中国零售市场的5%。我认为，未来5年中国30%的零售业务将在网上完成。"

然而物流成本却可能成为制约马云实现电商梦想的一个关键瓶颈。电商物流与普通物流的区别在于，正常运行的电商物流需要双重物流的支持，商品从厂家到网上的集散中心是一个物流环节，再到消费者手中还需要一个物流环节。因此，随着电商规模的扩大，电商受制于物流成本的影响极大。

从国内电子商务企业的实践来看，物流执行成本（包括运输、订单处理、仓储、收发货和退换货等成本）已成为电商除销货成本外的最大支出。以当当网为例，2010年前9个月毛利润率为22%。其中营销费用、技术费用和一般管理费合计占总销售收入的9.3%，但仅物流执行成本一项就占到销售收入的13%，致使公司前三季度净利润率仅为1%。

美国电商巨头亚马逊通过兴建物流中心、充分整合外部物流资源，使物流成本占总成本的比例从原来的20%下降到10%左右，但仍占总销售收入的8.5%。物流成本的高比重使得电商企业的运营成本居高不下。

由此观之，物流成本的降低对电子商务企业非常关键。亚马逊当初之所以能扭亏为盈，其关键因素也是物流成本的降低。在行业研究人士看来，亚马逊模式的核心是用物流中心聚合订单需求，以对接大型物流企业（如联邦快递等），发挥规模效应。但在中国市场，由于尚不具备联邦快递这类真正具有规模优势的现代物流企业，因此，许多电子商务公司选择了高成本的自建物流队伍方式。

中国市场未来的趋势是物流成本大幅增长。现在这一趋势已十分明显。油价不断上涨，人工成本大幅增长，这就使得物流成本的增长速度更高、更快。企业要想保证利润，有效控制物流成本就显得尤为重要。

问题：
（1）什么是物流成本？
（2）物流成本由哪些部分构成？
（3）物流成本管理的意义是什么？
（4）物流成本管理的内容有哪些？

案例思考

控制企业物流成本成为提高社会物流效率、降低企业成本的重要手段。从国家到企业，都在关心如何控制和管理物流成本。那么什么是物流成本，它由哪些部分构成，物流成本管理的内容有哪些？只有了解了这些常识，才能对物流成本产生的来源进行有效控制，实现总成本最优。

知识目标

1. 理解物流成本的概念、特征、分类。
2. 掌握物流成本的构成。
3. 理解物流成本管理的目标、意义。
4. 掌握物流成本管理的基本内容。
5. 了解与物流成本相关的基本理论。

能力目标

1. 能区分出不同分类标准下的物流成本构成。
2. 能用相关理论分析物流成本的特征，培养分析问题的能力。

 知识阐述

一、物流成本概述

（一）物流成本的含义

物流过程中，为了提供相关的物流服务，必须占用或耗费一定的活劳动和物化劳动，将这些活劳动和物化劳动以货币的形式来表现，就形成了物流成本。简单地说，用货币来显示物流活动中支出的劳动即物流成本。

西方国家最先展开物流成本研究，20世纪50年代，美国斯蒂尔和斯·克林顿提出因物流活动而发生的费用都是物流成本，包括生产企业、流通企业和专业物流企业在内的所有具有经济功能的实体，在物流活动中付出的劳动，都可以归属于物流成本类中。

美国管理会计协会在1992年发布的《物流成本管理公告》中认定：物流成本是指企业在计划、实施、控制内部和外部物流活动的过程中所发生的费用。日本通商产业省于1992年编制了《物流成本核算活用手册》，该手册对物流成本的定义是：物流成本是指从有形或无形的物资源供应地到需要者为止的实物流动所需要的成本。

我国在2006年颁布实施的国家标准《企业物流成本计算与构成》中指出："物流成本是企业物流活动中所消耗的物化劳动和活劳动的货币表现，包括货物在运输、储存、包装、装卸搬运、流通加工、物流信息、物流管理等过程中所耗费的人力、物力和财力的总和以及与存货有关的流动资金占用成本、存货风险成本和存货保险成本。"该定义的物流成本包含两方面的内容：一方面是直接在物流环节产生的支付给劳动力的成本，耗费在机器设备上的成本以及支付给外部第三方的成本；另一方面包括在物流环节中因持有存货等所潜在的成本，如占有资金成本、保险费等。

（二）物流成本的构成

做跨境电商如何降低物流成本

物流成本的划分是为了将物流成本分开，便于成本项目归集，使企业或社会对物流成本的核算、控制和管理更加精确。对物流成本通常要分清社会物流成本（宏观物流成本）和企业物流成本的具体构成项目包括哪些，这些项目又是如何统计的，每个成本项目对物流成本的影响是什么。

1. 社会物流成本的构成

社会物流成本是核算一个国家在一定时期内发生的物流总成本，是不同性质企业微观物流成本的总和。核算宏观物流成本的主要目的是帮助国家制定物流政策和行业政策，提高国民经济运行质量和效率。通常情况下，采用社会物流总成本占GDP的比重来衡量一个国家物流管理水平的高低。这种统计方法可以显示不同物流环节所耗费的成本比例，帮助国家物流系统找出与发达国家物流水平的差距。

国际普遍认为社会物流成本包括三部分：社会运输总成本、社会仓储保管成本、物流管理成本。其通用公式为：

$$社会物流总成本 = 运输成本 + 保管成本 + 管理成本$$

2. 企业物流成本的构成

根据我国《企业物流成本构成与计算》的规定，把企业物流成本按生产企业、流通企业和物流企业三大类型的企业活动来统计，因此我们以三类企业的直接和间接成本进行构成分析。

（1）生产企业物流成本。

对于生产企业而言，它的物流活动是围绕产品的生产制造产生的。生产企业物流成本指为生产产品而发生的物流活动所耗费的成本。在分析生产企业物流成本构成时按企业物流活动范围来归类，有利于企业物流成本的统计。生产企业物流成本分为供应物流成本、生产物流成本、销售物流成本和回收废弃物流成本四大类。

①供应物流成本。供应物流又称采购物流，指经过采购活动，将企业生产所需原材料从供应者的仓库或货场运回生产企业仓库的物流活动，它包括确定原材料的需求数量、采购运输、流通加工、装卸搬运、储存等物流活动。在这个物流活动中发生的费用就是供应物流成本。供应物流成本的构成包括以下几个方面。

订货采购费，包括采购人员人工费用、差旅费、订单办公费等。

供应运输费用，包括外包运输费、自营运输车辆折旧、运输工具损耗、油耗、运输人员人工费用等。

验收费用，包括验收作业费用、验收人员人工费用、装卸搬运人工费用等。

仓储保管费用，包括原材料仓储人员人工费用、仓储设施折旧费用、合理损耗、流通加工设备费用、仓库办公费用、储备资金利息费用等。

②生产物流成本。生产物流是按照企业布局、产品生产过程和工艺流程的要求，实现原材料、配件、半成品等物料在企业内部供应库与车间、车间与车间、工序与工序、车间与产成品之间流转的物流活动。从范围来看，原材料从供应仓库流转开始，经过制造转换形成产品，一直到产品进入成品库等销售为止都是生产物流。生产物流成本就是在这个过程中发生的与物流业务相关的成本。生产物流成本构成包括以下几个方面。

内部搬运费。在生产过程中，从原料库到生产场所、生产场所到半成品库等需要搬运的活动产生的费用。

生产过程中物流设施折旧，包括搬运设备、储存设备等设备的折旧费用。

库存资金占用费用，包括在制品和半成品的资金占用产生的机会成本、风险成本、利息等。

半成品和在制品储存费用，包括储存管理费用、储存人工费用等。

由于生产物流是生产活动的辅助行为，在核算成本时，很难将生产物流成本单独列出。生产物流成本与物流活动的合理性、生产工艺物流流程布局、生产计划和生产组织直接相关，因此分析和管理生产物流成本的重心应放在综合以上项目的分析和研究。

③销售物流成本。销售物流是指企业经过销售活动，将产品从成品库通过分拣、包装、装卸搬运、运输等环节，运到中间商的仓库或消费者手中的物流活动。在这个过程中发生的物流费用支出就是销售物流成本。销售物流成本构成包括以下几个方面。

销售订单处理费用，包括订单信息传输费用、处理和数据分析费用、相关人员工资等。

销售运输费用，包括销售中外包的运输费用和暂存费用。

自营运输设备折旧、油料消耗、作业人员工资等。

产成品储存费用，包括储存设备折旧费用、成品库人员人工费用、合理损耗、自建仓库折旧费用、仓库租赁费用等。

流通加工费用，包括对产成品的包装、检验费用等。

商品出库费用，包括配送人员工资、配送车辆折旧、分拣费用等。

④回收废弃物流成本。企业发生退货返修物品和周转使用的包装容器等从需求方向供应方的物流活动是回收物流；将经济活动中失去原使用价值的物品，按需要进行收集、分类、

加工、储存、搬运等并分送到专门处理场所的物流活动是废弃物流。与以上物流活动相关的费用支出都是回收废弃物流成本。企业回收废弃物流是深化可持续发展战略的产物，具有特殊的社会性和经济性，因此从经济发展来看，降低企业回收废弃物流成本是保证可持续发展的基础。我国在近年来推出一系列举措，如家电以旧换新，这类产品回收废弃物流管理复杂，其成本控制是目前研究的重点。

（2）流通企业物流成本。

流通企业物流成本是指在组织物品的购进、运输、保管、销售等一系列活动中所耗费的人力、物力和财力的货币表现，其基本构成如下。

①人工费用，如企业员工工资、奖金、津贴、福利费等；

②营业费用，如运杂费、能源消耗费用、设施设备折旧费、保险费、办公费、差旅费以及经营过程中的合理消耗，如商品损耗等；

③财务费用，如支付的贷款利息、手续费、资金的占用费等；

④管理费用，如行政办公费、差旅费、税金等；

⑤物流信息费，如硬件、软件费用、维护费等。

（3）物流企业物流成本。

物流企业成本是指企业提供物流服务过程中所耗费的各种劳动的货币表现。

虽然物流企业的产品是无形的物流服务，但由于物流服务企业通过专业服务降低货主企业运营成本，通过获得的收入与支出之间的差额，取得利润。因此，物流企业的成本实现就是货主企业物流成本与物流企业利润之差。

物流企业物流成本分为运营成本和非运营成本。运营成本是与提供物流服务直接相关的成本，包括直接材料、直接人工和间接费用。非运营成本则主要指销售费用、管理费用和其他费用。物流企业物流成本构成包括以下几个方面。

①直接材料，包括物流服务中条码费用、包装材料费用、物流设施租赁或折旧费、油耗等。

②直接人工，包括物流企业提供某项物流服务时耗费的人工费用，直接提供物流服务的人员工资、津贴、奖金等。

③间接费用，包括水电费、维修费、物流设备折旧费、信息系统开发维护费等。

④销售费用，包括物流销售人员工资、广告费等。

⑤管理费用，包括管理人员工资、办公费等。

⑥其他费用，包括营业税收、存货风险成本、存货保险成本等。

3. 物流各功能环节成本构成

物流系统是由运输、仓储、包装、装卸搬运、流通加工和信息处理等多项基本功能组成的大系统。企业的每个物流行为都是这些基本物流功能的组合。

以物流环节为基础确定物流成本的方法是从活动本身出发，将所消耗的有关费用与活动环节联系起来，成本被分摊到消耗资源的活动上。按这种方式分析物流成本，首先应确定物流费用产生于哪些物流功能环节，再根据各个物流环节的消耗量归类统计。

（1）运输成本构成。

运输成本是指企业在物流活动的运输过程中消耗的成本总和。运输成本主要包括以下几方面。

①人工费用。如工资、福利费、奖金、津贴和补贴等。

②营运费用。如营运车辆的燃料费、轮胎费、折旧费、维修费、租赁费、车辆牌照检查费、车辆清理费、过路过桥费、保险费等。

③其他费用。如差旅费、事故损失费、相关税金等。

（2）仓储成本构成。

仓储成本是仓储活动中消耗的费用，主要包括以下几方面。

①库存持有成本。

②订货或生产准备成本。

③缺货成本。

④在途库存持有成本等。

（3）包装成本构成。

包装成本可能在运输或库存中出现，指为了运输或仓储的便利性，而使用产品包装和物流包装时所消耗的费用，主要包括以下几方面。

①包装材料成本。

②包装机械折旧成本。

③包装技术研究成本。

④辅助成本和人工成本等。

（4）装卸搬运成本。

装卸搬运成本是指在指定地点以人力或机械设备装入或卸下物品，以及水平方向移动物品所消耗的费用。主要包括人工费用、营运费用、合理损耗费用、设备折旧费用等。

（5）流通加工成本。

流通加工成本产生在流通过程，是生产加工的辅助功能，指在流通过程中加工所消耗的费用，主要包括设备使用费、折旧费、材料费、人工费用等。

（6）物流信息成本。

物流信息成本指一定时期内企业为收集、传输、处理物流信息而发生的全部费用，主要包括物流信息软件与硬件折旧费、设备维护保养费、通信费、作业人员费用等。

（7）物流管理成本。

物流管理成本，相当于可列入会计科目的管理费用项中，一定时期内物流管理部门或物流作业现场发生的管理物流的成本费用，主要包括管理人员人工费、物流管理差旅费、办公费、会议费等。

（三）物流成本的分类

对物流成本进行科学分类是物流成本核算和控制的依据。只有明确物流成本的分类和构成，才能有目的地组织物流经营活动，从而降低物流成本，提高企业利润。

物流成本之痒

1. 按物流成本统计范围划分

根据物流成本统计范围的不同，可以将物流成本分为微观物流成本和宏观物流成本。

(1) 微观物流成本指以企业个体为统计范围,将个体经营活动中产生的物流成本统计核算出来。根据发生物流行为的目的不同,通常可以分为货主企业物流成本和第三方物流成本。

(2) 宏观物流成本指核算一个国家在一定时期内发生的物流总成本,是不同性质企业微观物流成本的总和。各国在统计宏观物流成本时,通常以一年为统计区间。以国家或地区的宏观物流成本总额与 GDP 的比值来表明各国物流服务水平的高低。比值越高,意味着物流成本在 GDP 中占的比例越重,该国物流费用越高,物流的效率则越低。近年统计结果表明,我国社会物流成本占 GDP 的比重在 18% 左右,与发达国家 8% 的比值相差甚远。社会物流成本是微观物流成本的总体显现,因此研究物流成本应该从微观物流成本开始。

2. 按企业经营性质划分

根据企业经营的性质,物流成本可分为生产企业物流成本、流通企业物流成本和第三方物流企业成本。

(1) 生产企业物流成本是指为生产、销售产品而产生的物流活动耗费的资本。这种成本伴随着生产制造企业的产品制造而生,此类成本分类强调企业生产流程中的物流损耗。

(2) 流通企业物流成本是流通型企业在商品销售中产生的物流活动耗费,包括流通批发型企业、流通零售型企业和其他终端流通企业。这类物流成本伴随着商品在市场中的流通而生,研究此类成本主要围绕商品的流通过程开展。

(3) 第三方物流企业物流成本是指物流企业在履行物流业务合同或订单的过程中所发生的可归属于某一合同或订单的运营成本和相关费用。实际就是前两者企业物流成本的转移。在分析第三方物流成本时,要注意物流服务提供方和需求方的成本不对等。如 A 企业为制造企业,B 企业为第三方物流企业,A 企业将某业务外包给 B 企业,并为此支付物流费用 10 万元。B 企业为完成这一合同,经营费用和管理费用共耗费 7 万元。此时,对 A 企业而言,其物流成本为 10 万元,B 企业的物流成本却为 7 万元。即 A 企业的物流成本是 B 企业的营业收入,但不是 B 企业的物流成本。

3. 按物流活动的范围划分

根据物流的流动过程进行分类,可分为供应物流成本、生产物流成本、销售物流成本、回收物流成本和废弃物流成本五种。通常此种分类标准以企业的生产流程来界定物流活动的范围。如家电以旧换新活动中,统一回收旧家电产生的物流费用(包括运输费用、仓储费用、人工费用及其他处理费用)就属于回收物流成本范畴。

4. 按支付形态进行划分

根据物流费用的支付形态来区分物流成本,可分为委托物流成本和企业内部物流成本两种。委托物流成本指企业在实现物流活动时,将物流业务外包给其他企业来完成,并为此支付的所有费用。如某企业把运输外包给专业运输公司,为此支付 8 万元运输费用,这可直接归为委托物流成本项目。企业内部物流成本是指企业在完成经营活动时,为物流行为而支付的费用,包括包装材料费、物流人工费、物流设备维护费一般物流经费和特别经费等,这种成本与生产成本极难区分开。

5. 按物流成本项目划分

按物流成本项目划分,物流成本可分为物流功能成本与存货相关成本。物流功能成本是将物流活动中消耗的有关费用与物流功能的执行联系起来，成本被分摊到消耗资源的各个作业功能上。这种分类方法的核心是确定物流费用由哪种功能活动产生。存货相关成本是企业在物流活动过程中发生的与存货有关的成本项。按照物流系统运输、仓储、包装、装卸、流通、加工和信息处理七大功能及其有机结合，企业每一阶段的物流活动都是由这些基本功能组合而成的，这些成本项目称为功能成本。通过物流功能成本统计，有利于分析物流活动的效率，便于作业成本的核算和控制。

（四）物流成本的特征

从人们对物流成本的认识来看，物流成本具有以下特性。

1. 系统性

物流成本产生于物流活动所消耗的资源。现代企业的物流活动贯穿企业的整个业务过程，具有整体系统性，物流成本虽然分布于每个职能部门，但从整体上来看，物流成本系统实际上是由采购、生产、销售等子系统的物流成本共同构成的。

2. 复杂性

物流活动贯穿企业整个经营过程，物流费用的归类科目众多，构成复杂。很多物流成本与生产成本交融在一起，很多项目物流成本难以被准确掌握，将物流成本单独列出来的工作也相当烦琐，这就导致了物流成本定位和核算的复杂性。如在仓储过程中，过量生产产生的积压货物费用、紧急输送产生的费用经常纳入生产成本中。同时，由于我国多数企业在理解和核算物流成本时采用的标准不同，各企业不能准确地显示各自物流成本的高低和有效性，导致我国对物流成本数据的统计工作异常复杂。

3. 隐含性

日本早稻田大学西泽修教授很早就提出了物流成本的冰山说，阐述了物流成本的隐含性。西泽修教授指出，会计成本项目计算企业盈亏的销售费用和一般管理费用中记录的外包运费和外包保管费用，只是冰山一角。因为在企业计算费用时，只包括基础设施设备建设费用、自用车辆的保养和运营费、自建仓库的保管费用，而自用的物流人工费用都没有列入物流费用的科目中。这使得企业的物流成本只包含了相关的显性成本，而与物流活动相关的制造成本、销售费用、管理费用都未列入物流科目统计中，而仅作为生产成本核算归类。

二、物流成本管理概述

物流成本管理是指对物流相关费用进行的计划、协调与控制。其实质是依据现代企业经营管理的目标和客户需求，以成本为手段管理企业物流，最终目标和最基本的研究课题在于利用成本指标控制物流活动，实现物流活动系统合理化，进而降低物流成本，改善物流服务质量，以最具经济效益的物流活动达到预定的物流服务水平。

中小企业降低物流成本路在何方

（一）物流成本管理的意义

进行物流成本管理，降低物流费用具有以下几个方面的重要意义。

1. 增加国家资金积累

积累是社会扩大再生产的基础，企业承担着上缴国家利税的责任，而物流费用的降低，在其他因素不发生相应变化的情况下，将意味着相应增加了国家资金积累。

2. 为社会节省大量的物质财富

工业企业生产的产品，存在着生产过程和消费过程相脱节的现象。企业为了满足社会的需要，其产品一般通过流通环节从生产地流向消费地。加强物流成本管理，可以降低物品在运输、装卸、仓储等物流环节的损耗，不但节约了物流费用，而且为社会节约了大量的物质财富。

3. 有利于调整商品价格

物流费用是商品价格的组成部分之一，对于某些特殊商品（如啤酒等）更显突出。物流费用的高低，对商品的价格具有重大的影响。降低物流费用，就是降低它在商品价格中的比重，从而使商品价格下降，减轻消费者的经济负担。

4. 有利于改进企业的物流管理，提高企业的竞争力

随着经济全球化和信息技术的迅速发展，企业生产资料的获取与产品营销范围日益扩大，市场竞争十分激烈。企业物流管理水平的高低，将直接影响物流费用水平，进而影响产品成本。对于我国工商企业而言，迫切需要高质量的现代物流系统为之服务，以降低物流成本，提高企业及其产品参与国际市场的竞争力，在激烈竞争的市场环境中求得生存和发展。

系统地开展物流成本管理活动，通过对物流成本费用进行计划、协调与控制，实现相对降低物流费用的目标，从微观角度上看，可以提高企业的物流管理水平，加强企业的经营管理，促进经济效益的提高；从宏观角度上看，降低物流费用对国民经济的健康发展和人民生活水平的不断提高具有重要的意义。

（二）物流成本管理的内容

企业物流成本管理的内容主要包括物流成本计算、物流成本预测、物流成本决策、物流成本计划、物流成本控制、物流成本分析以及物流成本考核等。

1. 物流成本计算

物流成本计算是根据企业确定的物流成本计算对象，按规定的成本项目，采用适当的成本计算方法，对企业经营过程中发生的与物的流动有关的费用进行归集与分配，从而计算出各物流成本计算对象的物流成本。

物流成本计算最关键的因素有两个：一是明确物流成本的构成内容；二是确定物流成本的计算对象。

物流成本计算并非物流成本管理的目的，而是物流成本管理的前提和基础。

物流成本计算可以为物流成本管理提供客观、真实的成本信息，为物流成本预测、决策、计划、控制、分析和考核等提供数据基础。

2. 物流成本预测

物流成本预测是根据已有的与物流成本有关的各种数据，结合企业内外环境的变化，采用专门的方法，对未来的物流成本水平及其变动趋势做出科学的估计。

不同规模、不同管理模式的企业,其成本预测方法和预测模型均有所不同,但其物流成本预测具有三个共同特征:一是成本预测都以不同程度的历史资料为依据;二是成本预测都涉及未来;三是成本预测都存在不确定性。

3. 物流成本决策

物流成本决策是指在物流成本预测的基础上,结合其他有关资料,拟定降低物流成本的各种方案,并运用一定的科学方法对各方案进行可行性分析,然后从各方案中选择一个满意方案的过程。

物流成本决策首先要求成本尽可能低,在此基础上再考虑净收益尽可能大。

物流成本决策通常包括收集物流成本信息和有关资料,设计备选方案,从备选方案中选择方案和对决策进行评价这四个阶段。

物流成本决策的价值标准应考虑使用综合经济目标的办法,即以长期稳定的经济增长为目标,以经济效益为尺度的综合经济目标作为价值标准。

物流成本决策是成本计划的前提,是降低成本、提高经济效益的关键环节。

4. 物流成本计划

广义的物流成本计划是指物流成本规划,是物流成本管理工作在总体上的把握。它为具体的物流成本管理提供战略思路和总体要求,是根据企业的竞争战略和所处的经济环境制定的。

它通过调整物流活动的规模和水平,使企业的物流活动、物流成本和收益等相互协调,以保证实现物流成本管理目标。

狭义的物流成本计划是在物流成本决策的基础上,运用一定的方法,以货币形式规定计划期物流各环节耗费水平,并提出保证物流成本计划顺利实现所采取的措施。

狭义的物流成本计划可以纳入物流成本预算,物流成本预算是以财务指标将成本计划量化的一种表现形式,是对计划的一种阐释。

5. 物流成本控制

物流成本控制是根据物流成本计划,对成本发生和形成过程以及影响成本的各种因素条件施加主动影响,以保证实现物流成本计划的一种行为。

物流成本控制包括事前控制、事中控制和事后控制。

6. 物流成本分析

物流成本分析是根据物流成本计算所提供的信息和其他有关资料,分析物流成本水平及其构成的变动情况,明确影响物流成本变动的各种因素。

通过物流成本分析,可以正确评价企业物流成本计划的执行结果,揭示物流成本升降的原因,明确影响物流成本高低的各种因素及其原因,寻求进一步降低物流成本的途径和方法。

7. 物流成本考核

物流成本考核是指在物流成本分析的基础上,对物流成本计划的完成情况或执行结果进行总结与评价,并实施奖惩的过程。

通过物流成本考核,可以评价各责任单位对当期降低物流成本的贡献,促进各责任单位和责任人员树立物流成本管理意识,激发其降低物流成本的积极性。

三、物流成本管理的基本理论

物流成本管理的内容

（一）物流总成本理论

物流总成本理论来源于霍华德·T·莱维斯等人的书籍《物流中航空货运的作用》。他们指出，航空货运虽然费用比较高，但由于通过它可以直接向顾客进行商品配送，节约了货物的在库维持费和仓库管理费，因此，从物流费用总体来说，实现了物流系统总成本的降低和物流效率的提高。

物流总成本是企业管理物流运作的重要指标。在企业利润最大化及满足一定的客户服务水平的前提下，降低物流总成本是所有企业的一项经营目标。而物流总成本理论突出了企业物流过程中的物流与企业盈利之间的重要关系。总成本概念认为，系统总成本的减少可以增加该系统的盈利水平。同时，总成本概念与效益背反原则相互关联，强调在理解物流各功能效益背反、物流成本与服务水平背反的基础上，注重企业的总成本最优。

（二）物流冰山说

物流冰山说理论是日本早稻田大学的西泽修教授在1970年提出的，是指当人们对物流费用的总体内容并不掌握，读财务报表时，提起物流费用大家只注意看到企业公布的财务统计数据中的物流费用，露出海面的冰山一角。而潜藏在海水下面的冰山主体却看不见，而这只能反映物流成本的一部分，海水中的冰山才是物流费用的主要部分。因此有相当数量的物流费用是不可见的。

一般情况下，企业会计科目中，只把支付给外部运输企业、仓储企业的费用列入成本，实际这些费用在整个物流费用中犹如冰山的一角。因为物流基础设施建设费、企业利用自己的车辆运输，利用自己的库存保管货物，由自己的工人进行包装、装卸等费用都没计入物流费用科目内。

物流成本正如浮在水面上的冰山，当水下的物流内耗越深反而露出水面的冰山就越小，将各种问题掩盖起来。这种现象只有大力削减库存，才能将问题暴露并使之得到解决。因此，航行在市场之流上的企业巨轮如果看不到海面下的物流成本的庞大躯体的话，那么最终很可能会得到与"泰坦尼克号"同样的厄运。而一旦物流所发挥的巨大作用被企业开发出来，它给企业所带来的丰厚利润则是相当可观的。

（三）"黑大陆"理论

"黑大陆"理论在财务会计中把生产经营费用大致划分为生产成本、管理费用、营业费用、财务费用，然后再把营业费用按各种支付形态进行分类。这样，在利润表中所能看到的物流成本在整个销售额中只占极少的比重。因此物流的重要性当然不会被认识到，这就是物流被称为"黑大陆"的一个原因。

由于物流成本管理存在的问题及有效管理对企业盈利和发展的重要作用，1962年，著名的管理学家彼得·德鲁克在《财富》杂志上发表了题为"经济的黑色大陆"一文，他将物流比作"一块未开垦的处女地"，强调应高度重视流通及流通过程中的物流管理。彼得·

德鲁克曾经讲过"流通是经济领域的黑暗大陆"。德鲁克泛指的是流通，但由于流通领域中物流活动的模糊性特别突出，它是流通领域中人们认识不清的领域，所以"黑大陆"学说主要针对物流而言。

"黑大陆"学说主要是指尚未认识、尚未了解，在黑大陆中，如果理论研究和实践探索照亮了这块黑大陆，那么摆在人们面前的可能是一片不毛之地，也可能是一片宝藏之地。"黑大陆"学说是对20世纪经济学界存在的愚昧认识的一种批驳和反对，指出在市场经济繁荣和发达的情况下，无论是科学技术还是经济发展，都没有止境。"黑大陆"学说也是对物流本身的正确评价，即这个领域未知的东西还很多，理论与实践皆不成熟。

（四）第三利润源理论

第三利润源即物流领域，随着市场竞争日益激烈，企业能够占有的市场份额也是有一定限度的，当达到一定限度不能再扩大利润的时候，如何寻找新的利润增长点，这时发现如果能有效降低在企业成本中占据相当高比例的物流费用，就等于是提高了企业的利润。所以这时候我们就开始把物流管理称为第三利润源。第三利润源的说法主要出自日本，简单地说，在制造成本降低空间不大的情况下，降低物流成本成为企业的"第三利润源"。

从历史发展来看，人类历史上曾经有过两个大量提供利润的领域。第一个是资源领域，第二个是人力领域。资源领域起初是廉价原材料、燃料的获得，其后则是依靠科技进步、节约消耗、综合利用、回收利用乃至大量人工合成资源而获取高额利润，习惯称之为"第一利润源"。人力领域最初是廉价劳动力，其后则是依靠科技进步提高劳动生产率，降低人力消耗费用从而降低成本，增加利润，这个领域习惯称作"第二利润源"。在前面两个利润源潜力越来越小，利润开拓越来越困难的情况下，物流领域的潜力逐步被人重视，可称之为"第三利润源"。

这三个利润源着重开发生产力的三个不同要素：第一个利润源的挖掘对象是生产力中的劳动对象；第二个利润源挖掘对象是生产力中的劳动者；第三个利润源则主要挖掘生产力要素中劳动工具的潜力，与此同时又挖掘劳动对象和劳动者的潜力，因而更具全面性。

（五）效益背反理论

1. 物流各功能活动的效益背反

对于某一具体的企业来说，企业物流各部门和各功能之间存在效益背反。这实质上是企业物流系统各要素相互联系、相互制约的系统性在物流费用上的表现。在物流系统中，当我们单纯地追求物流某子系统的成本降低，必然会引起其他子系统的成本增加。

物流的各项活动处于这样一个相互矛盾的系统中，想要较多地达到某个方面的目的，必然会使另一方面的目的受到一定的损失，这便是物流各功能活动的效益背反。例如：

减少物流网络中仓库的数目并减少库存，必然会使库存补充变得频繁而增加运输的次数；简化包装，虽可降低包装成本，但却由于包装强度的降低，在运输和装卸过程中的破损率会增加，且在仓库中摆放时亦不可堆放过高，降低了保管效率。

将铁路运输改为航空运输，虽然增加了运费，却提高了运输速度，不但可以减少库存，还降低了库存费用。以上这些表明，在设计物流系统时，要综合考虑各方面因素的影响，使整个物流系统达到最优，任何片面强调某种物流功能的企业都将会蒙受不必要的损失。由此可见，物流系统就是以成本为核心，按最低成本的要求，使整个物流系统优化。它强调的是调整各要素之间的矛盾，把它们有机地结合起来，使成本变为最小，以追求和实现部门的最佳效益。

2. 物流成本与服务水平的效益背反

一般说来，提高物流服务，物流成本即上升，它们之间存在着效益背反。物流服务与物流成本之间并非呈现线性的关系，也就是说，投入相同的成本并非可以得到相同的物流服务的增长。一般而言，当物流服务处于低水平阶段追加成本的效果较佳。所以，我们可以得出"对物流服务和物流成本做决策时"应考虑的因素：

效益背反理论

（1）保持物流服务水平不变，尽量降低物流成本。

不改变物流服务水平，通过改进物流系统来降低物流成本，这种尽量降低成本来维持一定服务水平的方法称为追求效益法。

（2）提高物流服务水平，不惜增加物流成本。

这是许多企业提高物流服务水平的做法，是企业面对特定顾客或其特定商品面临竞争时所采取的具有战略意义的做法。

（3）保持成本不变，提高服务水平。

这是一种积极的物流成本对策，是一种追求效益的方法，也是一种有效的利用物流成本性能的方法。

（4）用较低的物流成本，实现较高的物流服务。

企业在经营中希望实现成本最低，效率最高。只有合理运用自身资源，才能获得这种效果。这是增加销售、提高效益，具有战略意义的方法。如企业在业务流程重组时可改变作业方式和作业流程，实现降低作业成本、提高作业效率的效果。

问题解决

我们已经学习了成本管理的知识，下面我们就用这些知识来解决前面的"情境引例"中出现的问题。

1. 什么是物流成本？

物流成本是企业物流活动中所消耗的物化劳动和活劳动的货币表现，包括货物在运输、储存、包装、装卸搬运、流通加工、物流信息、物流管理等过程中所耗费的人力、物力和财力的总和以及与存货有关的流动资金占用成本、存货风险成本和存货保险成本。

2. 物流成本由哪些部分构成？

（1）社会物流成本的构成。

社会物流成本是核算一个国家在一定时期内发生的物流总成本，是不同性质企业微观物流成本的总和。国际上普遍认为社会物流成本包括三部分：社会运输总成本、社会仓储保管成本、物流管理成本。

（2）企业物流成本的构成。

①生产企业物流成本。

生产企业物流成本分为供应物流成本、生产物流成本、销售物流成本和回收废弃物流成本四大类。

②流通企业物流成本。

流通企业物流成本是指在组织物品的购进、运输、保管、销售等一系列活动中所耗费的人力、物力和财力的货币表现，包括人工费用、营业费用、财务费用、管理费用、物流信息费。

③物流企业物流成本。

物流企业物流成本是指企业提供物流服务过程中所耗费的各种劳动的货币表现。包括直接材料、直接人工、间接费用、销售费用、管理费用、其他费用。

（3）物流各功能环节成本构成。

①运输成本；②仓储成本；③包装成本；④装卸搬运成本；⑤流通加工成本；⑥物流信息成本；⑦物流管理成本。

3. 物流成本管理的意义是什么？

（1）增加国家资金积累。

（2）为社会节省大量的物质财富。

（3）有利于调整商品价格。

（4）有利于改进企业的物流管理，提高企业的竞争力。

系统地开展物流成本管理活动，通过对物流成本费用进行计划、协调与控制，实现相对降低物流费用的目标，从微观角度上看，可以提高企业的物流管理水平，加强企业的经营管理，促进经济效益的提高；从宏观角度上看，降低物流费用对国民经济的健康发展和人民生活水平的不断提高具有重要的意义。

4. 物流成本管理的内容有哪些？

企业物流成本管理的内容主要包括物流成本计算、物流成本预测、物流成本决策、物流成本计划、物流成本控制、物流成本分析以及物流成本考核等。

子情境二　供应链管理

情境引例

利丰公司的供应链管理

从汽车行业到个人电脑业再到时装零售业，供应链管理在一步步地进入CEO的战略日程。出现这种变化的主要原因是竞争全球化。因为公司在关注核心业务的同时，还需要将部分非核心业务外包出去，公司的成功在很大程度上取决于控制公司外部价值链的能力。早在20世纪80年代，与供应商合作来改善成本和质量就成了公司关注的焦点。而在市场快速变化的今天，则需要通过创新来提高公司的环境适应性和市场反应力。

利丰公司是中国香港最大的出口贸易公司以及供应链管理的创新者（其管理模式被誉为香港式的供应链管理）。公司的主营产品包括服装、玩具和旅行袋等。

利丰公司创建于1906年，当时是作为经纪人（Broker）通过撮合中国人和美国商人做生意来获取佣金的。但后来，会讲英语的人越来越多，公司面临生存危机。20世纪70年代初，冯国经（利丰集团董事长）在哈佛商学院任教，其弟威廉（William）刚刚获得哈佛MBA学位，兄弟俩被父亲召回香港重振家业。之后，公司经历了几个不同的发展阶段。

第一阶段：利丰扮演着"地区性的原料代理商"（Regional Sourcing Agent）的角色，并在中国台湾、韩国和新加坡开设办事处。利丰从很多国家进货并装配各种部件，称之为"分类包装"（Assortment Packing）。例如，利丰向一家主要的批发商销售一套工具，可以从一个国家采购扳手，从另一个国家采购螺丝刀，然后组成一个产品包。从中可以获利，尽管并不多。

第二阶段：利丰在原料采购代理战略的基础上前进了一步，成为制造项目的管理者和递送人。在传统模式里，客户说："我需要这种商品，请到最好的地方给我买来。"而新模式则可以用下面的例子来说明。利丰的四大客户之一的某有限公司对我们说："下一季我们需要这种外形、颜色、质量的产品，你能提出一个生产计划吗？"从设计师提出的草案出发，利丰对市场进行调研，找到适合的纱线并对其不进行染色。利丰采纳了产品的概念，以原型的方式实现产品。买者看到样品后说："我喜欢这种而不是那种，你能生产出更多的这种产品吗？"接下来利丰会具体说明产品的调配及方案，为下个季节的产品提出完整的生产计划并签订合同。这样利丰就可以对工厂的生产进行计划和控制。

在整个20世纪80年代，利丰一直采用这种交付生产计划的战略，但那十年给利丰带来了新的挑战，使利丰进入了第三个阶段，他们不仅精通物流，而且分解价值链也变得很内行。

比如说利丰获得了来自欧洲的一个零售商10 000套衣服的订单，利丰不会简单地要求在韩国（或新加坡）的分支机构直接从韩国（或新加坡）进货。可能的做法是，从韩国买进纱线运到中国台湾地区去纺织和染色；同时，由于日本的拉链和纽扣是最好的，并且大部分是在中国内地生产的，因此，利丰会从YKK（日本的一大型拉链厂商）在中国内地的分厂订购拉链，之后再把纱线和拉链等运到德国去生产服装，因为考虑到配额和劳动力条件，利丰认为，在泰国生产服装是最好的。由于客户要求迅速交货，因此利丰会在泰国的五家工厂同时生产，这样利丰定制能最好地满足客户需求的价值链，使利丰的运作十分有效。五周以后，10 000套衣服就到了欧洲的货架上，它们看起来像是同一个工厂生产的（比如颜色等完全相同）。

只要想想利丰的物流和中间环节的协调就知道了。这是一种新的增加价值的方式，结果是使产品具有真正意义上的全球性（而这是从未有过的）。比如说，该产品的标签上写着"泰国制造"，却不是泰国的。利丰并不寻求哪一个国家可以生产出最好的产品；相反，利丰对价值链进行分解，然后对每一步进行优化，并在全球范围内进行优化。利丰从中获得的好处超过了物流成本，而且高附加值增加了利润。公司能生产出精密的产品并快速交付。只要你仔细观察全球性的大贸易公司，你会发现，它们都在向全球化方向发展——在全球范围内最佳配置资源。

如果把制造过程外包会非常省事。直接购买成品，让制造商自己去采购原料。但是，单一的一家工厂规模太小，没有市场影响力，不能要求供应商更快地交付产品。如果从整条供应链来思考，情况会有很大的不同。现在，某有限公司将订购10 000套衣服，但我们还不知道衣服的款式和颜色，客户只告诉我们交货期是5周。我们需要和供应商网络建立相互的信任，这样才能使供应商为我们保留未经染色的纱，我们还需要向负责纺织和染色的厂商作订货的承诺，以使它们余留生产能力，在交货的5周前，再告诉它们我们需要的颜色。同样，我们还要告诉生产服装的厂商："现在，我们还不知道需要何种款式的产品。但是，在某个时候，纺好的纱在染好色后会和纽扣等一起交给你，你会有3周的时间来生产10 000套衣服。"

这么做使我们非常辛苦，毕竟，由制衣厂自己来生产布料要省事得多，但那样整个订货过程要花3个月，而不是5周。因此，为缩短交付周期，我们有必要去组织整个生产过程。这样，零售商不必过早地预测市场的发展趋势。当市场不断变化时，增加灵活性（Flexibility）、缩短响应时间（Response Time）、快速反应（Quick Response）、小批量生产（Small Production Run）、小额订单以及迅速做出调整都是至关重要的。

利丰把供应链管理看作成本结构中"解决3美元"的一种手段。如果一种消费品的出厂价是1美元，其零售价通常是4美元。除非你是天才，否则你不大可能把单位生产成本降低10~20美分，因为，多年来人们一直在为此而努力。在生产领域已经没有太多减少成本的余地了。而降低分销渠道中的3美元成本却是可行的。它为你提供了一个更高的目标，你可以把成本降低50美分，几乎没有人会知道。因此，供应链管理是为客户省钱的好方法。

从某种意义上讲，利丰是一个"无烟（Smokeleas）工厂"。利丰从事设计工作，采购并验收原材料。利丰有工厂的管理人员，他们计划和组织生产，协调各生产线。利丰检查生产情况，但并不管理工人，也没有工厂的所有权。利丰与26个国家或地区的7 500多家供应商建立了合作关系。如果每个工厂有200个工人（这是一个保守的估计），那么事实上我们就是代表客户和上百万的工人打交道。利丰的政策是不拥有价值链中与工厂运营有关的部分。管理上百万的工人是一项太过艰巨的事业。那样，利丰会失去所有的灵活性，失去利丰规范和协调的能力。因此，利丰有意识地把这项管理上的挑战留给和我们签约的企业家来完成。利丰与工厂合作的目标是提取他们30%~70%的产能，这样，利丰极有可能成为它们最大的客户，但利丰不希望这些工厂完全依赖我们，使利丰失去灵活性，而且，让这些工厂拥有其他客户对我们有好处。没有自己的工厂，可否说利丰是在制造产品呢？绝对可以。因为在制造业价值链的15个环节中，利丰大约参与了10个。

问题：
1. 利丰公司发展到今天经历了哪几个阶段？原因是什么？
2. 为什么说利丰公司是一个"无烟工厂"？这是一种怎样的管理模式？

案例思考

利丰公司的发展经历了采购管理、无疆界生产、整体供应链管理三个阶段，主要是由于市场竞争的加剧、全球经济一体化的发展趋势、先进技术的应用等原因，这正是供应链管理产生的动因。

利丰从事设计工作，采购并验收原材料，计划和组织生产，协调各生产线，检查生产情况。利丰没有工厂的所有权，不拥有价值链中与工厂运营有关的部分，但在制造业价值链的15个环节中，利丰大约参与了10个。这是典型的供应链管理模式。

知识目标

1. 了解供应链管理产生的动因和发展趋势。
2. 掌握供应链的概念和特征。
3. 熟悉供应链的类型。

4. 掌握供应链管理的概念和特征。
5. 掌握供应链管理的目标。
6. 了解集成供应链的结构分析及实施流程。

能力目标

能够从供应链管理的角度分析相关案例和企业实际。

 知识阐述

随着科技进步及经济社会的发展，企业经营环境变得高度动态、复杂与多变。顾客越来越挑剔，竞争越来越激烈。特别是进入 20 世纪 90 年代以后，许多企业经营管理者发现仅仅依靠一个企业的力量不足以在竞争中获胜，于是纷纷联合，企业间从竞争走向合作；相应地，企业的竞争模式逐渐演变为供应链与供应链的竞争。

一、供应链管理的产生和发展

（一）21 世纪企业经营环境的主要特征

21 世纪企业面临的经营环境越来越复杂，主要表现在以下方面：第一，经济全球化、信息网络化、技术进步加快、市场由卖方市场向买方市场的转型、顾客越来越挑剔、竞争日益激烈以及可持续发展对企业提出了新要求，使得企业面临日益复杂多变的外部环境。第二，知识资源化、管理人文化、业务流程整合化、组织结构扁平化、运营由需求驱动是企业内部环境的主要特征。

（二）供应链管理的产生和发展

1. 供应链管理模式的产生经历了纵向一体化和横向一体化两个阶段，并将在 21 世纪的流通体系内不断完善和发展

在 20 世纪 80 年代以前，企业经营环境相对稳定，商品短缺，产品供不应求，市场特点表现为典型的卖方市场特征。由于市场需求稳定，需求预测相对容易且准确，因而企业的竞争主要表现为规模竞争。规模经济和范围经济所带来的低成本优势成为企业获取利润的主要源泉。企业除了扩大经营规模、提高主营产品的产量外，还将经营范围向后扩展到原材料、零部件的生产和供应领域，向前拓展到产品的分销领域，通常称前者为"后向一体化"，称后者为"前向一体化"，若同时向前后拓展，这便是所谓的"纵向一体化"。在这一阶段，企业典型的特征是"大而全""小而全"。

纵向一体化的经营模式，既增加了企业的投资负担，增大了投资风险，又不能收到"立竿见影"的效果，而且分散了企业的资源和能力，迫使企业从事并不擅长的业务，往往导致经营成本上升。同时，企业还在众多的经营业务领域面临强大的竞争对手，增大了企业的行业风险。

随着"纵向一体化"管理模式短板的暴露，从 20 世纪 80 年代后期，首先是美国的企

业，随后是其他国家的企业放弃了这种经营模式，出现了"横向一体化"管理思想。企业与其同业竞争者从竞争走向合作。具体而言，企业将资源和能力集中在最擅长的核心业务上，而将非核心业务委托、外包给本企业的直接竞争对手。其目的是充分利用竞争对手的资源快速响应市场需求，赢得产品在高质量、低成本、早上市等方面的竞争优势。

美国 A. T. Kearney 咨询公司研究发现，美国厂商多采用"纵向一体化"模式，而日本厂商多采用"横向一体化"模式。美国企业生产一辆汽车，总价的45%由本企业内部自制，55%外购，而日本厂商生产一辆汽车，外包的比例高达75%。这在一定程度上说明了为什么美国厂商缺乏竞争力。

2. 供应链管理产生的动因

（1）供应链管理产生的管理学动因。

将"横向一体化"管理思想运用到企业及其供应商、分销商、零售商和用户间的关系上，便产生了供应链管理模式。简言之，供应链是一条从供应商至制造商再到分销商，直至终端用户的"链"，相邻节点间存在供求关系。

供应链管理把企业资源从单个企业扩大到整个社会，使成员企业为了共同的利益而结盟，在供应商和顾客之间建立起战略伙伴关系。所有成员从共享信息，到共享思想、共同决策并最终共同获利。在这一过程中，需要信息技术作为支撑，需要依托电子商务平台，需要进行业务流程再造，需要所有成员的协同运作。

供应链管理的产生是许多管理学的思想和方法相互渗透、相互融合的结果，我们可以在管理学的许多分支学科中找到供应链管理的雏形，它位于物流管理、业务流程再造、战略管理以及营销管理学科发展的交汇点上，如图3-2-1所示。由此可见，供应链管理的产生有着深刻的管理学动因。

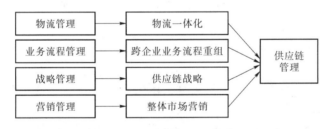

图3-2-1 供应链管理产生的管理学动因

（2）供应链管理产生的经济学动因。

供应链管理产生的又一动因来自经济学原理，即通过交易可以使每个企业的状况都变得更好。根据亚当·斯密在《国富论》中提出的"劳动分工理论"和"绝对利益学说"交易双方均只从事具有比较优势的业务（即核心业务），再交换，双方均可获得绝对利益。按照大卫·李嘉图的"比较优势理论"，即使某一企业在供、产、销、物流等企业经营的方方面面都比其他供应商、分销商做得好，该企业也不应该走"大而全""小而全"的企业经营之路。通过将企业的资源和能力集中于核心业务，而将相对劣势的业务或功能外包给合作伙伴，实施更大程度的企业间分工与合作，交易双方或多方均可享受到"比较利益"。

（3）供应链管理的产生是供应系统本身的需要。

随着各种先进技术以及物流技术在制造业中的应用，生产效率已经达到了相当的高度，生产制造技术对提高企业核心竞争能力的贡献越来越小,"第二利润源泉"已经枯竭。为了进一步降低成本,人们逐渐将目光投向了供应环节和整个供应链系统。许多专家认为,产品在全生命周期中供应环节的费用占总成本的比例很大。而一个国家供应系统的产值占国民生产总值(GNP)的10%以上,所涉及的劳动力也占人力资源总量的10%以上。在制造业占国民经济重要地位的国家,整个制造业零部件厂家的合理布置和写作体系的建立,对国民经济的发展相当重要。

综合上述,供应链管理的产生是供应系统本身的需要,同时又具有深刻的经济学和管理学动因。

3. 供应链管理的演变

供应链管理的产生和发展是以物流运作一体化为基础的。David F. Ross 将供应链的管理演化分为四个阶段:第一阶段是仓储与运输,侧重于操作性能,功能分散;第二阶段是总成本管理,侧重于优化运作成本和客户服务,强调功能的集成;第三阶段是物流一体化管理,侧重于物流战略\战术计划,强调物流功能的集成;第四阶段是供应链管理,侧重于整个供应链系统的管理,特别强调合作伙伴的战略合作,是一种虚拟企业的管理,如图3-2-2所示。

| 1.仓储和运输 1970年前操作性能功能分散 | 2.总成本管理 1970—1980年管理关注点优化动作成本和顾客服务功能集成 | 3.物流一体化管理 1980—1990年管理关注点战术/战略物流计划物流功能集成 | 4.供应链管理 1990年后管理关注点整个供应链伙伴关系虚拟企业 |

图3-2-2 供应链管理的演变

中国海事大学校长黄有方认为,中国物流应该向供应链管理方向发展,对于下一个阶段特别是中国的发展起到很大的作用。他认为,全球供应链体系不断创造扩展价值,供应链管理水平高低将成为衡量一个国家综合实力的重要标志。全球供应链是一个国家的核心利益,也是非常重要的全球性资产。

二、供应链

(一)概念

供应链管理的产生和发展

我国国家标准《物流术语》对供应链的定义是:"供应链(Supply Chain)是生产及流通过程中,涉及将产品或服务提供给最终用户活动的上游与下游企业,所形成的网链结构"。

在研究分析的基础上,本书给出一个供应链的定义:供应链是围绕核心企业,通过对信息流、物流、资金流的控制,从采购原材料开始,制成中间产品以及最终产品,最后由销售网络把产品送到消费者手中的将供应商、制造商、分销商、零售商,直到最终用户联成一个整体的功能网链结构。它是一个范围更广的企业结构模式,包含所有加盟节点企业。它不仅是一条连接供应商到用户的物料链、信息链、资金链,更是一条增值链,物料在供应链上因加工、包装、运输等过程而增加其价值给相关企业带来收益。其网络结构模型如图 3-2-3 所示。

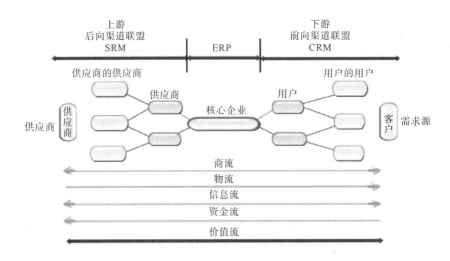

图 3-2-3 供应链的网络结构模型

供应链管理中的流程

（二）供应链的特征

（1）复杂性。因为供应链节点企业组成的跨度（层次）不同，供应链往往由多个、多类型甚至多国企业构成，所以供应链结构模式比一般单个企业的结构模式更为复杂。

（2）动态性。供应链的动态性首先来源于经营环境的动态、复杂与多变性，为了适应竞争环境的变化，供应链结构以及节点企业应该根据经营需要动态更新。另外，供应链战略规划及其实施也是动态的，必须考虑到计划期内季节的变动、成本变量、竞争策略以及消费趋势等的变化。

（3）需求导向性。供应链的形成、存在、重构，都是基于一定的市场需求而发生，并且在供应链的运作过程中，用户的需求拉动是供应链中信息流、产品/服务流、资金流运作的驱动源。

（4）交叉性。节点企业可以是这个供应链的成员，同时又是另一个供应链的成员，众多的供应链形成交叉结构，增加了协调管理的难度。

（5）增值性。供应链是一个高度一体化的提供产品和服务的增值过程。所有成员企业的运营都是围绕在将一些资源进行转换和组合，适当增加价值，然后把这些产品"分送"到顾客手中。制造商主要通过对原材料、零部件进行加工转换，生产出具有价值和使用价值的产品来实现增值。物流系统主要对产品或服务进行重新分布，通过仓储、运输等活动来创造时间价值和空间价值，在配送和流通加工过程中可以通过零售包装或分割尺寸而增加附加值，可在零售店通过集中展示多种商品而增值；信息服务商则通过向上下游企业及第三方物流企业提供信息服务来实现增值。供应链时代，企业的竞争建立在高水平的战略规划基础之上，这就要求各成员企业必须共同探讨供应链战略目标及实现的方法和手段，协同运作，共同提高运营绩效，创造双赢或多赢，实现供应链增值。

三、供应链管理

（一）概念

供应链的概念及特征

我国国家标准《物流术语》（GB/T 18354—2006）对供应链管理（Supply Chain Management，SCM）的定义是："对供应链涉及的全部活动进行计划、组织、协调与控制。"

本书认为，供应链管理是在满足服务水平需要的同时，通过对整个供应链系统进行计划、组织、协调、控制和优化，最大限度地减少系统成本，实现供应链整体效率优化而采用的从供应商到最终用户的一种集成的管理活动和过程。

供应链管理涉及战略型供应商和合作伙伴关系管理、供应链产品需求预测与计划、供应链设计、企业内部与企业间物料供应与需求管理、基于供应链管理的产品设计与制造管理、基于供应链的服务与物流、企业间资金流管理、供应链交互信息管理。

核心企业通过与供应链成员企业的合作，对供应链系统的物流、资金流、信息流进行控制和优化；最大限度减少非增值环节，提高供应链的整体运营效率；通过成员企业间的协同运作，共同对市场需求做出快速响应，及时满足顾客需求；通过调和供应链总成本与服务水平之间的冲突，寻求服务与成本之间的平衡，实现供应链价值最大化，提高供应链系统的整体竞争力。

（二）内容

供应链管理的概念

供应链管理的内容涉及4个主要领域：采购管理、生产管理、物流管理、信息管理，如图3-2-4所示。供应链管理是以同步化、集成化生产计划为指导，以先进物流信息技术为支持，尤其以Internet/Intranet为依托，围绕供应、生产作业、物流以及满足顾客需求来实施的。

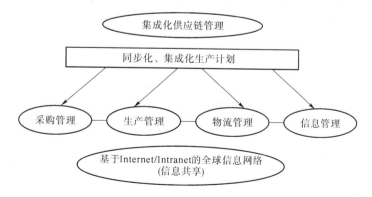

图3-2-4 供应链管理涉及的内容

供应链管理主要包括计划和合作控制从供应商到用户的物料和信息。其目标在于提高用户服务水平和降低交易成本，并且寻找两个目标之间的重叠区。

（三）特征

1. 需求驱动

供应链的形成、存在、重构都是基于特定的市场需求，用户的需求是供应链中物流、资金流、信息流的驱动源。一般地，供应链的运作是在客户订单的驱动下进行的，由客户订单驱动企业的产品制造，产品制造又驱动采购订单，采购订单驱动供应商。在订单驱动的供应链运作中，成员企业需要协同，需要努力以最小的供应链总成本实现最大的供应链价值。

2. 系统优化

供应链是核心企业和上下游企业以及众多的服务商（包括物流服务商、信息服务商、金融服务商等）结合形成的复杂系统，是将供应链各环节集成的网链结构。供应链的功能是系统运作体现出的整体功能，是各成员企业能力的集成。因此，通过系统优化提高供应链的整体效益是供应链管理的特点之一。

3. 流程整合

供应链管理是核心企业对企业内部及供应链成员企业间物流、资金流、信息流的协调与控制过程，需要打破企业内部部门间、职能间的界限，需要打破供应链成员企业间的阻隔，将企业内外业务流程集成为高效运作的一体化流程，以降低供应链系统成本，缩短供应提前期，提高顾客满意度。

4. 信息共享

供应链系统的协调运行是建立在成员企业之间高质量的信息传递和信息共享基础之上的，及时、准确、可靠的信息传递与共享，可以提高供应链成员企业之间沟通的效果，有助于成员企业的群体决策。信息技术的应用，为供应链管理提供了强有力的支撑，供应链的可视化（Visibility）极大地提高了供应链的运行效率。

5. 互利共赢

供应链是核心企业与其他成员企业为了适应新的竞争环境而组成的利益共同体，成员企业通过建立协商机制，谋求互利共赢的目标。供应链管理改变了企业传统的竞争方式，将企业之间的竞争转变为供应链与供应链之间的竞争，强调供应链成员之间建立起战略伙伴关系，扬长避短，优势互补，强强联合，互利共赢。

（四）目标

供应链管理的目的是增强企业竞争力，首要的目标是提高顾客满意度，具体目标通过调和总成本最小化、总库存最少化、响应周期最短化以及服务质量最优化等多元目标之间的冲突，实现供应链绩效最大化。

1. 总成本最低

总成本最低并非指供应链中某节点企业的运营成本最低，而是指整个供应链系统总成本最低。为了实施有效的供应链管理，必须将供应链成员企业作为一个有机的整体来考虑，以实现供应链运营总成本最小化。

2. 库存总量最少

传统管理思想认为，库存是为了应对供需的不确定性，因而是必需的。按照精益管理思想，库存乃"万恶之源"，会导致成本上升。故有必要将整个供应链的库存控制在最低的程度。总库存最少化目标的达成，有赖于对整个供应链库存水平及其变化的最优控制，而非仅是单个成员企业的库存水平最低。

3. 响应周期最短

供应链的响应周期是指从客户发出订单到获得满意交货的总时间。如果说20世纪80年代企业间的竞争是"大鱼吃小鱼"，那么，进入90年代以后企业间的竞争更多地演变为"快鱼吃慢鱼"。时间已成为当今企业市场竞争成败的关键要素之一。因此，加强上下游企业间的合作，构筑完善的供应链物流系统，最大限度地缩短供应链的响应周期，是企业提升竞争力，提高顾客满意度的关键。

4. 服务质量最优

企业产品或服务的质量的优劣直接关系到企业的兴衰成败，因而质量最优也是供应链管理的重要目标之一。而要实现质量最优化，必须从原材料、零部件供应的零缺陷开始，经过生产制造、产品分拨，直到产品到达客户手里，涉及供应链全程的最优质量。

一般而言，上述目标之间存在一定的背反性：客户服务水平的提高、相应周期的缩短、交货的改善必然以库存、成本的增加为前提。然而，运用集成化供应链管理思想，从系统的观点出发，改善服务、缩短周期、提高品质与减少库存、降低成本是可以兼顾的。只要加强企业间的合作，优化供应链业务流程，就可以消除重复与浪费，降低库存水平、降低运营成本、提高运营效率、提高顾客满意度，最终在服务与成本之间找到最佳的平衡点。

供应链管理的目的

供应链管理的概念、内容、目标、特征

四、集成供应链的结构分析及实施流程

（一）集成供应链管理概述

1. 集成供应链管理的定义

集成供应链管理就是通过信息、现代制造和管理技术，将企业生产经营过程中有关的人、技术、经营管理三要素有机地集成并优化运行，通过对生产经营过程的物料流、管理、决策过程的信息流进行有效控制和协调，将企业内部供应链与企业外部供应链有机地集成起来进行管理的过程。

2. 实施集成供应链管理的条件

要真正实施集成供应链管理，企业应进行以下几个方面的转变，见表3-2-1。

表 3-2-1 一般供应链管理与集成供应链管理对比

对比	一般供应链	集成供应链
管理领域	组织、制造、物流和营销	基于企业内部结构的供应链一体化协作
思维模式	纵向一体化	纵—横向一体化
经营思想	"小而全""大而全"	战略合作伙伴关系
信息系统特点	零散的、不透明的管理系统	分布的、透明的信息集成系统
目标价值体现	各自为政、盈亏自负	风险分担、利益共享
顾客需求反应	滞后	实时
顾客满意度	一般	高

(二) 集成供应链实施流程

企业从传统的管理模式转向集成化供应链管理模式时，为了适应市场经济的需要，应经历从最低层次的基础建设到最高层次的集成化供应链动态联盟，如图 3-2-5 所示。各个阶段的不同之处主要体现在组织结构、管理核心、应用信息技术等方面。

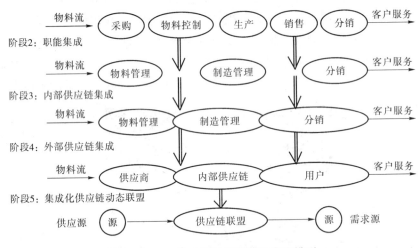

图 3-2-5 集成化供应链实施步骤模型

可以看出，集成供应链管理可以达到全局动态最优目标，以适应在新的竞争环境下市场对生产和管理过程提出的高质量、高柔性和低成本的要求。每个阶段的主要任务如表 3-2-2 所示。

表 3-2-2 集成供应链

阶段	环节	主要任务
阶段1	基础建设	分析原有行业供应链的模型以及市场内外环境的变化和消费市场的趋势 充分做好原材料的采购、物流生产控制、零部件的制造并积极构建销售模式和分销渠道 对产品市场的特征和不确定性做出分析和衡量，最后相应完善供应链

续表

阶段	环节	主要任务
阶段2	职能集成	将原材料的采购和物流生产控制整合成一个物料管理职能；将零部件和原料管理实现最优化 实施物流需求计划来进行部件的生产制造管理 选择合理的分销模式来畅通分销渠道，以满足客户的需求
阶段3	内部供应链集成	强调企业内部集成化供应链管理的效率问题 考虑在优化资源、提高能力的基础上，以最低的成本和最快的速度生产最好的产品满足用户的需求 提高企业的反应能力和效率，从而提高企业的柔性
阶段4	外部供应链集成	企业要特别注重战略伙伴关系管理，信息共享，双方共信 供应商管理库存和协同计划、预测与供给的应用 整合集成用户订购数据和合作计划，保证整个供应链的动态发展
阶段5	集成化供应链动态联盟	企业应特别关注产品的供需平衡能否适应市场变化 产品的销售数量能否与生产的节奏保持一致 关注每个供应链成员实际需求，以便使整个链条达到动态的平衡

五、供应链管理中需要规划的 9 个问题

21 世纪初期，供应链管理进入成熟和全面发展阶段，虽然成员之间的合作伙伴关系进一步稳定，注重供应链的协同，但他们对新技术、新理念的接受和认可需要一个过程，对利润分享不均存在分歧。然而，在实施供应链管理活动时，需要对以下 9 个要素进行规划。

（一）信息

供应链面对的最终消费者的需求是不断变化的，因而为其提供产品的零售商、批发商、制造商、供应商所组成的供应链具有相当的不确定性，这些不确定性与供应链的信息传递和共享密切相关。现代供应链管理是以信息为核心的管理，最终需求者的需求信息传递的准确性和相关信息共享程度的高低直接决定了供应链各成员企业的生产和运营。

（二）流程

流程指的是为某一特定目的，诸如满足顾客需求而采取的一项运作、一系列活动。供应链流程是以满足某一顾客需求为目的的一连串活动。它包括诸如物流、配送、采购、客服、销售、制造和会计在内的所有内部职能以及公司外部的相关企业。同时供应链流程也是一个理想过程，即从满足客户订单，到通过供应商提供成品、配件和装配来获取每份订单所要的货物。

（三）链接

供应链由多个成员企业构成，包括供应商、制造商、批发商、零售商、最终客户，这些成员企业之间通过业务往来进行链接。与普通的业务往来不同，供应链成员企业之间的链接

强调较为固定、合作期较长的链接形式以保证供应链结构的相对稳定，不同链接形式的供应链运作的效率也有所不同，供应链管理也是通过链接形式的管理以提高整体的运行绩效。

（四）存货

供应链中存货量的大小反映了供应链管理的绩效。供应链管理对存货要素的管理服从于整条供应链的目标，通过对整条供应链上的库存进行计划、组织、控制和协调，将各阶段库存控制在最小限度，从而削减库存管理成本，减少资源闲置与浪费，使供应链上的整体库存成本降至最低。

（五）条码、包装

供应链上原材料、零部件、半成品和成品是否采用条码，采用条码的类别及采用的包装形式是否统一等问题，关系到整条供应链上产品加工程序、运输环节多少等具体工作的效率。条码和包装也是决定供应链管理绩效的要素。

（六）能力

消费者需求的多样化和小批量化等特征要求整条供应链具有较高的柔性，以适应需求的变化，而供应链的相关设备也应具有适应这种变化的能力，特别是制造企业的生产设备的能力和供应链运输设备的能力。

（七）应急系统

近年来，地震、洪涝、飓风、突发疫情、恐怖袭击等风险发生的频率和强度都在逐年增加，企业的经营环境越来越不稳定，风险使供应链中的企业蒙受停产或供货短缺所造成的损失重大。当风险降临时，许多供应链成员企业的正常业务被迫中断，有的企业甚至破产倒闭。但是也有一些企业在遭到同样的风险后，能够从风险的影响中迅速恢复或者受到较少的影响，维持较高的客户服务水平。通过对这些企业成功经验与失败教训的总结可以发现，建立完善的供应链应急系统能够为供应链提供强有力的战略保障。

（八）内部纠纷处理

供应链的良好运作是以供应链成员企业相互间充分信任和相互合作为基础的，缺乏这种信任和强烈的合作愿望，供应链的有序运作是不可能的。但是，供应链成员企业也不可能永远是一团和气。因为供应链成员企业都是独立的利益个体，虽然相互间存在战略伙伴关系但却同时存在自身的利益，这些企业加入供应链的最根本想法也就是获得更多的利益。由于存在利益的分配问题，不免存在着异议、矛盾，甚至冲突。供应链管理要保证供应链良好的信任与合作，就必须有相应的内部纠纷处理办法。

（九）资源和利益分配

供应链通过对信息流、物流、资金流的控制，对整个供应链中的共同任务进行重组，实际上是采取有形资产的联合和增加及知识资源的优化组合两种形式对资源进行了分配。同时，进行供应链管理，可以降低企业经营风险和提高市场反应速度，从而为供应链创造更多的利益。供应链管理需要通过对资源和利益的合理分配来促进各成员企业更加紧密的协作，以达到更进一步改善供应链运行绩效的目的。

供应链管理的思想

丰田模式的秘密——
供应链管理

问题解决

我们已经学习了供应链管理的相关知识，下面我们就用这些知识来解决前面的"情境引例"中出现的问题。

1. 利丰公司的发展经历了三个不同的阶段，这正是供应链发展的缩影。供应链管理的产生和发展，主要基于管理学、经济学、过程本身的原因。物流管理、业务流程管理、战略管理、营销管理是管理学动因；"劳动分工""绝对利益""比较优势"是其产生的经济学动因；"第二利润源泉"的枯竭，供应系统成为"第三利润源泉"，是其本身的动因。

2. 利丰公司从设计、采购以及计划、协调、控制各工厂的生产，参与全部制造过程15个环节中的10个环节，很好地满足了客户的个性化需求，并通过有效运作，降低了整个系统的成本，取得很高的经济效益，这典型地反映了供应链管理的内涵。供应链管理是在满足服务水平需要的同时，通过对整个供应链系统进行计划、组织、协调、控制和优化，最大限度地减少系统成本，实现供应链整体效率优化而采用的从供应商到最终用户的一种集成的管理活动和过程。

情境整合

1. 知识框架

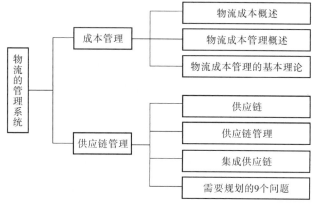

2. 重点难点解析

重点：

（1）物流成本的构成。

（2）物流成本管理的内容。

（3）供应链的概念、特征。

（4）供应链管理的概念、特征目标。

难点：

（1）与物流成本相关的基本理论。

（2）集成供应链的结构分析及实施流程。

拓展阅读

快速反应的物流系统

近些年来在"快速反应的物流"这一旗帜的庇护下，JIT思想的各种分支和派别不断发展。快速反应（QR）的基本思想是为了在以时间为基础的竞争中占据优势，必须建立一整套对环境能够反应敏捷和迅速的系统。因此QR是信息系统和JIT物流系统结合起来实现"在特定的时间和特定的地点将特定的产品交予客户"的产物。

QR的实现主要依靠的是信息技术的发展，特别是电子数据交换、条码和带有激光扫描仪的电子销售点（EPOS）系统等工具的使用。

从根本上说，QR背后所隐含的意义是需求信息的获取，尽量实时并且贴近用户。物流的反应速度最终要受到信息的直接影响。宝洁公司（P&G）便是一例，它从北美最大的零售商沃尔玛的收银台直接获取销售数据，运用这些信息制订其生产计划和安排配送计划以便补货。这样一来，沃尔玛只保留很少的一部分库存，却可保证较少的缺货，宝洁则得益于由于对需求的可预知性而能更经济地进行生产和物流运作，最重要的是大大增加了对沃尔玛的销售额。对信息系统的投资尽管很高，但是回报也是巨大的。早期QR的经验表明：要在实施QR的两年以后才能得到预期的回报。

QR系统的一个特点是通过系统处理速度的加快可以减少大量的前置时间，这可使库存量减少并可以进一步减少反应次数。

快速反应系统起初出现于时装行业，在这个行业中原来多采用的是传统的基于库存的系统，即客户提前做出采购决策为依据的系统（实际上是一个"推动"系统），这种系统所产生的成本是十分巨大的。美国一次对其纺织和服装行业传统的物流系统的成本统计表明，该成本为250亿美元。

在这种情况下，如果在整个供应链采取QR策略则该供应链的所有成员都会取得巨大的优势。就时装行业来说，其目标就是将零售商、服装制造商、纺织品制造商和纤维供应商紧密联系在一起。其中一例便是美国的纺织品公司Milliken、制造公司Simininole和零售商沃尔玛之间联系在一起共享信息。零售商在销售点获取最终用户的需求信息，然后迅速反馈到供应链的各个合作伙伴，以大大缩短前置期并进一步减少库存量。

在其他行业QR现象也同样广泛存在。英国的Rover公司也通过引进Rover800将QR思想应用于从接货到把产品推向市场这一过程中：Rover800在两年之内便设计并试制成功，而相比之下原来的Rover则要用39个月的前置期，日本制造商的平均前置期也要达到35个月。汽车制造通常始于设计，然而越来越多的公司发现加快物流的速度可以以较低的成本获得较多的销售额。一个北美最大的医药产品的分销商McKesson将其计算机系统与18万个药品零售商和其他一些销售点互联，以便使他们能将其订单直接传入订单管理系统中心。与此同时，当McKesson需要时，系统会考虑到前置期自动识别，并从其供货商那里重新订货。结果 McKesson 不但为该行业提供了最高水平的服务，并且其库存的周转率也名列前茅。

随着在整个供应链中合作者对快速反应的要求的增长，施加在厂商身上的压力越来越大。也就是说，要在尽可能短的时间之内，满足顾客多方面的需求。解决这个问题的方法就在于灵活性。正如我们所观察到的，如果能使生产和物流前置时间降为零成为可能，则总体灵活性就能实现。换句话说，也就是一个组织对任何技术上可行的需求均能做到快速反应。然而零前置时间显然是难以实现的，最近着眼于弹性生产系统的研究在这方面已经强调了这种潜在进步的可能性。

任务实训

项目名称： 供应链啤酒游戏

实训目的： 通过分组练习供应链啤酒游戏，体验供应链的作业流程，熟悉物流过程中的成本核算。

实训器材： 手机、微信

实训指导： 1. 分组：5人一组，分别扮演零售商、批发商、分销商、代理商、制造商。

2. 实训准备：提前关注微信公众号"易木科技"，从"易产品"菜单下，找到啤酒游戏，提前下载指导书，熟悉实训过程和游戏规则。

3. 按照分组中每个人所承担的角色，协作配合进行游戏，游戏过程中，注意核算成本，保证成本最低，收益最高。

实训报告： 将作业流程和实训体会写进实训报告。

综合训练

一、单项选择题

1. 当产品停滞时产生的企业占用资金及存货在物流活动中的风险损失和为防止损失支付的投保费用，是（　　）。

　　A. 一般物流成本　　　　　　　　B. 物流功能成本
　　C. 存货相关成本　　　　　　　　D. 销售物流成本

2. 按企业经营性质划分，物流成本可分为（　　）、流通企业物流成本和物流企业物流成本。

　　A. 生产企业物流成本　　　　　　B. 销售企业物流成本
　　C. 行业物流成本　　　　　　　　D. 社会物流成本

3. 社会物流总成本中，（　　）物流成本占 GDP 的比重越大，说明该地区存货过多，周转率低下，物流活力不足。

　　A. 管理成本　　B. 运输成本　　C. 社会成本　　D. 保管成本

4. 企业希望通过扩大物流中心的规模来减少运输次数降低物流成本，但同时造成了企业的仓储成本上升，这种困境在物流中被称为（　　）。

　　A. 物流冰山效应　　　　　　　　B. 物流效益背反理论
　　C. 物流"黑大陆"学说　　　　　　D. 物流总成本理论

5. 物流成本管理中，基于成本预测和预算的结果，结合本企业实际情况选择适合本企业服务水平和成本要求的方案的过程，被称为（　　）。

  A. 物流成本核算　　　　　　　　B. 物流成本预算

  C. 物流成本决策　　　　　　　　D. 物流成本控制

 6. 目前多数物流企业将物流的成本分配到物流活动的各个作业环节，继而将成本分配到具体产品或劳务上的成本核算方法是（　　）。

  A. 会计方法双轨制　　　　　　　B. 作业成本核算法

  C. 统计成本核算法　　　　　　　D. 会计方法单轨制

 7. 人们通过分析发现，大量的物流隐性成本不被认知，常常与其他成本混淆，这是物流学中的（　　）学说。

  A. 物流效益背反　　　　　　　　B. 物流总成本

  C. 物流"黑大陆"　　　　　　　　D. 物流利润源

 8. 企业和下游企业及终端顾客构成的供应链的运行基础是（　　）关系。

  A. 需求　　　B. 供应　　　C. 顾客　　　D. 利益

 9. 供应链是一个网链结构，是从采购原材料开始到制成中间产品到最终产品，一直到消费者手中的将供应商、制造商、分销商、零售商直到最终消费者组成的一个（　　）。

  A. 功能网链结构　　　　　　　　B. 成本网链结构

  C. 价格网链结构　　　　　　　　D. 需求网链结构

 10. 信息共享是供应链管理的（　　）。

  A. 基础　　　B. 重点　　　C. 关键点　　　D. 控制点

 11. 随着（　　）的变化，可能会要求打破现有的供应链组织形式而重新建立新一轮的供应链。

  A. 人才环境　　B. 信息环境　　C. 管理环境　　D. 经营环境

二、多项选择题

1. 运输成本构成有（　　）。

  A. 人工费用　　B. 营运费用　　C. 包装费用　　D. 仓储费用

2. 物流各功能环节成本的构成有（　　）。

  A. 运输成本　　B. 回收物流成本　　C. 仓储成本　　D. 包装成本

3. 物流成本管理的基本理论有（　　）。

  A. 物流冰山学说　　　　　　　　B. "黑大陆"理论

  C. 第三利润源理论　　　　　　　D. 效益背反理论

4. 物流成本管理的意义（　　）。

  A. 增加国家资金积累

  B. 为社会节省大量的物质财富

  C. 有利于调整商品价格

  D. 有利于改进企业的物流管理，提高企业的竞争力

5. 供应链维持的原则有（　　）。

  A. 合作信任原则　　　　　　　　B. 目标一致原则

  C. 利益均衡原则　　　　　　　　D. 信息共享原则

  E. 自律原则

6. 供应链管理下企业间的信息集成从（　　）几个部门展开。
   A. 采购部门　　　B. 销售部门　　　C. 制造部门　　　D. 人力资源部门
5. 供应链的特点（　　）。
   A. 复杂性　　　B. 动态性　　　C. 面向用户需求
   D. 交叉性　　　　　　　　　　　E. 高效性
7. 供应链管理涉及的主要领域是（　　）。
   A. 供应领域　　　B. 生产计划领域　　　C. 物流领域
   D. 需求领域　　　　　　　　　　　　E. 售后服务领域
8. 供应链是围绕核心企业，通过对信息流、物流、资金流的控制，从采购原材料开始，制成中间产品以及最终产品，最后由销售网络把产品送到消费者手中，将（　　）连成一个整体的功能网络链接的结构模式。
   A. 政府和社会团体　　　　　　　B. 供应商　　　C. 制造商
   D. 分销商　　　　　　　　　　　E. 零售商
9. 以下关于供应链管理的描述，正确的有（　　）。
   A. 供应链管理是一种集成化管理模式
   B. 供应链管理是一种"推式"管理模式
   C. 供应链管理不要求上下游企业之间进行合同制管理，它只是一种利害分担机制
   D. 供应链管理提出了全新的库存观
   E. 供应链管理是全过程战略管理

三、简答题

1. 物流成本管理的意义有哪些？
2. 物流成本的效益背反理论是什么？
3. 什么是供应链，它有何特征？
4. 什么是供应链管理，其特征和目标是什么？

情境四
物流的业务形式

篇首语

随着社会经济的发展，各种新的经济形式涌现。现代物流也随之出现了各种服务于新经济形式的业务形式，例如企业物流、国际物流、电子商务物流、冷链物流、医药物流等。本情境重点介绍企业物流、国际物流、电子商务物流三种物流业务形式。通过本情境的学习，掌握三种业务形式的作业流程和要点，为以后学习专业知识打好基础，初步具备以后从事相关业务的基础知识。

本情境重点介绍企业物流的采购物流、生产物流、销售物流、逆向物流、废弃物物流等各作业环节的相关知识；国际物流及进出口商品的检验和报关流程，国际货运代理的相关知识；电子商务的一般流程及作业模式及物流和电子商务的相互关系等。

子情境一　企业物流

情境引例

格力公司企业物流分析

格力公司的物流模式采用的是第三方物流的模式。2007年7月，为提升珠海物流行业的整体发展水平，增强企业竞争力，更好地服务地方经济，格力集团正式全资控股原珠海市一家物流公司，并将该公司更名为珠海市格力物流有限公司。同年，从中化格力码头顺利进入试运营，到收购名家物流成立格力物流，再到与全球最大的工业及物流地产开发商——美国普洛斯公司合作建设国际物流园，格力集团以漂亮的"三级跳"，用短短1年时间基本完成了在港口物流领域的区域性战略发展布局。格力公司已经基本完成了包括港口码头、物流园区和高端VMI及跨境保税物流等在内的区域性完整物流产业链战略布局。格力公司的物流模式是销售公司和生产基地两种，而销售公司又分为两种：一种是法人是格力的，也就是格力旗下的，另外一种的法人为其他企业的，也就是格力之外的，但是不管是哪一种，均遵循一个模式，即订单模式。首先，销售分公司根据市场情况，下面的经销商情况向生产基地下订单、付款，然后由生产基地生产出后，再经物流部发出，由销售分公司自行提货，提至自己的仓库后进行自身、经销商等的分配。

1. 生产物流

生产物流控制是供应链管理中的一个重要环节，关于生产方式的理论在学界有三种主流：MRP（物流需求计划）；JIT/TPS（准时生产）；TOC（制约因素理论）。格力在生产的过程中，需要用到大量的物料，这些物料的供应情况（质量、配送、价格等）将直接影响到生产。由于格力自身拥有强大的零件配套能力，钣金、喷塑件、注塑件、管路、两器、控制器都可以自制生产，对于超出自身能力的部分，则将业务外发给周边的外协厂生产。由于零件结构原因，格力自己的这些配套分厂往往互相形成上下游供应关系：如控制器厂的遥控器外壳和金属件需要分别由注塑分厂供应，两器分厂的钣金件和铜管分别需要钣金分厂和管路分厂供应。这些交叉的供应关系复杂化了生产物流的供应关系，也增加了内部供应链管理的难度。

2. 采购物流

拥有自己的物流公司，全资投资珠海市格力物流有限公司，有接近2万平方米的物流配送中心，这样方便了货物的置放，因为家电类都比较大型，所以就不必担心货物无法处理。格力物流有限公司是珠海第一家也是目前唯一一家拥有公共保税仓和出口监管仓两仓资质的现代化第三方物流公司。有利于格力家电的出口，因为处于保税区，所以在这个地区格力家电会相对减少税费。格力的物流主要是与其他物流公司合作，在不同的地区选取最好的物流公司来采购和货运，能把家电以最快的速度送往全国各地。

3. 销售物流

2009年2月，格力物流有限公司国内结转型出口监管仓成功通过中华人民共和国拱北海关验收，为格力物流保税VMI业务再添新翼。出口监管仓将结合保税仓同时运营使用，更好地发挥"两仓"资源优势。通过这一业务模式，出口企业可将货物以一般贸易出口、加工贸易来料出口、加工贸易进料出口、来料料件复出、进料料件复出或退港等多种方式将货物出口至仓库，然后进口企业再将货物进口。这样就有效解决了货物出口至我国香港再进境的"绕港问题"，也就是俗称的"香港游"的烦恼，有效节约时间和成本，让企业实现快捷、便利通关。格力物流公司也因此成为珠海唯一同时拥有"公共保税仓"和"国内结转型出口监管仓库"的企业。出口监管仓的成功验收和"两仓"模式的推广运作，意味着格力物流在业务模式拓展方面取得重大突破，将更好地为客户提供多方位高端物流服务。同时，作为格力物流版块核心业务之一，"两仓"模式也将有效提升版块核心竞争力，为版块立足行业前列、实现快速发展提供积极的力量。

分析以上案例，回答下列问题：
1. 什么是企业物流，它包括哪些具体的物流活动？
2. 采购物流的基本流程有哪些，采购模式有哪些？
3. 为了提高生产效率，一般从哪几个角度组织企业生产物流，生产物流的管理方法有哪些？
4. 销售物流的主要环节有哪些，其构成要素包括哪几个方面，其主要模式有哪些？

案例思考

企业物流（Enterprise Logistics）是指生产和流通企业围绕其经营活动所发生的物流活动。企业物流按照功能和作业流程可以分为供应物流、生产物流、销售物流、回收物流、废弃物流等具体物流活动。采购物流包括取得资源、组织到厂物流、组织厂内物流三个环节，常用的采购模式主要有订货点采购模式、MRP采购模式、JIT采购模式、VMI采购模式、电子采购模式。为了提高生产效率，一般从空间、时间、人员三个角度组织企业生产物流，生产物流的管理方法主要有 MRP、Close MRP、MRP Ⅱ、ERP 等。销售物流的主要环节包括：产品包装、产品储存、货物运输与配送、装卸搬运、流通加工、订单及信息处理、销售物流网络规划与设计，其构成要素主要有订货周期、可靠性、信息渠道、方便性等，销售物流有生产者企业自己组织销售物流、第三方物流企业组织销售物流、用户自己提货的形式等三种主要的模式。

知识目标

1. 掌握企业物流的概念及其包括的物流活动。
2. 掌握采购物流的流程及其采购模式。
3. 理解生产物流的组织形式及其管理方法。
4. 掌握销售物流的主要环节、构成要素和主要模式。
5. 了解逆向物流的作用和废弃物的处理方法。

能力目标

能够利用所学企业物流知识，分析物流活动流程，并能提出改进方案。

 知识阐述

一、企业物流的概念

我国《物流术语》中将企业物流（Enterprise Logistics）定义为生产和流通企业围绕其经营活动所发生的物流活动。

企业物流的概念

在企业生产经营过程中，物品经过从原材料供应、生产加工，到产成品和销售，以及伴随生产消费过程中所产生的废弃物的回收及再利用的完整循环活动，就是企业物流的内容，此过程如图 4-1-1 所示。

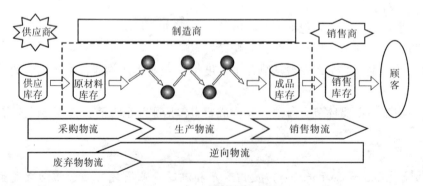

图 4-1-1　企业物流过程

企业物流按照功能和作业流程可以分为以下具体物流活动：采购物流、生产物流、销售物流、回收物流、废弃物物流等。

二、采购物流

采购物流（Supply Logistics）：我国《物流术语》中指为下游客户提供原材料、零部件或其他物品时所发生的物流活动。包括原材料等一切生产物资的采购、进货运输、仓储、库存管理、用料管理和供应管理，也称为原材料采购物流。

（一）采购物流的过程与内容

采购物流过程因不同企业、不同供应环节和不同的供应链而有所区别，这个区别就使企业的采购物流出现了许多不同种类的模式。但是，尽管不同的模式在某些环节具有非常复杂的特点，但是采购物流的基本流程是相同的，其过程有以下几个环节，如图4－1－2所示是采购物流的基本流程图。

采购物流的过程与内容

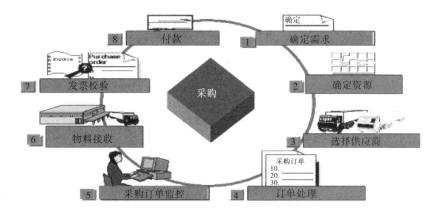

图4－1－2 采购物流的基本流程图

1. 取得资源

取得资源是完成以后所有供应活动的前提条件。取得什么样的资源，这是由核心生产过程提出来的，同时也要按照采购物流可以承受的技术条件和成本条件辅助采购物流流程决策。

2. 组织到厂物流

所取得的资源必须经过物流才能达到企业。这个物流过程是企业外部的物流过程，在物流过程中，往往要反复运用装卸、搬运、储存、运输等物流活动才能使取得的资源到达企业的门口。如图4－1－3所示为厂外物流活动内容。

3. 组织厂内物流

如果企业外物流到达企业的"门"，便以"门"作为企业内外的划分界限，例如以企业的仓库为外部物流终点，便以仓库作为划分企业内、外物流的界限。这种从"门"和仓库开始继续到达车间或生产线的物流过程，称作采购物流的企业内物流，图4－1－4是厂内物流活动内容。传统的企业采购物流，都是以企业仓库为调节企业内外物流的一个结点。因此，企业的供应仓库在工业化时代是一种非常重要的设施。

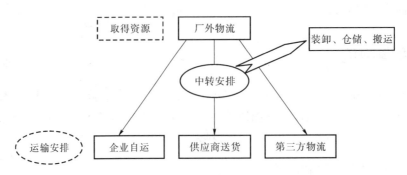

图 4-1-3　厂外物流活动内容

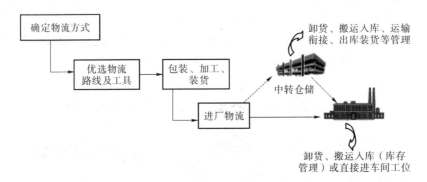

图 4-1-4　厂内物流活动内容

(二) 采购物流应注意的问题

供应商的分类

1. 供应商的分类、选择及管理

(1) 供应商的分类。

①伙伴型供应商。

在供应商分类模式中,如果供应商认为本公司的采购业务对他们来说非常重要,其自身又有很强的产品开发能力等,同时该采购业务对本公司也很重要,那么这些采购业务应该对应于"伙伴型的供应商"。

②优先型供应商。

如果供应商认为本公司的采购业务对他们来说非常重要,但该采购业务对本公司来说却不是十分重要,这样的供应商无疑有利于本公司,是本公司的"优先型供应商"。

③重点商业型供应商。

如果供应商认为本公司的采购业务对他们来说无关紧要,但该采购业务对本公司来说却十分重要,这样的供应商就是需本公司注意改进提高的"重点商业型供应商"。

④商业型供应商。

对于那些对供应商及本公司来说均不是很重要的采购业务,相应的供应商可以很方便地选择更换,那么这些采购业务对应于普通的"商业型供应商"。

供应商的分类如图 4-1-5 所示。

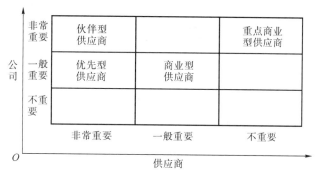

图 4-1-5 供应商的分类

（2）供应商的选择。

评价和选择一个供应商，一般应考虑以下几个因素：

①质量。一般来说，衡量供应商最重要的因素是质量。只有良好的设备和技术及技术的不断创新，才能保证供应产品的品质。

②可信度。购买者关心按时交货以避免中断生产。同时，产品的生命周期对最终产品的质量、制造商的质量保证以及重复销售有直接影响。

供应商选择需要考虑的因素

③能力。能力即潜在供应商的设备和生产能力、技术力量、管理与组织能力以及运行控制能力等，这些因素旨在考虑供应商提供所需物资的质量与数目的能力以及供应商能否持续、稳定地提供相关服务的能力。

④产品价格。产品的价格是选择供应商的主要因素，但不是最重要的因素，原料的价格会影响到最终产品的成本，但综合看，与质量、可信度以及能力相关的成本更为重要。

⑤良好的管理制度、优秀的企业集体。没有良好的管理制度及企业运营财务状况，可能会中断物料的长期连续供应。因此对长期采购的物料，更应该注重企业的整体状况。

（3）供应商的管理方法。

①综合考虑各种因素选择供应商。

企业选择供应商，首先对市场上供应商提供的产品进行选择，还要考虑价格、交货时间、信誉、供应商实力等因素。

②运用重点管理法管理供应商。

供应商的管理方法

对供应商进行重点管理，有利于企业节约人力、物力。首先用 ABC 分类法对供应商进行分类，对于少数关键供应商，进行重点管理。

依据下列比例，对供应商进行划分：

A 类供应商占总供应商数量的 10%，其供应的物资价值占企业采购物资价值的 60%~70%；

B 类供应商占 20%，其供应的物资价值占 20%；

C 类供应商占 60%~70%，但其供应的物资价值仅占 10%~20%。这样划分出 ABC 三类。

③对供应商的业绩进行科学考评。

建立包括质量、价格、交货时间、合同完成率等在内的指标体系，对供应商进行综合的评价。企业可以对这些指标，按照企业需要的重要程度给予一定的权重，进行综合考核。这些指标真正发挥作用,还在于历史数据的收集、整理及数据的真实有效。所以,平时维护供应商资料的工作量比较大,需要一定投入。这些资料,对于采购决策的支持,起着重要的作用。

④保持供应商之间的适度竞争,优胜劣汰。

对于供应商的选择,既可以选择独家供应,也可以选择多家供应,这要根据企业所面临的具体情况考虑。无论哪种方式,都需要根据供应商的考评对供应商优胜劣汰,以提高供应商的质量。

⑤建立企业同供应商的密切合作、互荣共存的关系。

作为一个企业,在考虑自身利益的同时,要兼顾客户利益和供应商利益,保证各自的合理利润,才是企业发展的长久大计。

2. 企业采购模式

(1) 订货点采购模式。

订货点采购模式

订货点采购,是由采购人员根据各个品种需求量和订货的提前期的大小,确定每个品种的订购点、订购批量或订货周期、最高库存水平等,然后建立起一种库存检查机制,当发现到达订购点,就检查库存,发出订货,订购批量的大小由划定的标准确定。

(2) MRP 采购模式(Material Requirement Planning)。

主要应用于生产企业。它是由企业采购人员采用 MRP 软件,制订采购计划而实施采购的。MRP 采购原理,是根据 MPS(Master Production Schedule,主出产计划)和 BOM(Bill of Materials,物料清单或产品结构文件)以及主产品及其零部件的库存量,逐步计算出主产品的各个零部件、原材料的投产时间、投产数目,或者订货时间、订货数目,也就是产生出所有零部件、原材料的生产计划和采购计划。然后按照这个采购计划进行采购。

MRP 采购模式

MRP 采购模式也是以需求分析为根据,以满足库存为目的。因为计划比较精细、严格,所以它的市场相应敏捷度及库存水平都比之前的方法有所提高(如图 4-1-6 所示)。

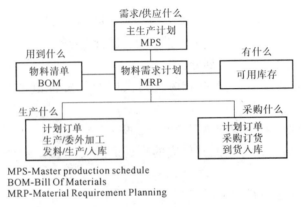

图 4-1-6 MRP 的原理

（3）JIT 采购模式。

JIT 采购，又称为准时化采购，是一种完全以满足需求为依据的采购方法。需求方根据自己的需要，对供给商下达订货指令，要求供给商在指定的时间，将指定的品种、指定的数目送到指定的地点。

JIT 采购做到了敏捷地响应市场，满足用户需求，又使得用户的库存量最小。因为用户不需要设库存，所以实现了零库存。是一种比较科学、理想的采购模式。

JIT、VMI、电子采购

（4）VMI 采购模式。

VMI 采购模式（Vendor Managed Inventory，供应商管理库存），其基本思想是在供应链机制下，采购不再由采购者操纵，而是由供应商操纵。VMI 采购是用户只需把自己的需求信息向供应商及时传递，由供应商自己根据用户的需求信息，预测用户未来的需求量，并根据这个预测制订自己的出产计划和送货计划，用户库存量的大小由供应商自主决定的采购模式（如图 4-1-7 所示）。

这是一种比较理想科学的采购模式，最大受益者是用户，但是这种采购对企业的信息系统、供应商的业务运作水平要求高。

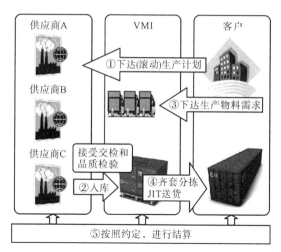

图 4-1-7　VMI 采购运作模式

（5）电子采购模式。

电子采购，即网上采购，是在电子商务环境下的采购模式，是依靠电子商务的发展和物流配送水平的进步而发展起来的采购模式，是一种很有前途的采购模式。其简化了手续，减少了采购时间，降低了采购成本，提高了工作效率。

三、生产物流

生产物流（Production Logistics）：我国《物流术语》中是指企业生产过程发生的涉及原材料、在制品、半成品、产成品等所进行的物流活动。

生产物流会受以下因素的影响：

生产工艺——对生产物流有不同要求和限制；

生产类型——影响生产物流的构成和比例；

生产规模——影响物流量大小；

专业化和协作化水平——影响生产物流的构成与管理。

生产物流及其设计原则

（一）生产物流系统设计原则

（1）最小移动距离。

尽量缩短物料及各种零部件的移动距离，使各类活动能够紧密衔接，合理地进行工厂的布局，避免迂回和交叉。

（2）综合性。

生产物流系统设计应站在全局的立场，考虑工厂的长远发展，不仅考虑物流系统各功能之间的协调发展，同时要考虑规模、能力、质量、管理等的需要。

（3）集装单元化。

采用集装单元的方式，开展装卸、搬运、保管、运输等活动。

（二）生产物流的组织形式

从原材料投入到成品出产物流过程，通常包括工艺过程、检验过程、运输过程、等待停歇过程等。为了提高生产效率，一般从空间、时间、人员三个角度组织企业生产物流。

1. 生产物流的空间组织

生产物流的空间组织是相对于企业生产区域而言的，其目标是缩短物料在工艺流程中的移动距离。生产物流空间组织形式一般有三种专业化组织形式，即工艺专业化、对象专业化、成组工艺。

（1）按工艺专业化形式组织生产物流。

工艺专业化形式也叫工艺原则或功能生产物流体系，其是按加工工艺的特点划分生产单位，将同类设备和人员集中在一个地方以便对企业将要生产的各种产品进行相同工艺的加工，如图4-1-8所示。它通过工艺导向布局进行空间安排，目的是尽量减少与距离相关的成本。

按工艺专业化形式组织生产物流

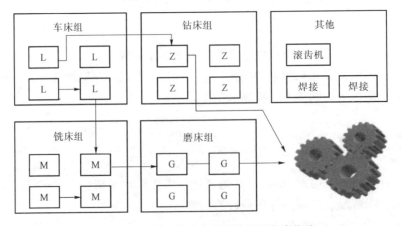

图4-1-8 按工艺专业化形式组织生产物流

在企业生产规模不大，生产专业化程度较低，产品品种不稳定的小批量生产条件下可按工艺专业化形式组织生产物流。

（2）按对象专业化形式组织生产物流。

对象专业化形式也叫产品专业化原则或流水线，它是按加工或生产产品（零部件）的加工路线组织生产设备或辅助设备，其设备、人员按加工或装配的工艺过程顺序布置，如图4-1-9所示。

按对象专业化形式
组织生产物流

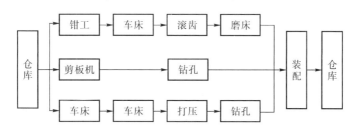

图4-1-9 按对象专业化形式组织生产物流

按成组工艺形式
组织生产物流

在企业专业化方向已经确定、产品品种较为稳定、生产类型属于大批量生产、设备比较齐全的条件下，适合按对象专业化组织的生产物流。

（3）按成组工艺形式组织生产物流。

成组工艺形式结合了上述两种形式的特点，是指按成组技术管理，把完成一组相似零件的所有或几大部分加工工序的多种机床组成机器群，以此为一个单元，并根据其加工路线在其周围配置其他必要的设备，如图4-1-10所示。

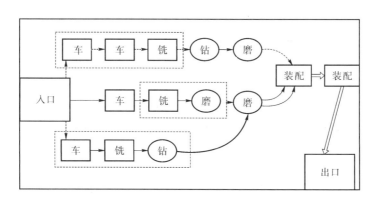

图4-1-10 按成组工艺组织生产物流

2. 生产物流的时间组织

生产物流的时间组织是指按照生产过程中各生产单位、各道工序之间时间上的衔接和结合方式。要合理组织生产物流，不但要缩短物流流程的距离，而且要加快物料流动的速度，减少物料的等待间隔，实现物流的节奏性、连续性，通常物料的生产物流有三种典型的移动组织方式，即顺序移动、平行移动、平行顺序移动。

生产物流的时间
和人员组织

（1）顺序移动方式是指一批零部件在上道工序的加工全部完成以后，整批地从上道工序进入下道工序加工。其特点是零部件在各道工序之间的整批移动，工序之间移动是顺次、连续的，就每个零部件而言都有明显的等待加工时间。

（2）平行移动方式是指每个零部件在上道工序的加工结束以后，立即转入下道工序进行加工。其特点是一批零件同时在各道工序上平行地进行加工，缩短了生产周期，但是在下道工序加工完毕前会有一部分停歇时间。

（3）平行顺序移动方式是指一批零部件在一道工序上尚未全部加工完毕，就将已加工好的一部分零部件转入下道工序加工，以恰好能使下道工序连续地全部加工完该批零部件为条件。

3. 生产物流的人员组织

企业生产物流的人员组织主要体现在人员的岗位设计方面，实现生产物流空间、时间两方面的特定目标和要求，必须对工作岗位进行相应的设计，以保证生产物流优化通畅。

（1）人员组织的原则。在劳动费用越来越高的今天，降低劳务费用是降低成本的一个重要方面。达到该目的的一种方法是提高个人生产效率，即根据生产量的变动，弹性地增加各生产线的作业人数以及尽量用较少的人力完成较多生产。

（2）人员组织内容。根据个人的行为、心理特征，岗位设计应符合工作者的工作动机需求，比如：扩大工作范围，丰富工作内容，合理安排工作任务；设定合理的工作负荷；优化环境。

（三）现代生产物流管理方法

1. MRP

MRP 即 Material Requirement planning 的缩写，是被设计并用于制造业库存管理、信息处理的系统，解决了物料转化过程中的几个关键问题：何时需要，需要什么，需要多少。它不仅在数量上解决了缺料的问题，更关键的是从时间上解决了缺料的问题。MRP 涉及的原则是适时物流的原则，即在需要的时间生产或采购需要的数量。MRP 能根据有关数据计算出相关物料需求的准确时间（生产进度日程或外协、采购日程）与数量，为生产过程的物流计划安排和控制提供方便。

现代生产物流管理方法

MRP 的缺陷在于没有解决保证企业的生产计划，既没有考虑企业内部资源是否有能力实现计划；缺乏对完成计划所需的各种资源进行计划与保证的功能；缺乏根据计划实施实际情况反馈信息对计划进行调整的功能。

2. Close MRP（闭环物料需求计划）

人们把有关的能力需求、车间产生作业计划和采购方面的情况考虑进去，形成了有反馈功能的闭环物料需求计划，采用计划—执行—反馈的管理逻辑，有效地对生产各项资源进行规划和控制，其缺点在于不能反映企业的经济效益。

饭店点餐中的 MRP

3. MRP Ⅱ（制造资源计划）

人们把与 MRP 各环节有关的财务状况反映进来，拓展了 Close MRP 等功能，并将其称为 MRP Ⅱ。其在 20 世纪 80 年代初开始发展起来，是一种资源协调系统，代表了一种新的生产管理思想。MRP Ⅱ的优点在于可在周密的计划下有效地利用各种制造资源，控制资金占用，缩短生产周期，降低成本，提高生产率，实现企业制造资源的整体优化。MRP Ⅱ同 MRP 的主要区别在于其运用管理会计的概念用货币形式说明了执行企业"物料计划"带来的效益，实现了物料信息同资金信息的集成；其缺点是缺乏与外部的整合，仅适于传统的制造业。

4. ERP（企业资源计划）

进入 20 世纪 90 年代，MRP Ⅱ得到了蓬勃发展，不仅应用于汽车、电子等行业，也用于化工、食品等行业。随着信息技术的发展，MRP Ⅱ系统功能也在不断地增强、完善与扩大，向企业资源计划（ERP）发展。

ERP 的核心思想是在 MRP Ⅱ的基础上发展起来的，是一个高度集成的信息系统，它体现物流、信息流、资金流的集成。把客户的需求和企业内部生产活动以及供应商的制造资源整合在一起，体现按用户需求制造的理念。

四、销售物流

销售物流（Distribution Logistics）：我国《物流术语》中指企业在出售商品过程中所发生的物流活动。也就是企业在销售产品过程中，将产品的所有权转给用户的物流活动，是产品从生产地到用户的空间的转移，以实现企业销售利润为目的。销售物流是包装、运输、储存等诸环节的统一。

一个故事搞懂"ERP"中的 MRP

（一）销售物流的主要环节

销售物流合理化的基本思路是在商流、物流分离的前提下，优化物流系统。销售物流的合理化必须将成品包装、仓储、运输与调拨、配送视为一个系统统筹考虑。其主要环节如下：

销售物流及其主要环节

1. 产品包装

销售包装的目的是向消费者展示、吸引顾客、方便零售。运输包装的目的是保护商品，便于运输、装卸搬运和储存。

2. 产品储存

储存是满足客户对商品可得性的前提。

通过仓储规划、库存管理与控制、仓储机械化等，提高仓储物流工作效率、降低库存水平、提高客户服务水平。

帮助客户管理库存，有利于稳定客源，便于与客户的长期合作。

3. 货物运输与配送

运输是解决货物在空间位置上的位移。

配送是在局部范围内对多个用户实行单一品种或多品种的按时按量送货。通过配送，客户得到更高水平的服务；企业可以降低物流成本；减少对城市的环境污染。要考虑制定配送方案，提高客户服务水平的方法和措施。

4．装卸搬运

装卸是物品在局部范围内以人或机械装入运输设备或卸下。搬运是对物品进行水平移动为主的物流作业。

主要考虑：提高机械化水平，减少无效作业，集装单元化，提高机动性能，利用重力和减少附加重量，各环节均衡、协调，系统效率最大化。

5．流通加工

根据需要进行分割、计量、分拣、刷标志、拴标签、组装等作业的过程。

主要考虑：流通加工方式、成本和效益、与配送的结合运用、废物再生利用等。

6．订单及信息处理

客户在考虑批量折扣、订货费用和存货成本的基础上，合理地频繁订货；企业若能为客户提供方便、经济的订货方式，就能引来更多的客户。

7．销售物流网络规划与设计

销售物流网络，是以配送中心为核心，连接从生产厂出发，经批发中心、配送中心、中转仓库等，一直到客户的各个物流网点的网络系统。

销售物流服务的构成要素

（二）销售物流服务的构成要素

为客户提供快速的、满意的物流服务，需要从以下几个方面考虑：

1．订货周期（时间要素）

订货周期（提前期），指从客户确定对某种产品有需求到需求被满足之间的时间间隔。

企业订货周期的缩短标志着企业销售物流管理水平的提高。

订货周期的影响变量：订单传送时间、订单处理时间、订货准备时间、订货装运时间。

目前很多企业对物流服务要求的标准水平，用现代服务业的行话说，已经从"97-3"，提高到"98-2"，其含义是：97%的企业要求物流服务的时效从3天72小时，提高到98%的企业要求时效为2天48小时。很多企业接到生产指令后，从原材料供给到送达供应商手中，全部周期仅仅为48小时。

2．可靠性

可靠性指企业根据客户订单要求，按照预定的提前期，安全地将订货送达客户指定的地点。

可靠性包括：提前期的可靠性、安全交货的可靠性、正确供货的可靠性等方面。

当客户收到的货物与所订货物不符时，将给客户造成停工待料损失或不能及时销售产品。销售物流领域中，订货信息的传送和货物拣选可能影响企业的正确供货。

3．信息渠道（通信）

当前供应商与企业之间的关系，已经由原来的短期买卖关系转变为长期合作伙伴关系，双方追求的是一种"双赢"的关系。企业和供应商要达到双赢就需要双方都尽心尽力地为销售产品努力。因此，企业与供应商之间要经常沟通，通信的方便与否直接影响到销售的状况，且信息应对所有用户开放和共享。

4. 方便性（差异性）

方便性是指服务水平必须灵活便利。从销售物流服务的观点来看，所有客户对销售物流服务有相同的要求，有一个或几个标准的服务水平适用于所有客户是最理想的，但却是不现实的。为了更好地满足客户需求，就必须确认客户的不同要求，根据客户规模、区域分布、购买的产品及其他因素将客户需求进行细分，为不同客户提供适宜的服务水平，这样可使物流管理者针对不同客户以最经济的方式满足其服务需求。

（三）销售物流的模式

销售物流有三种主要的模式：生产企业自己组织销售物流；第三方物流企业组织销售物流；用户自己提货的形式。

销售物流的模式

1. 生产企业自己组织销售物流

这是在买方市场环境下主要的销售物流模式之一，也是我国当前绝大部分企业采用的物流形式。

生产企业自己组织销售物流，实际上把销售物流作为企业生产的一个延伸或者是看成生产的继续。生产企业销售物流成了生产企业经营的一个环节。而且，这个经营环节是和用户直接联系、直接面向用户提供服务的一个环节。在企业从"以生产为中心"转向以"市场为中心"的情况下，这个环节逐渐变成了企业的核心竞争环节，已经逐渐不再是生产过程的继续，而是企业经营的中心，生产过程变成了这个环节的支撑力量。

生产企业自己组织销售物流的好处在于，可以将自己的生产经营和用户直接联系起来，信息反馈速度快、准确程度高，信息对于生产经营的指导作用和目的性强。企业往往把销售物流环节看成是开拓市场、进行市场竞争中的一个环节，尤其在买方市场前提下，格外看重这个环节。

在生产企业规模可以达到销售物流的规模效益的前提下，采取生产企业自己组织销售物流的办法是可行的，但不一定是最好的选择。主要原因，一是生产企业的核心竞争力的培育和发展问题，如果生产企业的核心竞争能力在于产品的开发，销售物流可能占用过多的资源和管理力量，对核心竞争力造成影响；二是生产企业销售物流专业化程度有限，自己组织销售物流缺乏优势；三是一个生产企业的规模终归有限，即便是分销物流的规模达到经济规模，延伸到配送物流之后，就很难再达到经济规模，因此可能反过来影响市场更广泛、更深入的开拓。

2. 第三方物流企业组织销售物流

由专门的物流服务企业组织企业的销售物流，实际上是生产企业将销售物流外包，将销售物流社会化。由第三方物流企业承担生产企业的销售物流，其最大优点在于，第三方物流企业是社会化的物流企业，它向很多生产企业提供物流服务，因此可以将企业的销售物流和企业的供应物流一体化，可以将很多企业的物流需求一体化，采取统一解决的方案。这样可以做到：第一是专业化；第二是规模化。这两者可以从技术方面和组织方面强化成本的降低和服务水平的提高。在网络经济时代，这种模式是一种发展趋势。

3. 用户自己提货

这种形式实际上是将生产企业的销售物流转嫁给用户,变成了用户自己组织供应物流的形式。对销售方来讲,已经没有了销售物流的职能。这是在计划经济时期广泛采用的模式,现在除非特殊的情况下,这种模式很少会再使用。

五、逆向物流与废弃物物流

(一) 逆向物流

逆向物流(Reverse Logistics)也叫反向物流,我国《物流术语》中指从供应链下游向上游的运动所引发的物流活动。

逆向物流及其分类

1. 逆向物流分类

(1) 按回收物品的渠道分。

可分为退货逆向物流和回收逆向物流两种。退货逆向物流是指下游顾客将不符合订单要求的产品退回给上游供应商,其流程与常规产品流向正好相反。回收逆向物流是指将最终顾客所持有的废旧物品回收到供应链上各节点企业。逆向物流网络示意图如图4-1-11所示。

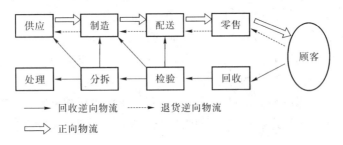

图4-1-11 逆向物流网络示意图

(2) 按材料的物理属性分。

按照逆向物流材料的物理属性可分为钢铁和有色金属制品逆向物流、橡胶制品逆向物流、木制品逆向物流、玻璃制品逆向物流等。

(3) 按成因、途径和处置方式来分。

按成因、途径和处置方式的不同,可分为投诉退货、终端使用退回、商业退回、维修退回、生产报废与副品,以及包装等6大类别。

2. 逆向物流的重要性

(1) 提高潜在事故的透明度。

逆向物流在促使企业不断改善品质管理体系上,具有重要的地位。ISO 9001将企业的品质管理活动概括为一个闭环式活动——计划、实施、检查、改进,逆向物流恰好处于检查和改进两个环节上,承上启下,作用于两端。企业在退货中暴露出的品质问题,将透过逆向物流资讯系统不断传递到管理阶层,提高潜在事故的透明度,管理者可以在事前不断地改进品质管理,以根除产品的不

逆向物流的重要性

良隐患。

(2)提高顾客价值。

在当今顾客驱动的经济环境下,顾客价值是决定企业生存和发展的关键因素。众多企业通过逆向物流提高顾客对产品或服务的满意度,赢得顾客的信任,从而增加其竞争优势。对于最终顾客来说,逆向物流能够确保不符合订单要求的产品及时退货,有利于消除顾客的后顾之忧,增加其对企业的信任感及回头率,扩大企业的市场份额。如果一个公司要赢得顾客,它必须保证顾客在整个交易过程中心情舒畅,而逆向物流战略是达到这一目标的有效手段。另一方面,对于供应链上的企业客户来说,上游企业采取宽松的退货策略,能够减少下游客户的经营风险,改善供需关系,促进企业间战略合作,强化整个供应链的竞争优势。特别对于过时性风险比较大的产品,退货策略所带来的竞争优势更加明显。

(3)降低物料成本。

减少物料耗费、提高物料利用率是企业成本管理的重点,也是企业增效的重要手段。然而,传统管理模式的物料管理仅仅局限于企业内部物料,不重视企业外部废旧产品及其物料的有效利用,造成大量可再用性资源的闲置和浪费。由于废旧产品的回购价格低、来源充足,对这些产品回购加工可以大幅度降低企业的物料成本。

(4)改善环境行为。

随着人们生活水平和文化素质的提高,环境意识日益增强,消费观念发生了巨大变化,顾客对环境的期望越来越高。另外,由于不可再生资源的稀缺以及环境污染日益加重,各国都制定了许多环境保护法规,为企业的环境行为规定了一个约束性标准。企业的环境业绩已成为评价企业运营绩效的重要指标。为了改善企业的环境行为,提高企业在公众中的形象,许多企业纷纷采取逆向物流战略,以减少产品对环境的污染及资源的消耗。

(二)废弃物物流

废弃物物流(Waste Material Logistics):我国《物流术语》中指将经济活动或人民生活中失去原有使用价值的物品,根据实际需要进行收集、分类、加工、包装、搬运、储存等,并分送到专门处理场所的物流活动。

废弃物物流

1. 废弃物物流的意义

(1)从社会资源有限性分析。

人类社会所需要的各种物资均来自于自然界。随着人类社会的进步,人们生活水平的提高和消费需求的多样性,使人类对自然资源的采掘量增大,一些自然界不可再生的资源在逐渐减少,因此就资源稀缺性的角度考虑,人类必须考虑资源保护和对再生性废弃物的回收再利用,由此而形成的废弃物物流的研究与实践,对整个社会文明的发展有积极的推动作用。

(2)从环境保护的角度分析。

因废弃物中除了一部分可回收利用外,其余部分已丧失了使用价值,而且很多生产垃圾中含有对人体有害的物质,如果不及时有效地处理,必将影响人们的整个生活环境。尤其是在城市这种人口密度大、企业数量多、废弃物排放量高的地方。不经过处理直接排放到自然界中的废弃物,会严重地影响到农业土壤、植被和饮用水源。所以必须对其处理,使废弃物处理,成为有利可图的产业,并逐渐地市场化;不但实现废物再生产,同时增加就业,这些已经在一些发达国家开始实施，因此很有研究价值。

（3）从可持续发展的观点来分析。

从宏观层次上看，可持续发展思想的实质是追求人与自然的和谐。可持续发展就是在满足当代人的各种需要的同时，不会使后代人满足他们自身需要的能力受到损害。可持续发展已经成为全球的共识。正因为人们已经认识到社会资源的有限性，所以也就有了"循环经济"的提法，即"资源—产品—再生资源"。所以从国家长远发展的观点出发，废弃物的有效处理必须加强。

2. 废弃物的几种处理方式

（1）废弃物掩埋。

大多数企业对自己产生的最终废弃物，是在政府规划地区，利用原有的废弃坑塘或用人工挖掘出的深坑，将废弃物运来、倒入，表面用好土掩埋。其优点是不形成堆场、不占地、不露天污染环境、可防止异味污染空气；缺点是挖坑、填埋要有一定投资，在未填期间仍有污染，填埋后会污染地下水和土壤。

（2）垃圾焚烧。

是在一定地区用高温焚毁垃圾。这种方式只适合于有机物含量高的垃圾或经过分类处理将有机物集中的垃圾。

（3）垃圾堆放。

在远离城市地区的沟、坑、塘、谷中，选择合适位置直接倒垃圾，将垃圾集中堆放。

（4）净化处理加工。

净化处理加工是将废弃物进行净化处理，减少对环境危害的物流方式。

问题解决

我们已经学习了企业物流的知识，下面我们就用这些知识来解决前面的"情境引例"中出现的问题：

1. 什么是企业物流，它包括哪些具体的物流活动？

企业物流（Enterprise Logistics）是指生产和流通企业围绕其经营活动所发生的物流活动。企业物流按照功能和作业流程可以分为供应物流、生产物流、销售物流、回收物流、废弃物物流等具体物流活动。

2. 采购物流的基本流程有哪些，采购模式有哪些？

采购物流包括取得资源、组织到厂物流、组织厂内物流三个环节，常用的采购模式主要有订货点采购模式、MRP 采购模式、JIT 采购模式、VMI 采购模式、电子采购模式。

3. 为了提高生产效率，一般从哪几个角度组织企业生产物流，生产物流的管理方法有哪些？

为了提高生产效率，一般从空间、时间、人员三个角度组织企业生产物流。生产物流的空间组织是相对于企业生产区域而言的，其目标是缩短物料在工艺流程中的移动距离。生产物流空间组织形式一般有三种专业化组织形式，即工艺专业化、对象专业化、成组工艺。生产物流的时间组织是指按照生产过程中各生产单位、各道工序之间时间上的衔接和结合方式。通常，物料的生产物流有移动组织方式，即顺序移动、平行移动、平行顺序移动三种典型组织形式。企业生产物流的人员组织主要体现在人员的岗位设计方面，实现生产物流空间、时间两方面的特定目标和要求，必须对工作岗位进行相应的设计，以保证生产物流优化通畅。

生产物流的管理方法主要有 MRP、Close MRP、MRP Ⅱ、ERP 等。

4. 销售物流的主要环节有哪些，其构成要素包括哪几个方面，其主要模式有哪些？

销售物流的主要环节包括：产品包装、产品储存、货物运输与配送、装卸搬运、流通加工、订单及信息处理、销售物流网络规划与设计，其构成要素主要有订货周期、可靠性、信息渠道、方便性等，销售物流有生产企业自己组织销售物流；第三方物流企业组织销售物流；用户自己提货的形式等三种主要的模式。

子情境二　国际物流

情境引例

韩国至大连进口辣椒酱业务

委托锦程物流代理进口运输业务的胡先生曾在韩国留学，回国后通过自己的努力现经营着一家韩式口味的饭店，因为胡先生对食材要求非常严格，使用的辣椒酱均要从韩国直接进口，以保证食客可以吃到地道的韩国料理。

一次偶然的机会胡先生在网上了解到锦程物流的优势与公司规模，并与锦程物流取得了联系。

锦程物流的客户顾问经过与胡先生的接洽，了解到胡先生的需求，并为其量身定制了一整套的代理运输方案。

第一，沟通考察。

胡先生是个体经营者，本身没有进出口权所以需要锦程物流为其匹配一家长期做进口食品代理的贸易公司作为其进口的代理商。

第二，运输方案的制定。

经与胡先生多次沟通后，了解到对于进口食品运输时长及提货便捷等要求，锦程物流的客户顾问为此邀请胡先生到锦程物流的总部参观，并为其提供了两套运输方案：

第一套：进口空运。由韩国直飞哈尔滨，并由锦程物流负责在哈尔滨当地完成清关工作后，安排送货至胡先生的店里。

此方案的优点是运输速度快，但是搬运次数较多，可能会对食品外包装或货物本身造成一定的损坏。

第二套：进口海运集装箱拼箱运输。锦程物流的客户顾问为胡先生详细讲解了装箱、订舱、上门提货、报关、目的港清关送货等一系列运输工作节点要求和步骤，胡先生非常满意，最终决定选择海运集装箱运输。

此方案的优点是安全可靠、节省成本、搬运次数少。缺点就是运输时间比空运稍长一些。

第三，订舱、报关、运输工作。

针对胡先生的进口食品货物，韩国当地的订舱报关等工作都是由锦程的海外代理直接和胡先生的发货人联系的，并配合发货人准备报关文件，后经胡先生反馈对锦程海外代理的工作非常满意,专业化的包装和用心准备相关单据确保货物顺利订舱、报关、运输。

第四,国内清关。

锦程物流客户顾问在前期为胡先生的进口货物做了充分的工作准备,所以在国内清关时并未因单据缺失或货物不符等问题遇到阻碍,完全符合我国对进口食品运输及清关的要求,并在清关完毕后第一时间准确送达胡先生的韩国料理店内,胡先生为此表示十分感谢。

(资料来源:锦程物流网)

通过以上案例,回答下列问题:

1. 什么是国际物流,有何特点?
2. 进出口商品的检验程序有哪些?
3. 国家对于进出口商品报验的规定有哪些?
4. 进出口商品报关流程有哪些?
5. 什么是国际货运代理,其业务范围有哪些?

案例思考

国际物流是跨越不同国家(地区)之间的物流活动,与国内物流系统相比它具有物流环境存在差异、物流系统范围广、必须有国际现代化信息系统的支持、标准化要求高、风险高等特点;通过国际物流进出口的商品必须严格按照国家检验检疫相关的法律法规规定的程序进行检验;必须严格按照国家相关规定进行报关作业;对于没有国际物流操作经验的企业和个人,可以委托国际货运代理企业进行商品的进出口作业。

知识目标

1. 掌握国际物流的概念及其特点。
2. 了解国际物流的分类及其发展趋势。
3. 理解进出口商品的检验程序及报验规定。
4. 理解进出口商品的报关流程。
5. 掌握国际货运代理的业务范围。
6. 了解国际货运代理的分类。

能力目标

1. 能够利用进出口商品的检验知识,提出商品进出口检验方案。
2. 能够利用进出口商品的报关知识,提出商品进出口报关方案。

 知识阐述

一、国际物流概述

国际物流(International Logistics)是"跨越不同国家(地区)之间的物流活动(GB/T 18354—2006)"。与其他类型的物流活动相比,国

国际物流及其特点

际物流具有其明显的特殊性。国际物流是相对国内物流而言的，是国内物流的延伸和进一步扩展。

（一）国际物流的特点

国际物流为跨国经营和对外贸易服务，要求各国之间的物流系统相互衔接。与国内物流系统相比，国际物流具有以下特点。

1. 物流环境存在差异

国际物流的一个非常重要的特点是，各国物流环境的差异，尤其是物流软环境的差异。不同国家的物流适用的法律不同使国际物流的复杂性远高于一国的国内物流，甚至会阻断国际物流；不同国家不同的经济和科技发展水平会造成国际物流全系统水平的下降；不同国家的不同标准，也造成国际"接轨"的困难，因而使国际物流系统难以建立；不同国家的风俗、人文等环境因素也使国际物流受到很大的限制。

物流环境的差异迫使一个国际物流系统需要在几个不同的法律、人文、习俗、语言、科技、设施的环境下运行，这无疑会大大增加物流系统的复杂性。

2. 物流系统范围广

物流本身的功能要素、系统与外界的沟通就已经很复杂了，国际物流再在这个复杂系统上增加不同国家的因素，不仅是地域的广阔和空间的广阔，而且所涉及的内外因素更多，所需要的时间更长，带来的直接后果是难度和复杂性增大，风险增大。

也正是因为如此，国际物流一旦融入了现代化系统技术，其效果会比以前更加显著。例如，中欧专列开通之后，国际物流的速度比传统海运得到成倍的提高，效果显著增加。

3. 国际物流必须有国际现代化信息系统的支持

国际化信息系统是国际物流，尤其是国际联运非常重要的手段。一是管理困难，二是投资巨大，三是世界物流信息的发展水平不一，这三个方面的因素使得国际物流信息系统的建立更加困难。

当前国际物流信息系统的一个较好的建立方法是和各国海关的公共信息系统联机，以及时掌握有关各个港口机场和联运铁路、站场的实际状况，为供应或者销售物流决策提供支持。国际物流是最早发展电子数据交换（EDI）的领域。以 EDI 为基础的国际物流将会对物流的国际化产生重大影响。

4. 国际物流的标准化要求高

要使国际物流畅通起来，统一标准是非常重要的，可以说，如果没有统一的标准，国际物流水平就无法得到提高。目前，美国、欧洲基本实现了物流工具、设施的统一标准，如托盘使用 1 000 毫米 × 1 200 毫米标准，集装箱统一规格及条码技术等，这样一来，大大降低了物流费用，降低了转运难度。而不向这一标准靠拢的国家，必然在转运换车等许多方面要多耗费时间和费用，从而降低了其国际竞争力。

在物流信息传递技术方面，欧洲各国不仅实现了企业内部标准化，而且实现了企业之间及欧洲统一市场的标准化，这就使欧洲各国之间的交流比其与亚洲、非洲等地的交流更加简单、更加有效。

5. 风险高

国际物流环境复杂必然会导致风险高。国际物流的风险主要包括政治风险、经济风险和自然风险。政治风险主要指由于国际物流活动所经过的国家（或地区）的政局动荡（如罢工、战争等）可能会造成货物受损或灭失；经济风险包括汇率风险和利率风险，主要指从事国际物流活动必然会引发资金流动，从而产生汇率风险和利率风险；自然风险则主要指在国际物流过程中，可能因自然因素（如台风、潮汐、暴雨、地震等）引起运送延迟及货物破损等风险。

（二）国际物流的分类

国际物流的分类

根据划分标准的不同，国际物流主要可以分为以下三种类型：

1. 根据货物在国与国间的流向分类

可分为进口物流和出口物流。当国际物流服务于一国的货物进口时，即可称为进口物流；而当国际物流服务于一国的货物出口时，则可称为出口物流。由于各国在物流进出口政策，特别是海关管理制度上的差异，进口物流与出口物流相比，既有交叉的业务环节，也存在不同的业务环节，需要区别对待。

2. 根据货物流动关税区域分类

可以分为不同国家间的物流和不同经济区域间的物流。区域经济的发展是当今世界经济发展的一大特征。比如欧盟国家属于同一关税区，其成员国之间物流运作与其他国家或经济区域间的物流运作在方式和环节上都有很大的差异。

3. 根据跨国运送货物的特征分类

可以分为国际军火物流、国际商品物流、国际邮品物流、捐助或救助物资物流、国际展品物流和废弃物物流等。

（三）国际物流的发展趋势

国际物流的发展趋势

随着全球经济一体化，国际的经济贸易活动互动频繁，世界各国都十分重视物流业的现代化和国际化，从而使国际物流发展呈现出一系列新的趋势和特点：

1. 系统更加集成化

国际物流的集成化，是将整个物流系统打造成一个高效、通畅、可控制的流通体系，以此来减少流通环节、节约流通费用，达到实现科学的物流管理、提高流通的效率和效益的目的，以适应在经济全球化背景下"物流无国界"的发展趋势。国际物流的这种集成化趋势，是一个国家为适应国际竞争正在形成的跨部门、跨行业、跨区域的社会系统，是一个国家流通业正在走向现代化的主要标志，也是一个国家综合国力的具体体现。当前，国际物流向集成化方向发展主要表现在两个方面：一是大力建设物流园区，二是加快物流企业整合。物流园区建设有利于实现物流企业的专业化和规模化，发挥它们的整体优势和互补优势；物流企业整合，特别是一些大型物流企业跨越国境展开"横联纵合"式的并购，或形成物流企业间的合作并建立战略联盟，有利于拓展国际物流市场，争取更大的市场份额，加速该国物流业深度地向国际化方向发展。

2. 管理更加网络化

以现代信息技术手段，强化资源整合和优化物流过程是当今国际物流发展的最本质特征,物流标准化的推行,使国际物流可以实现跨国界、跨区域的信息共享,物流信息的传递更加方便、快捷、准确,加强了整个物流系统的信息连接。现代国际物流就是这样在信息系统和标准化的共同支撑下,借助于储运和运输等系统的参与、借助于各种物流设施的帮助,形成了一个纵横交错、四通八达的物流网络,使国际物流覆盖面不断扩大,规模经济效益更加明显。

3. 标准更加统一化

国际物流的标准化是以国际物流为一个大系统,制定系统内部设施、机械装备、专用工具等各个分系统的技术标准;制定各系统内分领域的包装、装卸、运输、配送等方面的工作标准;以系统为出发点,研究各分系统与分领域中技术标准与工作标准的配合性;按配合性要求,统一整个国际物流系统的标准;最后研究国际物流系统与其他相关系统的配合问题,谋求国际物流大系统标准的统一。随着经济全球化的不断深入,世界各国都很重视该国物流与国际物流的相互衔接问题,努力使该国物流在发展的初期,其标准就力求与国际物流的标准体系相一致。因为如果不这样做,以后不仅会加大与国际交往的技术难度,更重要的是,在关税和运费本来就比较高的基础上,又增加了与国际标准不统一所造成的工作量,将使整个外贸物流成本增加。因此,国际物流的标准化问题不能不引起更多的重视。

4. 配送更加精细化

国际物流为了达到零阻力、无时差的协同,需要做到与合作伙伴间业务流程的紧密集成,加强预测、规划和供应,共同分享业务数据、联合进行管理执行以及完成绩效评估等。只有这样,才能使物流作业更好地满足客户的需要。由于现代经济专业化分工越来越细,相当一些企业除了自己生产一部分主要部件外,大部分部件需要外购。国际的加工贸易就是这样发展起来的,国际物流企业伴随着国际贸易的分工布局应运而生。为了适应各制造厂商的生产需求,以及多样、少量的生产方式,国际物流的高频度、小批量的配送也随之产生。

5. 园区更加便利化

为了适应国际贸易的急剧扩大,许多发达国家都致力于港口、机场、铁路、高速公路、立体仓库的建设,一些国际物流园区也因此应运而生。这些园区一般选择靠近大型港口和机场兴建,依托重要港口和机场,形成处理国际贸易的物流中心,并根据国际贸易的发展和要求,提供更多的物流服务。国际物流园区的便利化发展,不仅有赖于物流企业本身的努力,而且必须有政府的支持。而如何围绕机场、港口建立保税区、保税仓库,提供"点到点"服务、"一站式"服务,则是国际物流中心规划必须深入考虑的问题。

6. 运输更加现代化

要适应当今国际竞争快节奏的特点,仓储和运输都要求现代化,要求通过实现高度的机械化、自动化、标准化手段来提高物流的速度和效率。国际物流运输的最主要方式是海运,有一部分是空运,但它还会渗透在其国内的其他一部分运输,因此,国际物流要求建立起海路、空运、铁路、公路的"立体化"运输体系,来实现快速便捷的"一条龙"服务。为了提高物流的便捷化,当前世界各国都在采用先进的物流技术,开发新的运输和装卸机械,大力改进运输方式,比如应用现代化物流手段和方式,发展集装箱运输、托盘技术,等等。总之,融合了信息技术与交通运输现代化手段的国际物流,对世界经济运行将继续产生积极的影响。

二、国际物流业务

(一) 商品检验

进出口商品检验是指由国家设立的检验机构或向政府注册的独立机构,对进出口货物的质量、规格、卫生、安全、数量等进行检验、鉴定,并出具证书的工作。目的是经过第三者证明,保障对外贸易各方的合法权益。国家规定,重要进出口商品,非经检验发给证件的,不准输入或输出。

进出口商品检验

国际贸易中对商品的品质和数量以及包装所进行检验鉴定,以便确定是否合乎合同规定;有时还对装运过程中所发生的残损、短缺,或装运技术条件等进行检验和鉴定,以明确事故的起因和责任的归属。检验的内容包括:出口商品品质检验、出口商品包装检验、进口商品品质检验、进口商品残损检验、出口动物产品检疫、进出口食品卫生检疫、进出口商品重量鉴定、运输工具检验以及其他国家或商品用户要求实施的检验、检疫。检验检疫的法律法规依据主要是"四法三条例":

"四法"

《中华人民共和国进出口商品检验法》

《中华人民共和国进出境动植物检疫法》

《中华人民共和国国境卫生检疫法》

《中华人民共和国食品安全法》

"三条例"

《中华人民共和国进出口商品检验法实施条例》

《中华人民共和国进出境动植物检疫法实施条例》

《中华人民共和国国境卫生检疫法实施细则》

1. 商品检验程序

我国进出口商品检验工作,主要有4个环节:接受报验、抽样、检验和签发证书。

商品检验程序

(1) 接受报验:报验是指对外贸易关系人向商检机构报请检验。报验时需填写"报验申请单",填明申请检验、鉴定工作项目和要求,同时提交对外所签买卖合同,成交小样及其他必要的资料。

(2) 抽样:商检机构接受报验之后,及时派员赴货物堆存地点进行现场检验、鉴定。抽样时,要按照规定的方法和一定的比例,在货物的不同部位抽取一定数量的、能代表全批货物质量的样品(标本)供检验之用。

(3) 检验:商检机构完成抽样之后对样品就行检验。检验方法主要有仪器分析检验;物理检验;感官检验;微生物检验等。

(4) 签发证书:在出口方面,凡列入种类表内的出口商品,经商检检验合格后签发放行单(或在"出口货物报关单"上加盖放行章,以代替放行单)。凡合同、信用证规定由商检部门检验出证的,或国外要求签检验证书的,根据规定签发所需封面证书;不向国外提供证书的,只发放行单。种类表以外的出口商品,应由商检机构检验的,经检验合格发给证书或放行单后，方可出运。在进口方面，进口商品经检验后，分别签发"检验情况通知单"或"检验证书"，供对外结算或索赔用。凡由收、用货单位自行验收的进口商品，如发现问题，对于验收合格的，收、用货单位应在索赔有效期内把验收报告送商检机构销案。

2. 商品检验分类

根据进口商品登记规定，进口商品的检验分两大类。

商品检验分类

一类是列入种类表和合同规定由我国商检机构检验出证的进口商品。进口商品到货后，由收货、用货或其代理接运部门立即向口岸商检机构报验，填写进口货物检验申请书，并提供合同、发票、提单、装箱单等有关资料和单证，检验机构接到报验后，对该批货物进行检验，合格后，在进口货物报关单上加盖印章，海关据此放行。

另一类是不属上一类的进口商品，由收货、用货或代理接运部门向所在地区的商检机构申报进口商品检验，自行检验或由商检机构检验。自行检验须在索赔期内将检验结果报送商检机构，若检验不合格，应及时向商检机构申请复验并出证，以便向外商提出索赔。

3. 监督管理

进出口商品检验的监督管理

进出口商品检验的监督管理工作，是对进出口商品执行检验把关和对收货、用货单位，生产、经营单位和储运单位，以及指定或认可的检验机构的进出口商品检验工作进行监督检查的重要方式，是通过行政管理手段，推动和组织有关部门对进出口商品按规定要求进行检验。其目的是保证出口商品质量和防止次劣商品进口。出入境检验检疫机构进行监督检查的内容包括：

（1）对其检验的进出口商品进行抽查检验。

（2）对其检验组织机构、检验人员和设备、检验制度、检验标准、检验方法、检验结果等进行监督检查。

（3）对其他与进出口商品检验有关的工作进行监督检查。对进出口商品实施质量认证、质量许可制度，加贴检验检疫标志或封识以及指定、认可、批准检验机构等工作，也属于进出口商品检验的监督管理工作范围。

4. 报验规定

第一条　报验单位

（1）有进出口经营权的国内企业；

（2）进口商品收货人或其代理人；

（3）出口商品生产企业；

报验规定

（4）对外贸易关系人；

（5）中外合资、中外合作和外商独资企业；

（6）国外企业、商社常驻中国代表机构等。

第二条　报验范围

（1）种类表内的进出口商品；

（2）出口食品卫生检验和检疫，以及出口动物产品的检疫；

（3）出口危险品包装容器的性能鉴定和使用鉴定；

（4）装运出口易腐烂变质食品的船舱、集装箱等；
（5）其他法律或者行政法规规定必须经商检机构检验的进出口商品；
（6）我国与进口国主管部门协定必须凭我国商检机构证书方准进口的商品；
（7）对外贸易合同、信用证规定由商检机构检验出证的商品；
（8）对外贸易关系人申请的鉴定业务；
（9）委托检验业务。

有下列情况之一者，商检机构一般不予受理报验：
（1）应施检验的出口商品，未经检验已装运出口的；
（2）按分工规定，不属商检工作范围的。

第三条 报验时必须提供的单证
（1）进口商品报验时，报验人应提供外贸合同、国外发票、提单、装箱单和进口货物到货通知单等有关单证；

申请进口商品品质检验的还应提供国外品质证书、使用说明及有关标准和技术资料，凭样成交的，须加附成交样品；

申请残损鉴定的还应提供理货残损单、铁路商务记录、空运事故记录或海事报告等证明货损情况的有关单证；

申请重（数）量鉴定的还应提供重量明细单、理货清单等；

进口商品经收、用货部门验收或其他单位检验的，应加附有关验收记录、重量明细单或检验结果报告单等。

（2）出口商品报验时，报验人应提供外贸合同（确认书）、信用证以及有关单证函电等。凭样成交的应提供买卖双方确认的样品。申请预验的商品，应提供必要的检验依据；

经本地区预验的商品需在本地区换证出口时，应加附由该局签发的预验结果单；

经其他商检机构检验的商品，必须加附发运地商检机构签发的"出口商品检验换证凭单"正本；

凡必须向商检机构办理卫生注册及出口质量许可证的商品，必须交附商检机构签发的卫生注册证书、厂检合格单或出口质量许可证；

冷冻、水产、畜产品和罐头食品等须办理卫生证时，必须交附商检机构签发的卫生注册证书及厂检合格单。

商品免验、放行基本程序

5. 商品免验、放行基本程序

申请进出口商品免验、放行基本程序：

（1）提出申请。凡要求免验符合条件的进出口商品，由申请人向国家商检部门提出书面申请。申请时，须提交下列材料：

◇申请书；

◇经填写的免验申请表（表式由国家商检部门提供）；

◇有关证件，包括获奖证书、认证证书、合格率证明、用户反映、生产工艺、内控质量标准、检测方法及对产品最终质量有影响的有关文件资料；

◇所在地及产地商检机构的初审意见（限免验的出口商品）。

（2）专家审查。国家商检部门受理申请后，组织专家审查组对申请免验的商品以及制造工厂的生产条件和有关资料进行审查,并对产品进行抽样测试。

(3) 批准发证。专家审查组在审查及对产品检验的基础上,提出书面审查报告,经国家商检部门批准,发给申请人免验证书,并予公布。

(4) 办理放行。获准免验进出口商品的申请人,凭有效的免验证书、合同、信用证及该批产品的厂检合格单和原始检验记录等,到当地商检机构办理放行手续,并缴纳放行手续费。对需要出具商检证书的免检商品,商检机构可凭申请人的检验结果,核发商检证书。

对进出口一定数量限额内的非贸易性物品(注:指一定数量限额内的无偿援助物品;国际合作、对外交流和对外承包工程所需的自用物品;外交人员自用物品;主要以出境旅客为销售对象的免税店商品;进出口展品、礼品和样品),申请人可凭省、自治区、直辖市人民政府有关主管部门或者国务院有关主管部门的批件、证明及有关材料,直接向国家商检部门申请核发免验批件,并按上述规定到商检机构办理放行手续。其中,对进出口展品、礼品和样品,可由当地商检机构凭申请人提供的有关证明批准免验,并办理放行手续。

(二) 报关业务

报关是指进出口货物收发货人、进出境运输工具负责人、进出境物品所有人或者他们的代理人向海关办理货物、物品或运输工具进出境手续及相关海关事务的过程,包括向海关申报、交验单据证件,并接受海关的监管和检查等。报关业务的质量直接关系着进出口货物的通关速度、企业的经营成本和经济效益、海关的行政效率。

报关涉及的对象可分为进出境的运输工具和货物、物品两大类。由于性质不同,其报关程序各异。运输工具如船舶、飞机等通常应由船长、机长签署到达、离境报关单,交验载货清单、空运单、海运单等单证向海关申报,作为海关对装卸货物和上下旅客实施监管的依据。而货物和物品则应由其收发货人或其代理人,按照货物的贸易性质或物品的类别,填写报关单,并随附有关的法定单证及商业和运输单证报关。如属于保税货物,应按"保税货物"方式进行申报,海关对应办事项及监管办法与其他贸易方式的货物有所区别。

1. 报关流程

(1) 相关单证。

①进出口货物报关单。一般进口货物应填写一式二份;需要由海关核销的货物,如加工贸易货物和保税货物等,应填写专用报关单一式三份;货物出口后需国内退税的,应另填一份退税专用报关单。

报关相关单证

②货物发票。要求份数比报关单少一份,对货物出口委托国外销售,结算方式是待货物销售后按实销金额向出口单位结汇的,出口报关时可准予免交。

③陆运单、空运单和海运进口的提货单及海运出口的装货单。海关在审单和验货后,在正本货运单上签章放行退还报关单,凭此提货或装运货物。

④货物装箱单。其份数同发票。但是散装货物或单一品种且包装内容一致的件装货物可免交。

⑤出口收汇核销单。一切出口货物报关时,应交验外汇管理部门加盖"监督收汇"章的出口收汇核销单,并将核销编号填在每张出口报关单的右上角处。

⑥海关认为必要时,还应交验贸易合同、货物产地证书等。

⑦其他有关单证。包括：

◇经海关批准准予减税、免税的货物，应交海关签章的减免税证明，北京地区的外资企业需另交验海关核发的进口设备清单；

◇已向海关备案的加工贸易合同进出口的货物，应交验海关核发的"登记手册"。

商品报关流程

（2）报关流程。

进口

①客户提供到货通知书、正本提单或电放保函及换单费、THC费（码头处理费）等到所属船公司换取进口提货单。

②准备进口报关所需单证。

◇必备单证：货物装箱单、发票、合同一式一份，报关、报检委托书各一份。

◇从欧盟、美国、韩国、日本进口货物，如是木制包装箱的需提供热处理证书或植物检疫证书，如是非木制的提供无木制包装证明。

◇税则所规定的各项证件（如进口许可证、机电证、重要工业品证书）。

◇有减免税手册的提供减免税证明手册。

③进口申报后如海关审价需要，客户需提供相关价格证明。如信用证、保单、原厂发票、招标书等海关所要求的文件。

④海关打印税单后，客户需在7个工作日缴纳税费。如超过期限，海关按日计征滞纳金。

⑤报关查验放行后，客户需及时缴纳报关、报检代垫代办费。

货物到港后14日内必须向海关申报。如超过期限海关按日计征滞报金（按货物价值万分之五），超过3个月，海关将作无主货物进行变卖。

进口委托报关流程如图4-2-1所示。

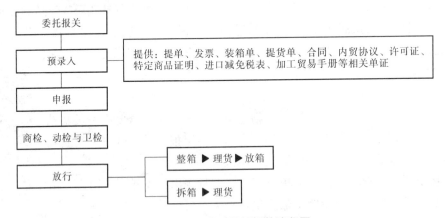

图4-2-1 进口委托报关流程图

出口

出口报关企业应具备在当地海关、检验检疫局注册备案，有进出口经营权和报检资格。

①出口报关所需单证。

◇客户应在报关之日前三天备齐所需单证，向检验检疫局申报。提供单证有：清单发票、合同、报检委托书、厂检单、纸箱包装单等证件各一份。

◇出口货物到美国、澳大利亚、加拿大、欧盟等外包装为木制的需做熏蒸或热处理的，客户所提供的单证有：清单、发票、合同、报检委托书。如熏蒸产品是木制品，还需提供厂检单。

◇做熏蒸或热处理的产品，客户应在报关前两天，将货物运抵指定的堆场或港区进行熏蒸（熏蒸时间需24小时）。

②出口报关正式向海关申报。如出口需缴纳税费的，应及时缴纳税费。

③海关现场审单结束。货物单证放行后，货主应在海关规定的时间内将货物运至海关监管区内进行验放。如需查验，报关行应及时与海关联系，进行货物查验，验完后需按船公司封指定铅封。不需查验的应及时进行实货放行，将装货单按截关时间送到港区装船。

④待货物出口，船公司就将出口舱单数据传送海关，海关接收到数据后报关行待海关数据结关后，及时到海关打印退税核销联。

⑤出口通关结束。

出口委托报关流程如图4-2-2所示。

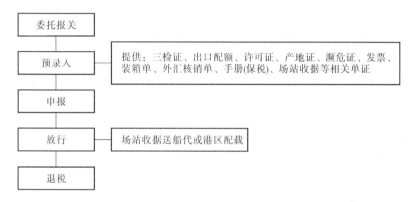

图4-2-2　出口委托报关流程

（3）报关范围。

按照法律规定，所有进出境运输工具、货物、物品都需要办理报关手续。报关的具体范围如下：

①进出境运输工具。

进出境运输工具是指用以载用人员、货物、物品进出境，并在国际运营的各种境内或境外船舶、车辆、航空器和驮畜等。

报关范围

②进出境货物。

进出境货物是指一般进出口货物、保税货物、暂准进出境货物、特定减免税货物，过境、转运和通用及其他进出境货物。

③进出境物品。

进出境物品是指进出境的行李物品、邮递物品和其他物品。以进出境人员携带、托运等方式进出境的物品为行李物品；以邮递方式进出境的物品为邮递物品；其他物品主要包括享有外交特权和豁免的外国机构或者人员的公务用品和自用物品等。

（4）报关期限。

报关期限是指货物运到口岸后，法律规定收货人或其代理人向海关报关的时间限制。

根据《海关法》规定，进口货物的报关期限为自运输工具申报进境之日起14日内，由收货人或其代理人向海关报关；转关进口货物除在14日内向进境地海关申报外，还须在载运进口货物的运输工具抵达指运地之日起 14 日内向指运地海关报关；超过这个期限报关的，由海关征收滞报金。

出口货物应在货物装入运输工具的 24 小时之前，向海关报关。也就是说，应先报关，后装货。须在报关 24 小时之后，才能将货物装入运输工具。

进口货物规定报关期限和征收滞报金是为了运用行政手段和经济手段，促使进口货物收货人或其代理人及时报关，加速口岸疏运，使进口货物早日投入生产和使用。

出口货物规定报关期限，是为了保证海关对出口货物的查验监管，保证货物及时运输出口。

(5) 电子报关。

①电子报关概述。

电子报关是一种新型、现代化的报关方式，是指进出口货物的收发货人或其代理人利用现代通信和网络技术，通过微机、网络或终端向海关传递规定格式的电子数据报关单，并根据海关计算机系统反馈的审核及处理结果，办理海关手续的报关方式。现在已经全面推行电子报关。

②电子通关系统。

◇海关 H2000 通关系统。

进出口企业可以在其办公场所办理加工贸易登记备案、特定减免税申领、进出境报关等各种海关手续。

◇中国电子口岸系统。

简称电子口岸，利用互联网信息技术将企业进出口业务数据存放在公共数据中心，为管理部门提供跨部门、跨行业的联网数据核查，为企业提供网上办理各种进出口业务的国家信息系统。

③通关作业无纸化。

通关作业无纸化是指海关以企业分类管理和风险分析为基础，按照风险等级对进出口货物实施分类，运用信息化技术改变海关验凭进出口企业递交书面报关单及随附单证办理通关手续的做法，直接对企业联网申报的报关单及随附单证的电子数据进行无纸审核、验放处理的通关管理模式。

三、国际货运代理

(一) 国际货运代理的概念

国际货运代理及其业务范围

根据《中华人民共和国国际货物运输代理业管理规定》，国际货运代理（International Freight Forwarding Agent）是指国际货运代理组织接受进出口货物收货人、发货人的委托，以委托人或自己的名义，为委托人办理国际货物运输及相关业务，并收取劳务报酬的经济活动。随着国际贸易、运输方式的发展，国际货运代理已渗透到国际贸易的每一领域，为国际贸易中不可缺少的重要组成部分。市场经济的迅速发展，使社会分工越加趋于明确，单一的贸易经营者或者单一的运输经营者都没有足够的力量亲自经营处理每项具体业务,他们需要委托代理人为其办理一系列商务手续,从而实现各自的目的。国际货运代理的基本特点是受委托人委托或授权,代办各种国际贸易、运输所需要服务的业务,并收取一定报酬,或作为独立的经营人完成并组织货物运输、保管等业务,因而被认为是国际运输的组织者,也被誉为国际贸易的桥梁和国际货物运输的设计师。

(二) 业务范围

从国际货运代理人的基本性质看,货代主要是接受委托方的委托,办理有关货物运输、转运、仓储、装卸等事宜。一方面与货物托运人订立运输合同,同时又与运输部门签订合同,对货物托运人来说,它又是货物的承运人。相当部分的货物代理人掌握各种运输工具和储存货物的库场,在经营其业务时办理包括海陆空在内的货物运输。国际货代所从事的业务主要有:

1. 替发货人承担在不同货物运输中的任何一项手续

(1) 以最快最省的运输方式,安排合适的货物包装,选择货物的运输路线。
(2) 向客户建议仓储与分拨。
(3) 选择可靠、效率高的承运人,并负责缔结运输合同。
(4) 安排货物的计重和计量。
(5) 办理货物保险。
(6) 货物的拼装。

2. 为海关服务

当货运代理作为海关代理办理有关进出口商品的海关手续时,它不仅代表自己的客户,而且代表海关当局。事实上,在许多国家,他得到了这些当局的许可,办理海关手续,并对海关负责,负责签发相关单证,申报货物确切的金额、数量、品名,以使政府在这些方面不受损失。

3. 为承运人服务

货运代理向承运人及时定舱,议定对发货人、承运人都公平合理的费用,安排适当时间交货,以及以发货人的名义解决和承运人的运费账目等问题。

4. 为航空公司服务

货运代理在空运业上,充当航空公司的代理。在国际航空运输协会制定的规则中,它被指定为国际航空协会的代理。在这种关系上,它利用航空公司的货运手段为货主服务,并由航空公司付给佣金。同时,作为一个货运代理,它通过提供适于空运程度的服务方式,继续为发货人或收货人服务。

5. 为班轮公司服务

货运代理与班轮公司的关系,随业务的不同而不同,近几年来由货代提供的拼箱服务,即拼箱货的集运服务已建立了他们与班轮公司及其他承运人(如铁路)之间的较为密切的联系。

6. 提供拼箱服务

随着国际贸易中集装运输的增长,引进集运和拼箱的服务,在提供这种服务中,货代承担起委托人的作用。集运和拼箱的基本含义是:把一个出运地若干发货人发往另一个目的地的若干收货人的小件货物集中起来，作为一个整件运输的货物发往目的地的货代，并通过它把单票货物交给各个收货人。货代签发提单，即分提单或其他类似收据交给每票货的发货人；货代目的港的代理，凭初始的提单交给收货人。拼箱的收、发货人不直接与承运人联系，对承运人来说，货代是发货人，而货代在目的港的代理是收货人。因此，承运人给货代签发的是全程提单或货运单。如果发货人或收货人有特殊要求的话，货代也可以在发运地和目的地从事提货和交付的服务，提供门到门的服务。

7. 为多式联运服务

在货代作用上，集装箱化的一个更深远的影响是其介入了多式联运，充当了主要承运人并承担了组织一个单一合同下，通过多种运输方式进行门到门的货物运输。它可以以当事人的身份，与其他承运人或其他服务提供者分别谈判并签约。但是，这些分拨合同不会影响多式联运合同的执行，也就是说，不会影响发货人的义务和在多式联运过程中，其对货损及灭失所承担的责任。

国际货运代理的种类

（三）国际货运代理的种类

1. 以委托人性质分类

（1）货主的代理。

它是指接受进出口货物收发货人的委托，为了托运人的利益办理国际货物运输及相关业务，并收取相应报酬的国际货运代理。

（2）承运人的代理。

它是指接受从事国际运输业务的承运人的委托，为了承运人的利益办理国际货物运输及相关业务，并收取相应报酬的国际货运代理。

2. 以委托代理人数量分类

（1）独家代理。

它是指委托人授予一个代理人在特定的区域或者特定的运输方式或服务类型下，独家代理其从事国际货物运输业务或相关业务的国际货运代理。

（2）普通代理。

又称多家代理，它是指委托人在特定区域或者特定运输方式或服务类型下，同时委托多个代理人代理其从事国际货物运输业务或相关业务的国际货运代理。

3. 以授予代理人权限范围分类

（1）全权代理。

它是指委托人委托代理人办理某项国际货物运输业务或相关业务，并授予其根据委托人自己意志灵活处理相关事宜权利的国际货运代理。

（2）一般代理。

它是指委托人委托代理人办理某项具体国际货物运输业务或相关业务，要求其根据委托人意志处理相关事宜的国际货运代理。

4. 以委托办理的事项分类

（1）综合代理。

它是指委托人委托代理人办理某一票或某一批货物的全部国际货物运输事宜，提供相关配套服务的国际货运代理。

（2）专项代理。

它是指委托人委托代理人办理某一票或某一批货物的某一项或某几项国际货物运输事宜，提供规定项目的相关服务的国际货运代理。

5. 以代理人层次分类

（1）总代理。

它是指委托人授权代理人作为在某个特定地区的全权代表，委托其处理委托人在该地区的所有货物运输事宜及相关事宜的国际货运代理。

（2）分代理。

它是指总代理人指定的在总代理区域内的具体区域代理委托人办理货物运输事宜及其他相关事宜的国际货运代理。

6. 以运输方式分类

（1）水运代理。

它是指提供水上货物运输服务及相关服务的国际货运代理。其可具体划分为海运代理和河运代理两种类型。

（2）空运代理。

它是指提供航空货物运输服务及相关服务的国际货运代理。

（3）陆运代理。

它是指提供公路、铁路等货物运输服务及相关服务的国际货运代理。

（4）联运代理。

它是指提供联合运输服务及相关服务的国际货运代理。

7. 以代理业务的内容分类

（1）国际货物综合代理。

它是指接受进出口货物收发货人的委托，以委托人的名义或者以自己的名义，为委托人办理国际货物运输及相关业务，并收取服务报酬的代理。

（2）国际船舶代理。

它是指接受船舶所有人、经营人或承租人的委托，在授权范围内代表委托人办理与在港国家运输船舶及船舶运输有关的业务，提供有关服务，并收取服务报酬的代理。

（3）报关代理。

它是指接受进出口货物收发货人或国际运输企业的委托，代为办理进出口货物报关、纳税、结关事宜，并收取服务报酬的代理。

（4）报检代理。

它是指接受出口商品生产企业、进出口商品发货人、收货人及其代理人或其他贸易关系人的委托，代为办理进出口商品的卫生检验、动植物检疫事宜，并收取服务报酬的代理。

问题解决

我们已经学习了国际物流的知识，下面我们就用这些知识来解决前面的"情境引例"中出现的问题。

1. 什么是国际物流，有何特点？

国际物流（International Logistics）是"跨越不同国家（地区）之间的物流活动，与国内物流系统相比它具有物流环境存在差异、物流系统范围广、必须有国际现代化信息系统的支持、标准化要求高、风险高等特点。

2. 进出口商品的检验程序有哪些？

我国进出口商品检验工作，主要有4个环节：接受报验、抽样、检验和签发证书。

3. 国家对于进出口商品报验的规定有哪些？

第一条　报验单位

（1）有进出口经营权的国内企业；

（2）进口商品收货人或其代理人；

（3）出口商品生产企业；

（4）对外贸易关系人；

（5）中外合资、中外合作和外商独资企业；

（6）国外企业、商社常驻中国代表机构等。

第二条　报验范围

（1）种类表内的进出口商品；

（2）出口食品卫生检验和检疫，以及出口动物产品的检疫；

（3）出口危险品包装容器的性能鉴定和使用鉴定；

（4）装运出口易腐烂变质食品的船舱、集装箱等；

（5）其他法律或者行政法规规定必须经商检机构检验的进出口商品；

（6）我国与进口国主管部门协定必须凭我国商检机构证书方准进口的商品；

（7）对外贸易合同、信用证规定由商检机构检验出证的商品；

（8）对外贸易关系人申请的鉴定业务；

（9）委托检验业务。

有下列情况之一者，商检机构一般不予受理报验：

（1）应施检验的出口商品，未经检验已装运出口的；

（2）按分工规定，不属商检工作范围的。

第三条　报验时必须提供的单证

（1）进口商品报验时，报验人应提供外贸合同、国外发票、提单、装箱单和进口货物到货通知单等有关单证；

申请进口商品品质检验的还应提供国外品质证书、使用说明及有关标准和技术资料，凭样成交的，须加附成交样品；

申请残损鉴定的还应提供理货残损单、铁路商务记录、空运事故记录或海事报告等证明货损情况的有关单证；

申请重（数）量鉴定的还应提供重量明细单、理货清单等；

进口商品经收、用货部门验收或其他单位检验的，应加附有关验收记录、重量明细单或检验结果报告单等。

（2）出口商品报验时，报验人应提供外贸合同（确认书）、信用证以及有关单证函电等。凭样成交的应提供买卖双方确认的样品。申请预验的商品，应提供必要的检验依据。

经本地区预验的商品需在本地区换证出口时,应加附由该局签发的预验结果单;

经其他商检机构检验的商品,必须加附发运地商检机构签发的"出口商品检验换证凭单"正本。

凡必须向商检机构办理卫生注册及出口质量许可证的商品,必须交附商检机构签发的卫生注册证书、厂检合格单或出口质量许可证。

冷冻、水产、畜产品和罐头食品等须办理卫生证时,必须交附商检机构签发的卫生注册证书及厂检合格单。

4. 进出口商品报关流程有哪些?

进口

①客户提供到货通知书、正本提单或电放保函及换单费、THC 费等给我司,由我司代客户到所属船公司换取进口提货单。

②准备进口报关所需单证。

◇必备单证:货物装箱单,发票,合同一式一份,报关、报检委托书各一份。

◇从欧盟、美国、韩国、日本进口货物,如是木制包装箱的需提供热处理证书或植物检疫证书,如是非木制的提供无木制包装。

◇税则所规定的各项证件(如进口许可证、机电证、重要工业品证书)。

◇有减免税手册的提供减免税证明手册。

③进口申报后如海关审价需要,客户需提供相关价格证明。如信用证、保单、原厂发票、招标书等海关所要求的文件。

④海关打印税单后,客户需在 7 个工作日缴纳税费。如超过期限,海关按日计征滞纳金。

⑤报关查验放行后,客户需及时到我司缴纳报关、报检代垫代办费。

货物到港后 14 日内必须向海关申报。如超过期限海关按日计征滞报金(按货物价值万分之五),超过 3 个月,海关将作无主货物进行变卖。

出口

出口报关企业应具备在当地海关、检验检疫局注册备案,有进出口经营权和报检资格。

①出口报关所需单证。

◇客户应在报关之日前三天备齐所需单证,向检验检疫局申报。提供单证有:清单发票、合同、报检委托书、厂检单、纸箱包装单等证件各一份。

◇出口货物到美国、澳大利亚、加拿大、欧盟等外包装为木制的需做熏蒸或热处理的,客户所提供的单证有:清单、发票、合同、报检委托书。如熏蒸产品是木制品,还需提供厂检单。

◇做熏蒸或热处理的产品,客户应在报关前两天,将货物运抵指定的堆场或港区进行熏蒸(熏蒸时间需 24 小时)。

②出口报关正式向海关申报。如出口需缴纳税费的,应及时缴纳税费。

③海关现场审单结束。货物单证放行后,货主应在海关规定的时间内将货物运至海关监管区内进行验放。如需查验,报关行应及时与海关联系,进行货物查验,验完后需按船公司封指定铅封。不需查验的应及时进行实货放行,将装货单按截关时间送到港区装船。

④待货物出口,船公司就将出口舱单数据传送海关,海关接收到数据后报关行待海关数据结关后,及时到海关打印退税核销联。

⑤出口通关结束。客户需及时到我司缴纳报关报检代垫代办费。

5. 什么是国际货运代理，其业务范围有哪些？

国际货运代理是指国际货运代理组织接受进出口货物收货人、发货人的委托，以委托人或自己的名义，为委托人办理国际货物运输及相关业务，并收取劳务报酬的经济活动。其业务范围有：（1）替发货人承担在不同货物运输中的任何一项手续；（2）为海关服务；（3）为承运人服务；（4）为航空公司服务；（5）为班轮公司服务；（6）提供拼箱服务；（7）多式联运服务。

子情境三　电子商务物流

情境引例

京东商城的物流服务

在电商环境的激烈竞争下，京东有着自己的电商物流模式，它主要以自营物流和第三方物流相结合的模式，国内大部分的 B2C 电商也多采用这种模式。

京东在各大城市建立了城市配送站，最终，配送站将覆盖全国 200 座城市，均由自建快递公司提供物流配送、货到付款、移动 POS 刷卡、上门取换件等服务。此外，京、沪、粤三地仓储中心也已扩容至 8 万平方米，仓储吞吐量全面提升。分布在华北，华南，华东的各大物流中心，覆盖全国各大城市。

京东的物流里程由此开始，2010 年 4 月初，京东商城在北京等城市率先推出"211 限时达"配送服务。2010 年开始在上海嘉定建设其"亚洲一号"仓，该仓 90% 的物流操作实现了自动化。工人们手持 PDA，开着小型叉车在 10 平方米的仓库内调配商品。在这里，每小时的分拣处理能力高达 1.6 万件。

为了消费者享受更好的物流服务和物流投入能力的局限，京东也和第三方物流有着紧密的合作。在北京、上海、广州之外的其他城市，京东商城和当地的快递公司合作，完成产品的配送。而在配送大件商品时，京东选择与厂商合作。因为厂商在各个城市均建有自己的售后服务网点，并且有自己的物流配送合作伙伴。比如海尔在太原就有自己的仓库和合作的物流公司。京东与海尔合作，不仅能利用海尔在本地的知名度替自己扩大宣传，也较好地解决了资金流和信息流的问题。其主要的第三方物流公司有宅急送、中国邮政、四通一达等。

如今京东的物流越做越精准。其"211 限时达"配送服务，当日上午 11:00 前提交现货订单（以订单进入出库状态时间点开始计算），当日送达；夜里 11:00 前提交的现货订单（以订单进入出库状态时间点开始计算），第二天上午送达（14:00 前）。这个速度目前在电子商务企业还没有第二家能承诺，京东专注最后一公里服务，以此来提高自身的配送及售后服务，提高顾客满意度。京东采用先进的物流信息系统构造了一个现代化的信息管理平台，通过建立电子数据交换系统（EDI）、自动订货系统（EOS）等与第三方物流之间达到硬件、软件和数据报表等的匹配和兼容，进行信息实时跟踪，实现网上在线交易处理，方便顾客及时快速地查到自己所购商品的配送信息，解决信息不对称问题，真正地把商流、物流、资金流、信息流集成到一起。

京东根据客户订单、配送计划和商品库存等信息,对其要货商品的可配数额及配送类型进行设置,自动生成配运单。另外京东推行细致灵活、多种多样的特色配送服务如免运费、上门自提、货到付款、无线 POS 支付等来实现快速反应。采用 ECR 或者 QR 等先进技术,加强与物流外包企业的合作,从而加快配送速度。

分析以上案例,回答下列问题:
1. 电子商务的特点有哪些?
2. 电子商务的业务模式有哪些?
3. 物流对电子商务的作用有哪些?
4. 电子商务对物流的影响有哪些?

案例思考

电子商务因其交易的虚拟化、开放性、成本低、效率高、透明化,成为一种重要的商业形式,在经济和社会生活中的作用越来越明显,其业务模式主要有 B2B、B2C、C2C、B2G、C2G、O2O 几种;物流与电子商务相互作用,互为支撑,物流保证电子商务的顺利进行,同时又是电子商务发展的瓶颈;电子商务的发展使物流的地位大大提高,促进了第三方物流的发展和供应链管理的变化,影响了物流各个功能环节。

知识目标

1. 掌握电子商务的特点及其一般流程。
2. 掌握电子商务的主要业务模式。
3. 理解物流对电子商务的作用。
4. 理解电子商务对物流功能环节的影响。

能力目标

1. 能够通过了解电子商务企业的业务形式,分析其业务模式和作业流程。
2. 能够利用电子商务知识,提出对物流企业业务功能环节的优化方案。

 知识阐述

一、电子商务概述

IBM 公司于 1996 年提出了 Electronic Commerce(E-Commerce)的概念,到了 1997 年,该公司又提出了 Electronic Business(E-Business)的概念。现在,我们普遍认为 E-Business 为广义电子商务,即使用各种电子工具通过电子手段从事商务活动;E-Commerce 为狭义的电子商务,即通过使用互联网在全球范围内进行的商务活动。不管哪种理解,其内容包含两个方面:一是电子方式,二是商贸活动。简言之,电子商务是交易者之间依托计算机网络,按照一定的规则或标准进行的各种商务活动。

电子商务的特点

（一）电子商务的特点

电子商务是互联网发展的直接产物，是网络技术应用的全新发展，互联网本身具有的开放性、全球性、低成本、高效率的特点，也成为电子商务的内在特征，与传统的商务活动方式相比，电子商务具有以下几个特点：

1. 交易虚拟化

通过以 Internet 为代表的计算机互联网络进行的贸易，贸易双方从贸易磋商、签订合同到支付等，无须当面进行，均通过计算机互联网络完成，整个交易完全虚拟化。

2. 交易的开放性

互联网上没有时间和空间限制。它可以每周 7 天，每天 24 小时运行，它可以连接到世界每一个地方，网络的支撑使得电子商务具有开放性和全球性的特点。这使得所有的企业都可以以相近的成本、相同的机会进入全球电子化市场，为企业创造了更多的贸易机会，使得中小企业有可能拥有和大企业一样的信息资源，提高了中小企业的竞争能力。

3. 交易成本低

电子商务使得买卖双方的交易成本大大降低。一是距离越远，网络上进行信息传递的成本相对于信件、电话、传真而言就越低。此外，缩短时间及减少重复的数据录入也降低了信息成本。二是买卖双方通过网络进行商务活动，无须中介者参与，减少了交易的有关环节。三是卖方可通过互联网络进行产品介绍、宣传，避免了在传统方式下做广告、发印刷品等大量费用。四是电子商务实行"无纸贸易"，企业内部可实现"无纸办公（OA）"，可减少 90% 的文件处理费用，并提高了信息传递的效率。五是互联网使买卖双方即时沟通供需信息，从而使库存成本下降。

4. 交易效率高

电子商务用网络传递商务信息，将商务流程电子化、数字化，提高了交易的及时性、准确性、可靠性，克服了传统贸易方式费用高、易出错、处理速度慢等不足，极大地缩短了交易时间，使整个交易变得快捷高效。

5. 交易透明化

交易透明化体现在 Internet 本身具有开放性和全球性的特点上，买卖双方从交易的洽谈、签约以及货款的支付、交货通知等整个交易过程都在网络上进行，通畅、快捷的信息传输可以保证各种信息之间互相核对，可以防止伪造信息的流通。例如，在典型的许可证 EDI 系统中，由于加强了发证单位和验证单位的通信、核对，假的许可证就不易漏网。

（二）电子商务一般流程

由于交易主体不同以及所经营产品的性质的不同（例如软件、视听娱乐产品和信息等无形产品，它们具有适合在网络上直接传送的特点），导致有很多不同的经营方式及付费方式。不管采用何种方式，对于消费者来说，电子商务的流程大致相同。

电子商务的一般流程

（1）消费者产生消费需求，这是消费者进行电子商务活动的内在动机。

(2) 消费者通过 Internet 网址、广告、搜索引擎等方式搜索得到自己有用的信息，进入有关的网站并查询自己所需要的产品或服务。

(3) 消费者进行比较、筛选，确定具体要选择的网站与商品或服务。

(4) 消费者和商家服务人员进行沟通、洽谈，包括需要购买的商品或服务、购买多少、发货时间、送货方式和付款方式等信息。

(5) 顾客选择付款方式，货到付款（现金支付）或者选择信用卡、各大银行的网上银行、微信钱包、支付宝等网上支付方式。

(6) 商家确认消费者付款后，备货发货，消费者等待收货。

(7) 消费者收货、验收、消费商品或体验服务，最后进行购后评价。

简言之，电子商务的基本流程可以用图 4-3-1 表示：

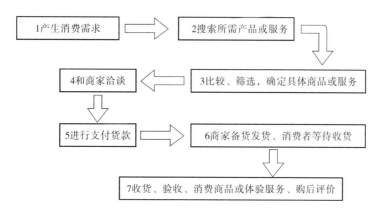

图 4-3-1 电子商务的一般流程

（三）电子商务业务模式

电子商务模式根据交易主体的不同，归纳为企业与消费者的电子商务（Business to Consumer，B2C）、企业与企业的电子商务（Business to Business，B2B）、消费者与消费者之间的电子商务（Consumer to Consumer，C2C）、企业与政府的电子商务（Business to Government，B2G）、消费者与政府的电子商务（Customer to Government，C2G）、线上线下（Online to Offline，O2O）等六种经营模式。

电子商务的业务模式

1. 企业与消费者之间的电子商务（B2C）

企业与消费者之间的电子商务（Business to Customer，B2C），就是企业通过网络销售产品或服务给个人消费者，消费者利用因特网直接参与经济活动的形式，类似于商业电子化的零售商务，即企业通过互联网为消费者提供一个新型的购物环境——网上商店，消费者通过网络在网上购物、在网上支付。

B2C 模式是我国最早产生的电子商务模式，以 8848 网上商城正式运营为标志。典型的 B2C 型电子商务包括两种：一种是中介型 B2C 电子商务网站，比如亚马逊、京东商城、一号店等；另一种是直销型 B2C 电子商务网站，如 DELL 公司、海尔网上商城等。

2. 企业与企业之间的电子商务（B2B）

企业与企业之间的电子商务（Business to Business，B2B），也称商家与商家的电子商务，企业可以使用 Internet 或其他网络寻找最佳合作伙伴，完成从定购到结算的全部交易行为。这种面向企业间交易的 B2B，无论在交易额、交易领域的覆盖上都比 B2C 更为可观，对电子商务发展的意义也更为深远，是电子商务应用最多和最受企业重视的形式，其代表是阿里巴巴、中国制造网、中国供应商、敦煌网等。

3. 消费者与消费者之间的电子商务（C2C）

C2C 是指消费者与消费者之间的互动交易行为，这种交易方式是多变的。C2C 商务平台就是通过为买卖双方提供一个在线交易平台，使卖方可以主动提供商品上网拍卖，而买方可以自行选择商品进行竞价。其代表是淘宝网、eBay 等。

4. 企业与政府之间的电子商务（B2G）

企业与政府之间的电子商务指的是企业与政府之间进行的电子商务活动，涵盖了政府与企业间的各项事务，包括政府采购、税收、商检、管理条例发布，以及法规政策颁布等。政府一方面作为消费者，可以通过网络发布自己的采购清单，公开、透明、高效、廉洁地利用招标的方式完成所需物品的采购，企业也要通过网络的方式进行投标；另一方面，政府还可以通过这类电子商务实施对企业的行政事务管理，例如政府用电子商务的方式发放进出口许可证、开展统计工作，企业可以通过网上办理缴税和退税等。其代表是招标采购在线、中国政府采购网等。

政府应在推动电子商务发展方面起到重要的作用。我国的金关工程就是要通过商业机构对行政机构的电子商务，如发放进出口许可证、办理出口退税、电子报关等，建立我国以外贸为龙头的电子商务框架，并促进我国各类电子商务活动的开展。

5. 消费者与政府之间的电子商务（C2G）

消费者对政府的电子商务指的是政府和个人间的电子商务活动，它是指政府通过因特网来管理公民的社会活动，如通过网络缴纳个人所得税、发放养老金、进行车辆年检等。政府在网上发布与消费者、公民生活相关的管理条例，提供咨询服务等。

6. 线上线下（O2O）

O2O 是新兴的一种电子商务新商业模式，即线上订购、线下消费，将线下商务的机会与互联网结合在了一起，让互联网成为线下交易的前台，是指消费者在线上订购商品，再到线下实体店进行消费的购物模式。这种商务模式能够吸引更多热衷于实体店购物的消费者，传统网购的以次充好、图片与实物不符等虚假信息的缺点在这里都将彻底消失。这样线下服务就可以用线上来揽客，消费者可以用线上来筛选服务，传统的 O2O 核心是在线支付，是将 O2O 经过改良，把在线支付变成线下体验后再付款，消费者可以在网上的众多商家提供的商品里面挑选最合适的商品，亲自体验购物过程，不仅放心有保障，而且也是一种快乐的享受过程。

以美乐乐的 O2O 模式为例，其通过搜索引擎和社交平台建立海量网站入口，将在网络的一批家居网购消费者吸引到美乐乐家居网，进而引流到当地的美乐乐体验馆。线下体验馆则承担产品展示与体验以及部分的售后服务功能。

二、电子商务与物流的关系

物流对电子
商务的作用

(一) 物流对电子商务的作用

1. 物流保证生产的顺利进行,实现了流通的可能性

无论在传统的贸易方式下,还是在电子商务下,生产都是商品流通之本,而生产的顺利进行需要各类物流活动的支持,整个生产过程实际上包含了系列化的物流活动。相反,缺少了现代化的物流,生产将难以顺利进行,无论电子商务是多么便捷的贸易形式,仍将是无米之炊。

2. 物流活动是电子商务过程的基本要素

商务活动中,必须有信息的传递、资金的流通和商品的时空转移,最终完成商品特定权利(全部或者部分的所有权)的让渡与转移,即商流的实现。这是商务活动中所涉及的"四流"——信息流、资金流、物流、商流,电子商务也不例外。电子商务活动过程中的任何一笔交易,都是由信息流、资金流、物流、商流组成,物流是电子商务特殊而重要的组成部分,指通过运输、储存、配送、装卸搬运、流通加工、信息处理等各种活动对物品实体的空间位置的转移过程。

3. 物流是实现电子商务的重要保证

物流作为电子商务的重要组成部分是实现电子商务的重要保证。在电子商务环境下,商流、资金流与信息流这三流的处理都可以通过计算机和网络通信设备实现。唯有物流,作为四流中最为特殊的一种,具体指仓储、运输、包装、配送、装卸搬运、流通加工、物流信息处理等各种活动,是指物品实体的流动过程。仅有少数商品和服务,可以直接通过网络传输的方式进行配送,如各种电子出版物、信息咨询服务等。而对于大多数商品和服务来说,物流仍要经由线下的物理方式传输,只有商品和服务真正到达顾客手中,商务活动才告终结。在整个电子商务中,物流实际上是以商流的后续者和服务者的姿态出现的。没有现代化的物流,轻松的商务活动只会退化为一纸空文(如图4-3-2所示)。

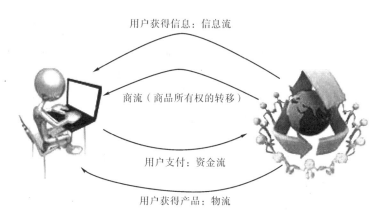

图4-3-2 电子商务的组成要素

4. 物流是实现以"顾客为中心"理念的根本保证

电子商务的出现，电子商务的便捷性、高效率和全球化改变了传统的消费方式，在最大程度上方便了消费者。他们只要坐在电脑前上网浏览、查看、筛选、支付就可以完成商务活动。但试想，若是他们所购商品迟迟不能到货，或拿到已破损的货物，更甚者发生交易纠纷，他们还会选择这种看似便捷的消费方式吗？物流是电子商务实现以顾客为中心理念的最终保证，缺少现代化物流技术与管理，电子商务给消费者带来的便捷等于零，消费者必然会转向他们认为更为可靠的传统消费方式上。

5. 物流是电子商务发展的瓶颈

在电子商务时代，商流、资金流与信息流都得到了电子化和网络化，使交易各方的时空距离几乎变为零，但物流只能由网络外的物理方式实现，和其他的三流相比较而言，相对滞后性的缺点非常明显，成为制约电子商务发展的瓶颈，成为电子商务摆脱不掉的短板。过慢的物流速度、过高的物流成本、恶劣的物流服务，使得网上瞬间完成的电子商务所带来的效益被消耗殆尽，现代物流发展已成为制约电子商务发展的重要因素。

（二）电子商务对物流的影响

由于电子商务与物流间密切的关系，电子商务这场革命必然对物流产生极大的影响。这个影响是全方位的，从物流业的地位到物流组织模式，再到物流各作业、功能环节，都将在电子商务的影响下发生巨大的变化。

1. 电子商务对物流业的影响

（1）物流业的地位大大提高。电子商务是一次高科技和信息化的革命。它把商务、广告、订货、购买、支付、认证等实物和事务处理虚拟化、信息化，使它们变成脱离实体而能在计算机网络上处理的信息，又将信息处理电子化，强化了信息处理，弱化了实体处理。这必然导致产业大重组，原有的一些行业、企业将逐渐压缩乃至消亡，将扩大和新增一些行业、企业。产业重组的结果，可能实际上使得社会上的产业只剩下两类行业：一类是实业，包括制造业和物流业；一类是信息业，包括服务、金融、信息处理业等。在实业中，物流企业会逐渐强化。物流企业会越来越强化，是因为在电子商务环境里必须承担更重要的任务：既要把虚拟商店的货物送到用户手中，而且还要从生产企业及时进货入库。物流公司既是生产企业的仓库，又是用户的实物供应者。物流企业成了代表所有生产企业及供应商对用户的唯一最集中、最广泛的实物供应者。物流业成为社会生产链条的领导者和协调者，为社会提供全方位的物流服务。可见电子商务把物流业提升到了前所未有的高度，为其提供了空前发展的机遇。

（2）供应链管理的变化。供应链短路化。在传统的供应链渠道中，产品从生产企业流到消费者手里要经过多层分销商，流程很长，由此造成了很多问题。现在电子商务缩短了生产厂家与最终用户之间供应链上的距离，改变了传统市场的结构。企业可以通过自己的网站绕过传统的经销商与客户直接沟通。虽然目前很多非生产企业的商业网站继续充当了传统经销商的角色，但由于它们与生产企业和消费者都直接互连，只是一个虚拟的信息与组织中介，不需要设置多层实体分销网络（包括人员与店铺设施），也不需要存货，因此仍然降低了流通成本，缩短了流通时间，使物流径路短路化。

供应链中货物流动方向由"推动式"变成"拉动式"。传统的供应链由于供销之间的脱节，供应商难以得到及时而准确的销售信息，因此只能对存货管理采用计划方法，存货的流动是"推动式"的。它有两个明显的缺点：第一是缺乏灵活性，销路好的商品，其存货往往可得性差，销路不好的就积压；第二是运转周期长。

在电子商务环境下，供应链实现了一体化，供应商与零售商、消费者通过互联网连在了一起，通过 POS、EOS 等，供应商可以及时且准确地掌握产品销售信息与顾客信息。此时存货管理采用反应方法，按所获信息组织产品生产和对零售商供货，存货的流动变成"拉动式"，完全可以消除上述两个缺点，并实现销售方面的"零库存"。

（3）第三方物流成为物流业的主要组织形式。第三方物流是指由物流劳务的供方、需方之外的第三方去完成物流服务的物流运作方式。鉴于目前第三方物流在实践中的成功发展，有人预言它将是电子商务时代物流业方面最大的变化。第三方物流将在电子商务环境下得到极大发展，因为电子商务的跨时域性与跨区域性，要求其物流活动也具有跨区域或国际化特征。在 B2C 形式下，如 A 国的消费者在 B 国的网上商店用国际通用的信用卡购买了商品，若要将商品送到消费者手里，可以通过速递公司完成交货。目前，这些流通费用一般均由消费者承担，对于零散用户而言流通费用显然过高。如在各国成立境外分公司和配送中心，利用第三方物流，由用户所在国配送中心将货物送到用户手里，可大大降低流通费用，提高流通速度。在 B2B 形式下，大宗物品的跨国运输是极为繁复的，如果有第三方物流公司能提供一票到底、门到门的服务，则可大大简化交易，减少货物周转环节，降低物流费用。并且，网上商店一般都是新建的企业，不可能投资建设自己的全球配送网络，甚至全国配送网络都无法建成，所以他们对第三方物流的迫切要求是很容易理解的。

电子商务时代的物流重组需要第三方物流的发展。电子商务时代，物流业的地位将大大提高，而未来物流企业的形式就是以现在的第三方物流公司为雏形，第三方物流将发展成为将来整个社会生产企业和消费者的"第三方"。

2. 电子商务对物流各功能环节的影响

（1）物流网络的变化。物流的网络信息化是物流信息化的必然，是电子商务下物流活动的主要特征之一。当今世界互联网等全球网络资源的可用性及网络技术的普及为物流的网络信息化提供了良好的外部环境。这里指的网络信息化主要指以下两种情况：第一是物流配送系统的计算机通信网络，包括物流配送中心与供应商或制造商的联系要通过计算机网络，另外与下游顾客之间的联系也要通过计算机网络通信。第二是组织的网络，即 Intranet。比如，中国台湾的电脑业在 20 世纪 90 年代创造出了"全球运筹式产销模式"，这种模式的基本点是按照客户订单组织生产，生产采取分散形式，即将全世界的电脑资源都利用起来，采取外包的形式将一台电脑的所有零部件、元器件、芯片外包给世界各地的制造商去生产，然后通过全球的物流网络将这些零部件、元器件和芯片发往同一个物流配送中心进行组装，由该物流配送中心将组装好的电脑迅速发给订户。这一过程需要有高效的物流网络支持，当然物流网络的基础是信息、电脑网络。

电子商务对物流各功能环节的影响

（2）实体物流网络的变化。物流网络可划分成线路和结点两部分，其相互交织联结，就成了物流网络。我们知道物流结点设施的设置，将确定如何进行存货、交付，还融合进运输能力。电子商务会使物流网络产生哪些变化呢？首先，仓库数目将减少，库存集中化。配送与JIT的运用已使某些企业实现了零库存生产，将来由于物流业会成为制造业的仓库与用户的实物供应者，工厂、商场等都会实现零库存，自然也不会再设仓库了。配送中心的库存将取代社会上千家万户的零散库存。其次，将来的物流结点的主要形式是配送中心。现在，仓库的专业分工将其分为两种类型：一类是以长期贮藏为主要功能的"保管仓库"；另一类是以货物的流转为主要功能的"流通仓库"。在未来的电子商务环境下，物流管理以时间为基础，货物流转更快，制造业都实现"零库存"，仓库又为第三方物流企业所经营，这些都决定了"保管仓库"进一步减少，而"流通仓库"将发展为配送中心。第三，综合物流中心将与大型配送中心合而为一。物流中心被认为是各种不同运输方式的货站、货场、仓库、转运站等演变和进化而成的一种物流结点，主要功能是衔接不同运输方式。综合物流中心一般设于大城市，数目极少，而且主要衔接铁路与公路运输。配送中心是集集货、分货、集散和流通加工等功能为一体的物流结点。物流结点的设置与运输是有密切关系的。目前，欧洲一些国家的货运已被划为"一次运输"和"二次运输"。"一次运输"是由中央仓库到配送中心的运输，"二次运输"是从配送中心到用户的末端运输。这也是运输的一个发展趋势。结合运输来考虑，物流中心与配送中心都处于一次运输与二次运输的衔接点（物流中心衔接了不同运输方式，也同时衔接了一次运输与二次运输），都具有强大的货物集散功能，因此综合物流中心与大型配送中心很可能合而为一。目前在实践中，城市综合物流中心的筹建已经开始，它是上述变化的一个具体体现。城市综合物流中心将铁路货运站、铁路编组站和公路货运站、配送、仓储、信息设施集约在一起，可以减少必须经过大规模编组站进行编组的铁道运输方式，实现各城市综合物流中心之间的直达货物列车运行，使"一次运输"顺畅化；又可以利用公路运输实行货物的集散，完成"二次运输"；还可以实现配送中心的公用化、社会化，并使库存集中化。物流中心已成为城市功能的有机组成部分，一般来说，其选址应处于市区边缘和交通枢纽结点。

（3）运输的变化。电子商务环境下，传统运输的原理并没有改变，但运输组织形式受其影响，却有可能发生较大的变化。

运输分为一次运输与二次运输。物流网络由物流结点和运输线路共同组成，结点决定着线路。传统经济模式下，各个仓库位置分散，物流的集中程度比较低，这使得运输也很分散，像铁路这种运量较大较集中的运输方式，为集中运量，不得不采取编组而非直达方式（只有煤炭等几种大宗货物才可以采用直达方式）。在电子商务环境下，库存集中起来，而库存集中必然导致运输集中。随着城市综合物流中心的建成，公路货站、铁路货站、铁路编组站被集约在一起，物流中心的物流量达到足够大，可以实现大规模的城市之间的铁路直达运输，运输也就被划分成一次运输与二次运输。一次运输是指综合物流中心之间的运输，二次运输是指物流中心辐射范围内的运输。一次运输主要应运用铁路运输，因为运输费率低，直达方式又使速度大大提高了。二次运输用来完成配送任务，它由当地运输组织（即运输组织人员、运输范围、服务对象都在当地区域范围内）来完成。

多式联运大发展。在电子商务环境下，多式联运将得到大发展。这是由以下几条原因所导致的：第一，电子商务技术，尤其是Extranet使企业联盟更加容易实现。而运输企业之间通过联盟，可扩大多式联运经营。第二，多式联运方式为托运人提供了一票到底、门到门的服务方式，因为电子商务的本质特征之一就是简化交易过程，提高交易效率。在未来电子商务环境下，多式联运与其说是一种运输方式，不如说是一种组织方式或服务方式。它很可能成为运输所提供的首选服务方式。

(4) 信息的变化。物流信息在将来变得十分重要，将成为物流管理的依据。

信息流由闭环变为开环。原来的信息管理以物流企业的运输、保管、装卸、包装等功能环节为对象，以自身企业的物资流管理为中心，与外界信息交换很少，是一种闭环管理模式。现在和未来的物流企业注重供应链管理，以顾客服务为中心。它通过加强企业间合作，把产品生产、采购、库存、运输配送、产品销售等环节集成起来，将生产企业、配送中心（物流中心）、分销商（零售点）网络等经营过程的各方面纳入一个紧密的供应链中。此时，信息就不是只在物流企业内闭环流动，信息的快速流动、交换和共享成为信息管理的新特征。

(5) 信息诸模块功能的变化。电子商务环境下的现代物流技术的应用，使得传统物流管理信息系统的某些模块的功能发生了变化。例如：

①采购。在电子商务的环境下，采购的范围扩大到全世界，可以利用网上产品目录和供应商供货清单生成需求和购货需求文档。

②运输。运用GIS、GPS和RF等技术，运输更加合理，路线更短，载货更多，而且运输由不可见变为可见。

③仓库。条码技术的使用可以快速、准确而可靠地采集信息，这极大地提高了成品流通的效率，而且提高了库存管理的及时性和准确性。

④发货。原先一个公司的各仓库管理系统互不联系，从而造成大量交叉运输、脱销及积压。而在电子商务环境下，各个仓库管理系统实现了信息共享，发货由公司中央仓库统筹规划，可以消除上述缺点。发货同时发送相关运输文件，收货人可以随时查询发货情况。

⑤交易过程无纸化。

电子商务的发展使得商务过程和物流过程中所使用的各种单证都通过网络传输，避免了传统的纸质单证，实现了交易过程和物流过程的无纸化交易。

问题解决

我们已经学习了电子商务与物流的知识，下面我们就用这些知识来解决前面的"情境引例"中出现的问题。

1. 电子商务的特点有哪些？

电子商务的特点主要体现在交易的虚拟化、交易的开放性、交易的成本低、交易的效率高、交易的透明化等方面。

2. 电子商务的业务模式有哪些？

电子商务的业务模式主要有企业与消费者的电子商务（Business to Consumer，B2C）、企业与企业的电子商务（Business to Business，B2B）、消费者与消费者之间的电子商务（Consumer to Consumer，C2C）、企业与政府的电子商务（Business to Government，B2G）、消费者与政府的电子商务（Customer to Government，C2G）、线上线下（Online to Offline，即O2O）等六种经营模式。

3. 物流对电子商务的作用有哪些？

①物流保证生产的顺利进行，实现了流通的可能性；②物流活动是电子商务过程的基本要素；③物流是实现电子商务的重要保证；④物流是实现以"顾客为中心"理念的根本保

证；⑤物流是电子商务发展的瓶颈。

4. 电子商务对物流的影响有哪些？

①电子商务对物流业的影响：使得物流业的地位大大提高，促进供应链管理的变化，促进了第三方物流的发展。②电子商务对物流各功能环节的影响：促进了物流网络信息化的发展，促进了实体物流网络的变化，促进了运输组织形式的变化，促进了物流信息管理的变化。

情境整合

1. 知识框架

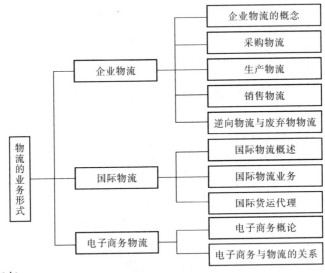

2. 重点难点解析

重点：

(1) 企业物流的概念及其包括的物流活动；

(2) 采购物流的流程及其采购模式；

(3) 生产物流的组织形式及其管理方法；

(4) 销售物流的主要环节、构成要素和主要模式；

(5) 国际物流的概念及其特点；

(6) 进出口商品的检验程序及报验规定；

(7) 进出口商品的报关流程；

(8) 国际货运代理的业务范围；

(9) 电子商务的特点；

(10) 电子商务一般流程。

难点：

(1) 生产物流的组织形式及其管理方法；

(2) 进出口商品的检验程序及报验规定；

(3) 进出口商品的报关流程；

(4) 电子商务与物流的关系。

拓展阅读

冷链物流

冷链物流（Cold Chain Logistics）泛指冷藏冷冻类食品在生产、储藏运输、销售，到消费前的各个环节中始终处于规定的低温环境下，以保证食品质量，减少食品损耗的一项系统工程。它是随着科学技术的进步、制冷技术的发展而建立起来的，是以冷冻工艺学为基础、以制冷技术为手段的低温物流过程。冷链物流的要求比较高，相应的管理和资金方面的投入也比普通的常温物流要大。

冷链物流的适用范围

初级农产品：蔬菜、水果；肉、禽、蛋；水产品、花卉产品。加工食品：速冻食品，禽、肉、水产等包装熟食，冰激凌、奶制品、巧克力；快餐原料。特殊商品：药品。所以它比一般常温物流系统的要求更高、更复杂，建设投资也要大很多，是一个庞大的系统工程。由于易腐食品的时效性要求冷链各环节具有更高的组织协调性，所以，食品冷链的运作始终是和能耗成本相关联的，有效控制运作成本与食品冷链的发展密切相关。

发展制约

中国食品冷链产业发展存在三大制约因素，企业投资冷链产业应扬长避短，从突破制约因素中找到商机。

首先，设施设备不足。中国冷链设施和冷链装备严重不足，原有设施设备陈旧，发展和分布不均衡，无法为易腐食品流通系统地提供低温保障。

其次，技术标准缺位。中国的冷链系统还只是一个早期的冷冻设备市场，掌握的冷链技术在很多食品种类上还不能完全应用，相对于国际先进水平差距很大。同时，中国冷链的实施没有国家或行业的专项标准，只有一些大型食品生产加工企业自己制定了一些标准，因此在监管上也是空白。

第三，产业配套不全。易腐食品的时效性要求冷链各环节必须具有更高的组织协调性。然而，中国冷链产业的整体发展规划欠缺影响了食品冷链的资源整合，供应链上下游之间缺乏配套协调。如在冷库建设中就存在着重视肉类冷库建设，轻视果蔬冷库建设；重视城市经营性冷库建设，轻视产地加工型冷库建设；重视大中型冷库建设，轻视批发零售冷库建设等问题。这些失衡使得中国食品冷链产业还未形成独立完善的运作体系。

发展展望

随着农产品冷链物流行业竞争的不断加剧，大型农产品冷链物流企业间并购整合与资本运作日趋频繁，国内优秀的农产品冷链物流生产企业愈来愈重视对行业市场的研究，特别是对企业发展环境和客户需求趋势变化的深入研究。正因为如此，一大批国内优秀的农产品冷链物流品牌迅速崛起，逐渐成为农产品冷链物流行业中的翘楚！

由于一些企业不具备专业的冷链物流运作体系，也没有冷链物流配送中心，而冷链物流中心的建设是一项投资巨大、回收期长的服务性工程，建立冷链物流中心显然不适合他们。这些企业可与社会性专业物流企业结成联盟，有效利用第三方物流企业，实现冷链物流业务。

物流企业可与工商企业结成联盟，先期按条块提供冷链分割的冷链运输环节功能服务，输出有针对性改进的物流管理和运作体系。冷链运输是冷链物流的关键环节，尤其是乳制品要求严格，需要天天配送。鲜奶的质量要求比较高，需要特殊条件的运输，零售业与厂商结盟实现鲜奶的保质运输。由于生产厂商有一整套的冷链物流管理和运作系统，能在运输中保证鲜奶的质量，建立由厂商直接配送的运输服务。例如，一些大型超市与蒙牛建立长期的合作关系，由蒙牛直接配送，利用蒙牛运输要求和运输工具直接送达超市的冷柜，避免在运输过程中的鲜奶变质，给超市造成重大损失，因此而影响蒙牛的信誉度。随着合作的进展，与客户建立起的合作关系趋向稳固，以及操作经验的不断积累，通过对生产商自有冷链资源、社会资源和自身资源的不断整合，建立起科学的、固定化的冷链物流管理和运作体系。

麦当劳餐厅的冷链物流则是以外包方式完全包给第三方物流企业即夏晖公司。夏晖公司是麦当劳的全球物流服务提供商，为麦当劳提供优质的服务。夏晖公司为了满足麦当劳冷链物流的特殊要求，投资建立多温度食品分发物流中心。分为干库、冷链库和冷冻库，配有冷链冷冻保存设备及冷链运输设施，保质保量地向麦当劳餐厅运送冷链货物。

任务实训

任务实训1

项目名称：生产组织与改进

实训目的：通过用纸张手工制作七巧板，并用七巧板拼接狐狸，体验生产组织与改进。

实训器材：A4纸、裁纸刀、胶水、铅笔、直尺

实训指导：(1) 分组：每组9人。2人作为原料供应企业，其中1人绘制七巧板制作图样，1人裁剪。7人作为生产企业，按照图样每人拼接狐狸身体的1个部位，流水化作业。

(2) 原料供应企业和生产企业讨论如何提高生产效率。

(3) 生产企业讨论如何从时间、控件、人员方面优化生产流程。

(4) 生产企业讨论如何生产更多样式的狐狸，以满足消费者的个性化需求。

实训报告：根据所学企业物流的知识，写一篇关于如何进行生产组织与改进的实训报告。

任务实训2

项目名称：跨境电商体验

实训目的：通过跨境电商购买一件商品，体验跨境电商的电商流程，跟踪其物流流程，体验其国际物流过程。

实训器材：电脑或手机

实训指导：(1) 从淘宝、京东等电商平台上购买一件跨境电商商品。

(2) 记录电子商务作业过程。

(3) 跟踪商品的物流作业过程。

实训报告：根据所学国际物流与电子商务的知识，写一篇关于跨境电商电子商务作业过程和物流流程的实训报告。

综合训练

一、单项选择题

1. 企业物流是指生产和（　　）企业围绕其经营活动所发生的物流活动。
   A. 商业　　　　　B. 物流　　　　　C. 流通　　　　　D. 零售

2. 在企业生产经营过程中，物品经过从原材料供应，经过（　　），到产成品和销售，以及伴随生产消费过程中所产生的废弃物的回收及再利用的完整循环活动，这就是企业物流的内容。
   A. 生产加工　　　B. 生产活动　　　C. 生产产品　　　D. 生产安排

3. 采购物流指为下游客户提供原材料、（　　）或其他物品时所发生的物流活动。
   A. 零部件　　　　B. 产成品　　　　C. 半成品　　　　D. 配件

4. 采购物流的过程主要包括取得资源、组织到厂物流、（　　）。
   A. 组织厂内物流　　　　　　　　　B. 组织厂外物流
   C. 组织采购　　　　　　　　　　　D. 供应

5. 在供应商分类模块中，如果供应商认为本公司的采购业务对他们来说非常重要，其自身又有很强的产品开发能力等，同时该采购业务对本公司也很重要，那么这些采购业务应该对应于（　　）。
   A. 伙伴型供应商　　　　　　　　　B. 优先型供应商
   C. 重点商业型供应商　　　　　　　D. 商业型供应商

6. 如果供应商认为本公司的采购业务对他们来说非常重要，但该采购业务对本公司来说却不是十分重要，这样的供应商无疑有利于本公司，是本公司的（　　）。
   A. 伙伴型供应商　　　　　　　　　B. 优先型供应商
   C. 重点商业型供应商　　　　　　　D. 商业型供应商

7. 如果供应商认为本公司的采购业务对他们来说无关紧要，但该采购业务对本公司来说却十分重要，这样的供应商就是需本公司注意改进提高的（　　）。
   A. 伙伴型供应商　　　　　　　　　B. 优先型供应商
   C. 重点商业型供应商　　　　　　　D. 商业型供应商

8. 对于那些对供应商及本公司来说均不是很重要的采购业务，相应的供应商可以很方便地选择更换，那么这些采购业务对应于（　　）。
   A. 伙伴型供应商　　　　　　　　　B. 优先型供应商
   C. 重点商业型供应商　　　　　　　D. 商业型供应商

9. 根据货物在国与国间的流向分类，国际物流可以分为进口物流和（　　）物流。
   A. 出口　　　　　B. 入口　　　　　C. 港口　　　　　D. 厂内

10. 根据货物流动关税区域分类，国际物流可以分为不同国家间的物流和不同（　　）间的物流两个方面。
    A. 地区　　　　　B. 经济区域　　　C. 关贸区　　　　D. 自贸区

11. 进出口商品检验由国家设立的检验机构或（　　）机构进行。
    A. 国家设立的检疫机构　　　　　　B. 国家设立的独立机构
    C. 海关　　　　　　　　　　　　　D. 向政府注册的独立机构

12. 下列属于进出口商品检验的内容的是（　　）。
    A. 进出口商品品质　　　　　　　B. 出口商品包装
    C. 进口商品残损　　　　　　　　D. O2O
13. 在出口方面，凡列入种类表内的出口商品，经商检检验合格后签发（　　）。
    A. 放行单　　B. 提单　　C. 报关单　　D. 检验证书
14. 不属《种类表》的进口商品，由收货、用货或代理接运部门向所在地区的商检机构申报进口商品检验、（　　）或由商检机构检验。
    A. 自行检验　　B. 海关检验　　C. 报关单　　D. 检验证书
15. 电子商务的概念是（　　）公司提出的。
    A. 亚马逊　　B. 阿里巴巴　　C. IBM　　D. 淘宝
16. 电子商务包括电子方式和（　　）两个方面。
    A. 商务活动　　B. 贸易活动　　C. 信息交换　　D. 资金交换
17. 下列哪种电子商务模式是我国最早产生的电子商务模式（　　）。
    A. B2C　　B. B2B　　C. C2C　　D. O2O
18. 企业与消费者之间的电子商务是（　　）。
    A. B2C　　B. B2B　　C. C2C　　D. O2O
19. 线上线下电子商务模式简称（　　）。
    A. B2C　　B. B2B　　C. C2C　　D. O2O

二、多项选择题

1. 企业物流按照功能和作业流程可以分为（　　）。
    A. 采购物流　　B. 生产物流　　C. 废弃物物流
    D. 销售物流　　E. 回收物流
2. 评价和选择一个供应商，属于一般应考虑的因素的是（　　）。
    A. 质量　　B. 可信度　　C. 能力
    D. 产品价格　　E. 良好的管理制度、优秀的企业集体
3. 企业常用的采购模式主要有（　　）。
    A. 订货点采购模式　　　　　　B. MRP 采购模式
    C. JIT 采购模式　　　　　　　　D. VMI 采购模式
    E. 电子采购模式
4. 影响生产物流的因素主要有（　　）。
    A. 生产工艺　　B. 生产类型　　C. 生产规模
    D. 专业化和协作化水平　　E. 组织能力
5. 废弃物常用处理方式主要有（　　）。
    A. 废弃物掩埋　　B. 垃圾焚烧　　C. 垃圾堆放
    D. 净化处理加工　　E. 安全处理
6. 国际物流环境复杂必然会导致风险高，国际物流的风险主要包括（　　）。
    A. 政治风险　　B. 经济风险　　C. 自然风险
    D. 社会风险　　E. 环境风险

7. 下列属于进出口商品检验的内容的是（　　）。
   A. 进出口商品品质　　　　　　B. 出口商品包装
   C. 进口商品残损　　　　　　　D. 运输工具检验
   E. 进出口商品重量鉴定
8. 检验检疫依据的四法指的是（　　）。
   A. 《中华人民共和国进出口商品检验法》
   B. 《中华人民共和国进出境动植物检疫法》
   C. 《中华人民共和国国境卫生检疫法》
   D. 《中华人民共和国食品安全法》
   E. 《中华人民共和国海关法》
9. 下列属于进出口商品检验程序的是（　　）。
   A. 接受报验　　B. 抽样　　C. 检验
   D. 签发证书　　E. 复验
10. 进出口商品检验的监督管理工作，包括对（　　）的监督检查。
    A. 检验组织机构　　B. 检验人员和设备　　C. 检验标准
    D. 检验方法　　　　E. 检验结果
11. 下列属于进出口商品报验单位的是（　　）。
    A. 有进出口经营权的国内企业　　B. 进口商品收货人或其代理人
    C. 对外贸易关系人　　　　　　　D. 出口商品生产企业
    E. 国外企业、商社常驻中国代表机构
12. 下列属于电子商务特点的是（　　）。
    A. 交易虚拟化　　B. 交易的开放性　　C. 交易成本低
    D. 交易效率高　　　　　　　　　　　E. 交易透明化

三、简答题

1. 采购物流的基本流程有哪些，采购模式有哪些？
2. 为了提高生产效率，一般从哪几个角度组织企业生产物流，生产物流的管理方法有哪些？
3. 销售物流的主要环节有哪些，其构成要素包括哪几个方面，其主要模式有哪些？
4. 与国内物流相比国际物流具有哪些特点？
5. 国际物流的发展趋势有哪些？
6. 进口报关作业的流程有哪些？
7. 出口报关作业的流程有哪些？
8. 国际货运代理的业务范围有哪些？
9. 电子商务的一般流程有哪些？
10. 物流对电子商务的作用有哪些？
11. 电子商务对物流的影响有哪些？

综合训练答案

情景一

一、单项选择题

1. D 2. D 3. A 4. D 5. D 6. B 7. A

二、多项选择题

1. ABCDE 2. ABCD 3. ADE 4. ABCD 5. ADE 6. ABCD 7. ABCDE

三、简答题

1. 物流是"物品从供应地到接收地的实体流动过程,根据实际需要,将运输、储存、装卸、搬运、包装、流通加工、配送、信息处理等基本功能实施有机结合。"

性质:(1)物流的生产性质;(2)物流的社会性质;(3)物流的服务性质。

作用:(1)物流是实现商品价值和使用价值的条件;(2)合理的物流对提高全社会的经济效益起着十分重要的作用。

特点:(1)市场化;(2)集约化;(3)漩涡式;(4)系统性;(5)国际化。

2. (1)物流是国民经济的动脉,是连接国民经济各个部分的纽带;

(2)物流技术的进步与发展是决定国民经济生产规模和产业结构变化的重要因素;

(3)物流是生产过程不断进行的前提,又是实现商品流通的物质基础。

3. (1)经营全球化趋势;

(2)系统网络化;

(3)供应链的简约化;

(4)企业规模化;

(5)服务一体化。

4. (1)物流管理从物的处理,提升到物的价值方案设计、解决和管理上;

(2)由对立转向联合;

(3)由预测转向终测;

(4)由经验积累转向变迁策略;

(5)由绝对价值转向相对价值;

(6)由功能整合转向程序整合;

(7)由垂直整合转向虚拟整合;

(8)由信息保留转向信息分享;

(9)由训练转向知识学习;

(10)由管理会计转向价值管理。

5. 物流管理人才所需具备的能力和素质

(1)具有良好的思想政治素质和职业道德。

(2)扎实的物流专业素质：
①行业知识；
②仓储运输知识；
③财务成本管理知识；
④安全管理知识；
⑤法律知识及其他。
(3)良好的团队精神。
(4)组织管理和协调能力。
(5)熟练的信息化应用水平。
(6)异常突发事故的处理能力。
物流管理高级人才应具备的知识和技能：
(1)管理知识；
(2)信息技术；
(3)财务知识；
(4)外语能力。

情景二

一、单项选择题
1~5　ADBBC
6~10　ABDCD
11~15　CBADA
16~20　DDACA
21~25　BDCDC
25~29　ABCD

二、多项选择题
1~5　ABCD；CD；ABCEDF；ABCDF；ADE
6~10　AC；AD；ABCD；ABCD；ABCD
11~15　ACD；ABCD；CD；ABCD；AB
16~20　ACD；ABCD；ABC；ABCDE；ABCDE
21~25　ABDE；ABCDE；ABDCFGHE；ABC；ABCD
26~30　ACD；ABCD；ABCD

三、简答题
1.（1）包装材料减量化的原则；
（2）使用后包装体积减小的原则；
（3）再循环使用的原则；
（4）减轻环境污染的原则。
2.（1）符号优先；
（2）情调渲染；

（3）形象展示；

（4）图形装饰；

（5）情趣引导。

3. 铁路运输

（1）铁路运输的准确性和连续性强。

（2）铁路运输速度比较快。

（3）运输量比较大。

（4）铁路运输成本较低。

（5）铁路运输安全可靠，风险远比海上运输小。

公路运输

（1）机动灵活、简捷方便、应急性强，能深入其他运输工具到达不了的地方。

（2）适应点多、面广、零星、季节性强的货物运输。

（3）汽车投资少、收效快。

（4）港口集散可争分夺秒，突击抢运任务多。

（5）是空运班机、船舶、铁路衔接运输不可缺少的运输形式。

（6）随着公路现代化、车辆大型化，公路运输是实现集装箱在一定距离内"门到门"运输的最好的运输方式。

水路运输

（1）运输量大。

（2）通达性好。

（3）运费低廉。

（4）对货物的适应性强。

4. 航空运输

（1）运送速度快。

（2）安全准确。

（3）手续简便。

（4）节省包装、保险、利息和储存等费用。

管道运输

（1）运量大。

（2）占地少。

（3）建设周期短、费用低。

（4）安全可靠、连续性强。

（5）耗能少、成本低、效益好。

4. ①弃水走陆。

②铁路、大型船舶的过近运输。

③运输工具承载能力选择不当。

5. （1）搬运和安全性要求较高，但对速度的考虑较低。

（2）运动线路较固定。

（3）专业化和标准化程度高。

（4）机械化和自动化程度高。

（5）节能性和经济性要求高。

6.（1）实行ABC分类控制法。

（2）适当集中库存。

（3）加速总周转。

（4）采用有效的"先进先出"方式。

（5）提高仓容利用率。

（6）采用有效的储存定位系统。

（7）采用有效的监测清点方式。

7.（1）为适应多样化需要的流通加工。

（2）为方便消费、省力的流通加工。

（3）为保护产品所进行的流通加工。

（4）为弥补生产领域加工不足的流通加工。

（5）为促进销售的流通加工。

（6）为提高加工效率的流通加工。

（7）为提高物流效率、降低物流损失的流通加工。

（8）为衔接不同运输方式、使物流更加合理的流通加工。

（9）生产—流通一体化的流通加工。

（10）为实施配送进行的流通加工。

8.（1）加工和配送结合。

（2）加工和配套结合。

（3）加工和合理运输结合。

（4）加工和合理商流结合。

（5）加工和节约结合 。

9. 根据我国《物流术语》（GB/T 18354—2006），配送是指在经济合理区域范围内，根据客户要求，对物品进行拣选、加工、包装、分割、组配等作业，并按时送达指定地点的物流活动。其作用主要有：

（1）完善了输送及整个物流系统。

（2）提高了末端物流的经济效益。

（3）通过集中库存使企业实现低库存或零库存。

（4）简化订货程序，方便用户。

（5）提高企业保证供应的程度。

10.（1）不合理配送的表现形式：

①资源筹措的不合理。

②库存决策不合理。

③价格不合理。

④配送与直达的决策不合理 。

⑤送货中的不合理运输。

⑥经营观念的不合理。

（2）实现配送合理化的有效措施：

①推行一定综合程度的专业配送。

②推行加工配送。

③推行共同配送。

④推行送取结合。

⑤推行准时配送。

⑥推行即时配送。

11. 物流信息是指反映物流各种活动内容的知识、资料、图像、数据、文件的总称。

其特点主要有：①信息量大、分布广；②动态性强，更新、变动快；③来源多样化；④信息的不一致性。

12. 常用物流信息技术主要有：条码技术、射频（RFID）技术、电子数据交换（EDI）技术、全球卫星定位系统（GPS）。

情景三

一、单项选择题

1~5　CADDC

6~11　BCCAAD

二、多项选择题

1. AB

2. ACD

3. ABCD

4. ABCD

5. ABCD

6. ABCD

7. ABCD

8. ABCD

9. BCDE

10. ABCD

三、简答题

1. 物流成本管理的意义：是企业物流活动中所消耗的物化劳动和活劳动的货币表现，包括货物在运输、储存、包装、装卸搬运、流通加工、物流信息、物流管理等过程中所耗费的人力、物力和财力的总和以及与存货有关的流动资金占用成本、存货风险成本和存货保险成本。

2. 物流成本效应的背反理论：物流各功能活动的效益背反、物流成本与服务水平的效益背反。

3. 供应链是围绕核心企业，通过对信息流、物流、资金流的控制，从采购原材料开始，制成中间产品以及最终产品，最后由销售网络把产品送到消费者手中的将供应商、制造商、分销商、零售商，直到最终用户联成一个整体的功能网链结构。它是一个范围更广的企业结构模式，包含所有加盟节点企业。它不仅是一条连接供应商到用户的物料链、信息链、资金链，更是一条增值链，物料在供应链上因加工、包装、运输等过程而增加其价值给相关企业带来收益。

供应链的特征包括复杂性、动态性、需求导向性、交叉性、增值性。

4. 供应链管理是在满足服务水平需要的同时，通过对整个供应链系统进计划、组织、协调、控制和优化，最大限度地减少系统成本，实现供应链整体效率优化而采用的从供应商到最终用户的一种集成的管理活动和过程。

供应链管理的特征：需求驱动、系统优化、流程整合、信息共享、互利共赢。

供应链管理的目标：总成本最低、库存总量最少、响应周期最短、服务质量最优。

情景四

一、单项选择题

1~10　CAAAABCDAB
11~20　DBAAACBAAD

二、多项选择题

1. BCDE
2. ABCD
3. ABCDE
4. BCD
5. ABDE
6. ABC
7. ABCDE
8. ABCD
9. ABCD
10. ACD
11. ABCDE
12. ABCDE

三、简答题

1. 确定需求，确定货源，选择供应商，订单处理，采购订单监控，物料接收，发票校验，付款；采购模式、MRP 采购模式、JIT 采购模式、VMI 采购模式、电子采购模式。

2. 空间、时间、人员；MRP、Close MRP、MRP Ⅱ、ERP 等。

3. 产品包装、产品储存、货物运输与配送、装卸搬运、流通加工、订单及信息处理、销售物流网络规划与设计；订货周期、可靠性、信息渠道、方便性等；销售物流有生产者企业自己组织销售物流；第三方物流企业组织销售物流；用户自己提货的形式。

4. 物流环境存在差异；物流系统范围广；国际物流必须有国际现代化信息系统的支持；国际物流的标准化要求高；风险高。

5. 系统更加集成化；管理更加网络化；标准更加统一化；配送更加精细化；园区更加便利化；运输更加现代化。

6. 委托报关，预录入，申报，商检，动检与卫检，放行，装箱和拆箱。

7. 委托报关，预录入，申报，放行，退税。

8. （1）以委托人性质分类：①货主的代理；②承运人的代理。

（2）以委托代理人数量分类：①独家代理；②普通代理。

（3）以授予代理人权限范围分类：①全权代理；②一般代理。

（4）以委托办理的事项分类：①综合代理；②专项代理。

（5）以代理人层次为标准分类：①总代理；②分代理。

（6）以运输方式为标准分类：①水运代理；②空运代理；③陆运代理；④联运代理。

（7）以代理业务的内容为准分类：①国际货物综合代理；②国际船舶代理；③报关代理；④报检代理；⑤报验代理。

9. （1）消费者产生消费需求。

（2）消费者通过 Internet 网址、广告、搜索引擎等方式搜索得到自己需要的信息，进入有关的网站并查询自己所需要的产品或服务。

（3）消费者进行比较、筛选，确定具体要选择的网站与商品或服务。

（4）消费者和商家服务人员进行沟通、洽谈，包括需要购买的商品或服务、购买多少、发货时间、送货方式和付款方式等信息。

（5）顾客选择付款方式，货到付款（现金支付）或者选择信用卡、各大银行的网上银行、微信钱包、支付宝等网上支付方式。

（6）商家确认消费者付款后，备货发货，消费者等待收货。

（7）消费者收货、验收、消费商品或体验服务，最后进行购后评价。

10. （1）物流保证生产的顺利进行，实现了流通的可能性。

（2）物流活动是电子商务过程的基本要素。

（3）物流是实现电子商务的重要保证。

（4）物流是实现以"顾客为中心"理念的根本保证。

（5）物流是电子商务发展的瓶颈。

11. （1）物流业的地位大大提高。

（2）供应链管理的变化。

（3）第三方物流成为物流业的主要组织形式。